全域旅游
示范区创建和发展指南
全域旅游一百问

石培华　申军波　陆明明　张毓利 ◎ 编著

中国旅游出版社

前　言

　　"全域旅游"作为一种推动国民经济社会高质量、可持续健康发展的新理念、新模式、新抓手，是对游客消费新需求、产业发展新趋势和国际国内双循环发展新格局的积极响应和有效应对，也是对当前旅游业发展战略的再定位、再部署和再推进，对推动文化和旅游高质量融合发展、深化文化旅游供给侧结构性改革，以及有效解决我国旅游业发展不平衡不充分矛盾、满足人民对旅游美好生活需求具有重要的科学引导价值和示范引领作用，受到了社会各界的广泛关注和各级政府的高度重视。党中央、国务院2017年、2018年、2019年连续三年将"全域旅游"写入政府工作报告，并且"全域旅游"作为旅游发展战略被写入国务院批复实施的《"十三五"旅游业发展规划》和《"十四五"文化和旅游发展规划》当中。此外，国务院办公厅发布《关于促进全域旅游发展的指导意见》（国办发〔2018〕15号），原国家旅游局发布《全域旅游示范区创建工作导则》，文化和旅游部办公厅公布《关于开展首批国家全域旅游示范区验收认定工作》的通知，并印发《国家全域旅游示范区验收、认定和管理实施办法（试行）》和《国家全域旅游示范区验收标准（试行）》，高标准、严要求推动全域旅游示范区创建工作有效有序开展。与此同时，中共中央办公厅、国务院办公厅印发《文化和旅游部职能配置、内设机构和人员编制规定》方案，明确把"组织实施，指导、推进全域旅游"作为文化和旅游部重要职责，就加快推动旅游业转型升级、提质增效，全面优化旅游发展环境，走全域旅游发展的新路子作出部署，为指导全国全域旅游示范区创建提供了制度遵循和方向指引。从2015年国家旅游局下发《关于开展"国家全域旅游示范区"创建工作的通知》（旅发〔2015〕182号）正式启动全域旅游示范区创建工作开始，到2016年、2017年分别确立公布首批和第二批国家全域旅游示范区创建名录，再到2019年11月在河南省信阳市召开的全国全域旅游工作推进会上公布首批 71 家国家全域旅游示范区名单，再到 2020 年 12 月文化和旅游部公布第二批 97 家国家全域旅游示范区名单，遴选和形成了一批创建目标清晰、创建方式独特、创建亮点鲜明、创建经验突出、创建成效明显的全域旅游发展典型案例，成为全国各地创建全域旅游示范区的"排头兵""先行区"和"试验田"，为其他各地开展全域旅游示范区创建工作提供了诸多可借鉴、可参考和可复制推广的宝贵经验做法。

经过各级政府对全域旅游工作的顶层设计、统筹指导和监督管理，明晰和明确了全域旅游发展与全域旅游示范区创建验收认定工作的时间表、路线图、责任表和任务书，将各级政府出台的政策法规、产业规划、验收标准从"施工图"变成"实景图"，有效推动了"全域旅游"工作在全国如火如荼地开展，形成了全域旅游示范区创建的"创建动员—名录遴选—标准制定—验收认定"等标准化、系统化创建与验收认定流程。"全域旅游"及"全域旅游示范区"创建作为一项极为复杂的系统工程，涉及领域多，关联部门多，统筹事项多，是一项需要政府、企业、游客等社会各界广泛参与的"持久战"和"攻坚战"，当前只有首批 71 家和第二批 97 家国家全域旅游示范区创建单位通过验收认定，未来的全域旅游发展及全域旅游示范区创建工作仍然任重道远。虽然当前我国全域旅游发展取得了令人瞩目的骄人成绩，也涌现出一批典型性和引领性的全域旅游示范区，但目前全国全域旅游发展仍然呈现出参差不齐的不平衡格局，虽然有众多典型先进经验可以借鉴参考，但全国各地在资源禀赋、产业基础、区位条件等方面存在巨大差异，因地制宜探索出一条符合自身实际的全域旅游发展之路存在一定难度。此外，现代科技的迭代更新、消费需求的转变升级和产业发展的趋势潮流都为全域旅游发展注入了新动力、提出了新要求，并且倒逼新业态、新产品和新模式的产生。因此，立足当前国家出台的各项政策法规、产业规划、验收标准，结合新科技手段、新市场需求、新产业格局，围绕全域旅游示范区创建的目标任务和具体要求，全面总结各地全域旅游发展和全域旅游示范区创建的先进经验和典型做法，编撰一部能够指导各地有效开展全域旅游及全域旅游示范区创建工作的系统化成果就成为当务之急。

本书按照《国务院办公厅关于促进全域旅游发展的指导意见》《全域旅游示范区创建工作导则》《国家全域旅游示范区验收、认定和管理实施办法

（试行）》《国家全域旅游示范区验收标准（试行）》等政策文件，围绕全域旅游示范区申报创建过程涉及的体制机制、政策保障、公共服务、供给体系、秩序与安全、资源与环境、品牌与营销、创新示范等评价标准和要求，紧扣全域旅游示范区创建工作中的重点与难点、实践中的创新点和验收中的评分点，以问答的形式进行编写，通过全面系统梳理和高度概括总结全国全域旅游示范区创建工作中的典型经验与先进做法，形成推动全域旅游发展和全域旅游示范区创建的系统化工作宝典和决策指南。全书共分为全域旅游发展总体概述、全域旅游体制机制建设、全域旅游政策保障、全域旅游公共服务体系建设、全域旅游供给体系建设、旅游秩序与安全、资源与环境、品牌与营销八章，共计一百问。其中，第一章"总体概述"主要围绕全域旅游、全域旅游示范区的内涵外延，全域旅游示范区创建验收的演进历程、原则目标、主要任务、验收流程、认定标准、评价体系、认识误区、存在问题等内容进行归纳概述；第二章"体制机制"主要围绕全域旅游示范区创建工作中如何开展领导机制、综合协调机制、综合执法机制、综合管理机制、社会参与和社会监督机制、行业自律机制和统计制度创新展开论述；第三章"政策保障"主要围绕全域旅游的产业定位、规划编制、实施方案的设计以及财政、金融、投融资、招商引资、土地、人才等要素的政策保障支撑展开论述；第四章"公共服务"主要围绕全域旅游示范区创建工作中关于外部交通、公路服务区、旅游集散中心、内部交通、停车场、旅游交通服务、旅游标识系统、游客服务中心、旅游厕所和智慧旅游方面的具体要求及各地经验展开论述；第五章"供给体系"主要围绕丰富和完善旅游吸引物、A级景区和度假区发展、城市与特色村镇发展要求，在餐饮、住宿、娱乐、购物等要素方面的创新举措，以及推进旅游与文化、医疗、农业、林业、商业会奖、教育研学、体育、新型工业化、婚庆婚恋、科技、国土、气象、生态环保等方面的融合路径展开论述；第六章"秩序与安全"主要围绕提升全域旅游标准化服务质量、创新非标准化服务、强化旅游市场管理、完善投诉体制机制、促进文明旅游、完善旅游志愿者服务、强化旅游安全制度、加强旅游风险管控、完善旅游救援和保险体系等内容展开论述；第七章"资源与环境"主要围绕如何加强自然生态保护、加强文化资源保护、提升全域环境质量、提升城市建设水平、推进社会环境优化、推进公益场所开放、推进便利优惠、推进旅游扶贫富民等内容展开论述;第八章"品牌与营销"主要围绕如何实施品牌战略、如何打造品牌形象系统、如何强化资金和奖励制度保障、如何解决淡季运营问题、如何创新营销机制、如何创新营销方式等内容展开论述。

本书作为全域旅游示范区创建单位的操作指南和知识工具,也成为旅游从业人员全面了解旅游及全域旅游发展工作的一个系统读本,同时还可成为高等院校旅游规划专业师生进一步了解全域旅游,指导规划设计单位从业人员开展全域旅游规划的辅读教材。

本书是南开大学现代旅游业发展省部共建协同创新中心主任石培华教授及带领的团队以多年来服务全域旅游相关战略和工作为行业实践基础,以在此期间主持和承担的《国家全域旅游示范区创建工作指南》、我国第一个针对全域旅游的国家社科基金重点项目《全域旅游内涵特征、实现路径与促进政策的分类分层系统化研究》(17AJY023)、2018海南省哲学社会科学规划重大课题《海南全域旅游示范省建设研究》(HNSK(ZD)18-01)等课题为依托,以及在负责编制的近二十个各类区域的全域旅游发展规划的基础上,按照党中央、国务院、文化和旅游部等部门关于全域旅游工作的宏观顶层设计以及具体安排部署,吸收各地发展全域旅游的生动实践经验集成的成果。在此,感谢原国家旅游局给予本书作者宝贵的机会和工作积累等支持,感谢各地政府、旅游主管部门提供的一线实践经验,感谢南开大学及旅游与服务学院领导和同事的大力支持,感谢中国旅游出版社的大力支持和热忱帮助。

由于全域旅游尚处于如火如荼的发展阶段,涌现出的新情况、新模式、新路径层出不穷,本指南难免出现欠缺之处,敬请各位同人和读者不吝赐教!

石培华

2021年6月于北京

目　录

《全域旅游示范区创建和发展指南——全域旅游一百问》结构图

第一章 总体概述

对全域旅游、全域旅游示范区的内涵外延，全域旅游示范区创建验收的演进历程、原则目标、主要任务、验收流程、认定标准、评价体系、认识误区、存在问题等内容进行归纳概述

全景描述篇

第二章 体制机制

领导体制、综合协调机制、综合管理机制、综合执法机制、社会参与和社会监管、旅游统计制度、行业自律机制等问题

第三章 政策保障

产业定位、规划编制、多规融合、财政金融支持政策、投融资、招商引资、土地保障政策、人才政策等问题

制度设计篇

第四章 公共服务

外部交通、公路服务区、旅游集散中心、内部交通、停车场、旅游交通服务、旅游标识系统、游客服务中心、旅游厕所、智慧旅游等问题

第五章 供给体系

旅游吸引物、A级景区和度假区、城市与特色村镇、旅游要素，以及旅游与文化、医疗康养、农业、林业、商业会奖、教育研学、体育等产业的融合问题

硬件支撑篇

第六章 秩序与安全

标准化和非标准化服务创新、市场管理、投诉处理、文明旅游、旅游志愿者、旅游安全制度、风险管控、旅游救援和保险等问题

第七章 资源与环境

自然生态和文化资源保护、全域环境质量、环境整治、环保卫生品牌创建、社会环境优化、公益场所开放、旅游扶贫富民等问题

第八章 品牌与营销

品牌战略实施、品牌形象系统打造、资金和奖励制度保障强化、解决淡季运营问题、创新营销机制、创新营销方式等问题

环境优化篇

　　推动"全域旅游"发展是一项系统性工程，涉及全域旅游的概念内涵、全域旅游示范区类型特征等基础理论及全域旅游演进发展轨迹、防止的误区、创建验收的条件及流程等实践性总结。本章重点论述全域旅游的概念内涵和特征，全域旅游示范区的界定及基本类型和主要特点，全域旅游战略的提出背景、时代意义及发展演进轨迹、发展重点，国家全域旅游示范区创建的原则目标、发展误区、认定标准、评价体系、验收流程等内容。

　　"总体概述"结构导图如图 1-1 所示。

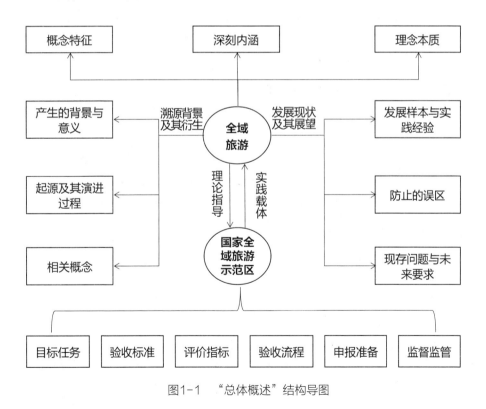

图1-1　"总体概述"结构导图

一、全域旅游是什么？

随着全域旅游示范区创建工作的深入推进，社会各界对全域旅游的认识不断深化。全域旅游的"全域"不是一个单纯的地域概念，而是一个具有丰富内涵的发展理念和模式。认识全域旅游的概念内涵和特征是推进全域旅游工作的基础，只有厘清其概念内涵和基本特征，才能更好地理解推进全域旅游示范区创建等工作，更好地实现推动全域旅游高质量发展的目标愿景。

（一）全域旅游的概念内涵

根据《全域旅游示范区创建工作导则》和《国家全域旅游示范区验收标准（试行）》，"全域旅游"，是指"将一定区域作为完整旅游目的地，以旅游业为优势产业，进行统一规划布局、公共服务优化、综合统筹管理、整体营销推广，促进旅游业从单一景点景区建设管理向综合目的地服务转变，从门票经济向产业经济转变，从粗放低效方式向精细高效方式转变，从封闭的旅游自循环向开放的'旅游＋'转变，从企业单打独享向社会共建共享转变，从围墙内民团式治安管理向全面依法治理转变，从部门行为向党政统筹推进转变，努力实现旅游业现代化、集约化、品质化、国际化，最大限度地满足大众旅游时代人民群众消费需求的发展新模式"。全域旅游作为一种发展新模式、新战略，作为一种旅游目的地新形态、新品牌，作为一种新的综合改革平台和载体，作为一种新的复合型空间，作为一种新的发展趋势和方向，主要呈现出旅游景观全域优化、旅游服务全域配套、旅游治理全域覆盖、旅游产业全域联动、旅游成果全民共享等基本特征。

（二）全域旅游的基本特征

对全域旅游的理解，不能望文生义简单描述空间上的"全"，全域旅游的基本特征可以概括为以下五个方面。

1. 旅游发展全局谋划

发展全域旅游，要立足于一个国家或地区发展的战略高度，作为整体发展的重要战略和新模式，全域、高效、优化配置经济社会发展的各级、各类资源，充分发挥旅游对国民经济社会发展的带动作用。全域旅游不能停留在传统旅游要素的配置上，还需更加注重经济社会发展各类资源和公共服务的有效再配置，营造宜居、宜业、宜游的全域旅游目的地。不能仅仅停留在对景区（点）、宾馆饭店等资源载体配置层面，而是要更加注重经济社会发展各级各类资源和公共服务的有效再配置、再整合、再优化，既宜居又宜业还宜游，实现"处处是风景，处处可旅游"的发展目标。例如，水利建设不仅要满足防洪排涝、灌溉等基本功能，还应根据市场要求，不断提高其审美游憩价值和休闲度假功能。交通建设和管理，不仅要满足运输和安全的需要，道路还应建成旅游风景道和景观绿道，还需要规划建设厕所等公共服务设施，提供完善的自驾车旅游服务体系和配套标识、营地等。林业生态的建设，除了满足生态功能要求外，还应形成特色景观吸引游客，并配套完善旅游服务功能。农业发展，除了满足农业生产需要外，还应满足采摘、休闲等市场需求。城镇不仅要满足居民居住和生产功能，而且要注重特色、注重服务。美丽乡村建设，既要建成当地农民的幸福家园，还应建成城市居民休闲度假的幸福乐园。

总之，各地应树立全域旅游发展观，将发展全域旅游作为实现各地经济社会高质量发展的重要抓手和有效途径，加快旅游供给侧结构性改革，实现由粗放型发展方式向集约型发展方式的转变。推动旅游经济增长从单一总量扩张向质量效益综合提升转变，增长动力从依靠资源要素扩张、人财物投入向依靠资源融合、规模效益、科技进步、技术创新、人力资本积累和旅游服务人员素质提升转变，旅游企业从依靠扩大资金投入向提高自主创新、增强品牌国际竞争力转变，全面提升旅游发展品质。

2.旅游景观全域优化

发展全域旅游，需要推进旅游景观全域优化。全域按景区标准统筹规划建设，整体优化环境、优美景观，形成处处是景观，处处可以欣赏美、传播美的优美环境，将有吸引力的资源、产业、元素都转化为旅游新吸引物产品。通过发展全域旅游，以便能够更好地解决下述问题：景点景区内外、酒店内外两极分化明显，一墙或一河之隔，俨然两重天，景点景区内鸟语花香、干净整齐，景点景区外却是私搭乱建、脏乱破差；酒店里流光溢彩、金碧辉煌，酒店外却是污水横流，垃圾成山。可谓走进景区酒店是发达的"第一世界"，而走出门外则是落后的"第三世界"。发展全域旅游，就是要拆掉景点景区"围墙"，实现景点景区内外一体化，以游客体验为中心，以提高游客满意度为目标，按照全域景区化的建设和服务标准，推进多规合一，整体优化环境、优美景观，优化旅游服务的全过程。随着经济社会的发展，国民消费水平的逐步提高，旅游消费需求呈现多元化、品质化、个性化的发展趋势，全域旅游发展实现了从过去景区、宾馆酒店等初级旅游发展业态向全新的资源观及产品观发展，全域旅游延伸到农耕民俗、生态环境、工业遗产、文化节庆、科技产业、体育活动、医疗教育等各类社会资源，丰富多彩的体育赛事、遗存丰富的工业遗产、高科技含量的研发基地等都能成为体育旅游、工业旅游、科普研学旅游的重要资源，可充分转化为旅游吸引物。

3. 旅游治理全域覆盖

党的十九届四中全会通过的《中共中央关于坚持和完善中国特色社会主义制度 推进国家治理体系和治理能力现代化若干重大问题的决定》，提出了"完善文化和旅游融合发展体制机制"的战略要求，其中"旅游治理"成为一项重要任务。而发展全域旅游，是适应旅游业从单一业态向综合产业、从行业监管向综合服务升级发展新阶段的客观需要，是对旅游发展阶段认识升级的最典型、最深刻表现，需要推进旅游治理全域覆盖，构建全域大旅游综合协调管理体制。在旅游资源富集、旅游产业优势突出的区域，区域的管理体制设计都应融入旅游理念，围绕综合产业发展和综合执法"两个综合"需求，创新区域治理体系，提升治理能力，实现区域综合化管理。围绕形成旅游发展合力，通过综合改革，破除制约旅游发展的资源要素分属多头的管理瓶颈和体制障碍，更好地发挥政府的导向引领作用，充分发挥市场在资源配置中的决定性作用。围绕形成旅游市场综合监管格局，创新旅游综合执法模式，消除现有执法手段分割、多头管理又多头都不管的体制弊端。

4. 旅游产业全域联动

发展全域旅游，要发挥"旅游＋"功能，使旅游与其他相关产业深度融合、相融相盛，形成新的生产力和竞争力。树立全域旅游业态观，推进"旅游＋"和"＋旅游"，大力推进"旅游＋"是推动全域旅游的有效途径和方法，发展全域旅游，充分发挥旅游业消费拉动、要素融合、产业催化、功能集成等作用，为相关领域发展提供旅游动力，拉长旅游产业链条、提升旅游业全域辐射带动，形成全域化旅游产品和业态。充分发挥旅游业的拉动力、融合力，为相关产业和领域发展提供旅游平台，插上"旅游"翅膀，形成新业态，提升其发展水平和综合价值。通过"旅游＋新型城镇化"，促进发展特色旅游城镇，发挥旅游对新型城镇化的引领作用；通过"旅游＋新型工业化"，促进发展旅游装备制造业、户外用品、特色旅游商品，发展工业旅游，创新企业文化建设和销售方式新形态；通过"旅游＋农业现代化"，促进发展乡村旅游、休闲农业等现代农业新形态；通过"旅游＋信息化"，将旅游业培育为信息化最活跃的前沿产业，用信息化武装旅游；通过推进"旅游＋生态化"，大力发展生态旅游，推进旅游生态化，使旅游发展从"围景建区、设门收票"向"区景一体、产业一体"转变，促进旅游与其他产业融合，产业链条全域化，旅游产业全域辐射带动。促进相关要素和产业在空间上集聚，构建新产业生态系统，形成特色旅游产品集群，推进各种产品、业态和产业与旅游的融合发展。树立全域旅游的产品观，拓展全域的能力。不仅要立足全域旅游资源，更要有能力通过资源整合、转化、开发，形成全域旅游产品。要超越传统观光旅游模式，突破景区景点，塑造满足大众旅游观光休闲综合需求的旅游产品。要素型产品方面，要有能力开发富有特点的"食、厕、住、行、游、购、娱"和"文、商、养、学、闲、情、奇"旅游产品；园区型产品方面，要重点加强旅游景区、旅游度假区、旅游休闲区、旅游综合体、主题乐园、大型实景演出等旅游产品开发；目的地型产品方面，要建设各具特色的美丽乡村、旅游小镇、风情县城、优秀旅游城市、全域旅游示范区等。

5. 旅游发展全域共享

发展全域旅游，要充分释放旅游业综合功能，共享旅游发展红利。推进全域旅游，搞好城乡旅游互动和城乡一体，不仅能够带动广大乡村的基础设施投资，促进农村的厕所革命、道路建设、农田改造等，提高农业人口福祉，还能提升城市人口的生活质量，并形成统一高效、平等有序的城乡旅游大市场。这既是全面建成小康社会的重要内容，也是全面建成小康社会的重要标志，增强居民和游客的参与度与共享度。全域旅游形成旅游相关要素配置完备和全面满足游客体验需求的开放式的新型综合性旅游目的地。旅游质量由整个社会环境构成，要求全域旅游必须走共建共享道路。在景点旅游模式下，旅游从业者只是导游、服务员等，而在全域旅游模式下，整个区域的居民都是服务者，都是主人，他们由旁观者、局外人变为参与者和受益者。全域旅游既要让建设方、管理方参与，更需要广大游客、居民共同参与。既要考虑让游客游得顺心、放心、开心，也要让居民生活得更方便、更舒心、更美好。要通过旅游发展成果为全民共享，增强居民获得感和实际受益，来促进居民树立人人都是旅游形象的理念，强调居民的高参与性，自觉把自己作为旅游环境建设一分子，真正树立主人翁意识，提升整体旅游意识和文明素质。

二、全域旅游示范区是什么？

"国家全域旅游示范区"是指将一定行政区划作为完整旅游目的地，以旅游业为优势产业，统一规划布局，创新体制机制，优化公共服务，推进融合发展，提升服务品质，实施整体营销，具有较强示范作用，发展经验具备复制推广价值，且经文化和旅游部认定的区域。全域旅游所指区域，可以是省、市、县等行政区，也可以是跨行政区的旅游区域，为更有效地整合资源推进发展，全域旅游示范区创建以行政单元为申报对象，以市县级为重点和主体。全域旅游示范区创建单位一般都具备旅游资源丰富、旅游业优势突出的特点，旅游产业是当地支柱产业或主导产业。

2016 年 2 月，国家旅游局公布首批 262 家国家全域旅游示范区创建名单，同年 11 月推出第二批 238 家国家全域旅游示范区单位创建名单，2017 年 8 月在第三次全域旅游推进工作会议上新增陕西、贵州、山东、河北、浙江五个省级全域旅游示范区创建单位，加上之前的海南、宁夏，我国省级全域旅游示范区创建单位增至 7 个。截至目前，共形成 505 个国家全域旅游示范区创建单位，包括 7 个省（自治区）、91 个市（州）、407 个县（市），涵盖了全国 31 个省、区、市和新疆生产建设兵团。

2019 年 3 月，文化和旅游部办公厅发布《关于开展首批国家全域旅游示范区验收认定工作》的通知，印发《国家全域旅游示范区验收、认定和管理实施办法（试行）》和《国家全域旅游示范区验收标准（试行）》。根据文旅部办资源发〔2019〕32 号文件规定，31 个省份和新疆生产建设兵团"申请认定的创建单位数量不超过 3 家（按得分高低排序）"，且以"县级创建单位"作为验收对象。通过各地上报并经过文化和旅游部遴选确定了 96 家申报入围单位，其中 74 家来自 2016 年公布的国家全域旅游示范区县级创建单位，22 家来自地级创建单位所辖区县和直辖市所辖区县。2019 年 9 月，文化和旅游部发布了《关于公示首批国家全域旅游示范区名单的公告》，确定了首批国家全域旅游示范区名单（见表 1-1），北京市延庆区、怀柔区、平谷区、新疆生产建设兵团第十师 185 团等 71 个区县和单位入选首批国家全域旅游示范区名录。

表 1-1　首批国家全域旅游示范区名单

序号	地区	名单
1	北京市（3家）	延庆区、怀柔区、平谷区
2	天津市（1家）	蓟州区
3	河北省（3家）	秦皇岛市北戴河区、邯郸市涉县、保定市易县
4	山西省（3家）	临汾市洪洞县、晋城市阳城县、晋中市平遥县
5	内蒙古自治区（1家）	满洲里市
6	辽宁省（1家）	本溪市桓仁满族自治县
7	吉林省（2家）	长白山保护开发区管委会池北区、延边朝鲜族自治州敦化市
8	黑龙江省（2家）	大兴安岭地区漠河市、黑河市五大连池市
9	上海市（2家）	黄浦区、松江区
10	江苏省（3家）	南京市秦淮区、南京市江宁区、徐州市贾汪区
11	浙江省（3家）	湖州市安吉县、衢州市江山市、宁波市宁海县
12	安徽省（2家）	黄山市黟县、六安市霍山县
13	福建省（3家）	福州市永泰县、南平市武夷山市、龙岩市武平县
14	江西省（3家）	吉安市井冈山市、上饶市婺源县、抚州市资溪县
15	山东省（3家）	潍坊市青州市、青岛市崂山区、济宁市曲阜市
16	河南省（3家）	焦作市修武县、信阳市新县、济源市
17	湖北省（3家）	武汉市黄陂区、恩施土家族苗族自治州恩施市、宜昌市夷陵区
18	湖南省（3家）	衡阳市南岳区、湘潭市韶山市、张家界市武陵源区

序号	地区	名单
19	广东省（2家）	广州市番禺区、江门市台山市
20	广西壮族自治区（2家）	桂林市阳朔县、来宾市金秀瑶族自治县
21	海南省（2家）	三亚市吉阳区、保亭黎族苗族自治县
22	重庆市（2家）	巫山县、武隆区
23	四川省（3家）	成都市都江堰市、峨眉山市、广元市青川县
24	贵州省（3家）	贵阳市花溪区、遵义市赤水市、六盘水市盘州市
25	云南省（2家）	保山市腾冲市、昆明市石林彝族自治县
26	西藏自治区（2家）	拉萨市城关区、林芝市鲁朗景区管理委员会
27	陕西省（2家）	西安市临潼区、渭南市华阴市
28	甘肃省（1家）	酒泉市敦煌市
29	青海省（1家）	海北藏族自治州祁连县
30	宁夏回族自治区（2家）	银川市西夏区、中卫市沙坡头区
31	新疆维吾尔自治区（2家）	伊犁哈萨克自治州昭苏县、巴音郭楞蒙古自治州博湖县
32	新疆生产建设兵团（1家）	第十师185团

三、全域旅游在中国已经成为什么？

当前，全域旅游如火如荼的发展势头拓展形成了新的旅游发展大格局。在全面建成小康社会、努力实现"两个一百年"和中华民族伟大复兴中国梦的征程中，全域旅游已然成为促进经济发展、提升生活品质、缓和社会矛盾的一支活力四射的"生力军"和一道精彩亮丽的风景线。全域旅游带来的深刻变革和影响，已远远超越旅游本身。迄今为止，还没有一个旅游概念能够产生如此强劲、广泛、深远的影响。

（一）全域旅游成为国家战略

全域旅游已成为国家战略或者说旅游发展的国策，是系统总结中国旅游40多年来的发展实践，分析未来中国旅游发展的大趋势所做出的战略选择，是实施"三步走"战略，是将我国从"世界旅游大国"建设成为"世界旅游强国"的有效途径和抓手，已经成为全面落实"创新、协调、绿色、开放、共享"五大发展理念的最佳方式综合载体。

　　党中央、国务院高度重视旅游业发展，高度重视推进全域旅游，发布了一系列涉旅文件，不断优化和规范旅游业发展的内外部环境。2016年7月，习近平总书记在宁夏视察时指示，"发展全域旅游，路子是对的，要坚持走下去"；2016年5月，李克强总理在首届世界旅游发展大会开幕式上的《让旅游成为世界和平发展之舟》致辞中指出，中国还将推进全域旅游和"旅游+"行动；2017年"大力发展全域旅游"被写入国家政府工作报告，成为12个热词之一，也成为《人民日报》盘点党的十八大以来党中央治国理政的100个新名词之一，至此，"全域旅游"上升为国家战略；2017年3月，国家旅游局发布《全域旅游示范区创建工作导则》（旅发〔2017〕79号），形成了全域旅游示范区创建的依据；同时，全域旅游作为旅游发展战略写入国务院批复实施的《"十三五"旅游业发展规划》；2018年3月《国务院办公厅关于促进全域旅游发展的指导意见》（国办发〔2018〕15号）印发并实施；同年，"指导、推进全域旅游"等工作职责和任务被写进《文化和旅游部职能配置、内设机构和人员编制规定》三定方案之中；2019年3月，文化和旅游部办公厅公布《关于开展首批国家全域旅游示范区验收认定工作》的通知，印发《国家全域旅游示范区验收、认定和管理实施办法（试行）》和《国家全域旅游示范区验收标准（试行）》；2019年9月，文化和旅游部公示了首批国家全域旅游示范区名单，入选的示范区遍布全国31个省（市、自治区）及新疆生产建设兵团，共71家；2020年5月，文化和旅游部办公厅根据旅游行业发展趋势修订并印发《国家全域旅游示范区验收标准（试行）》通知（办资源发〔2020〕30号），为指导全域旅游示范区创建提供了科学指引。至此，"全域旅游"已经成为当前新时期我国国民经济社会发展的重要国家战略之一。

（二）全域旅游成为社会热词

　　"全域旅游"提出来之后，迅速成为网络关注的热点，成为最受互联网关注的热词之一。截至2021年6月14日，通过百度搜索引擎，全域旅游的搜索结果有1亿条，全域旅游示范区的搜索结果有2970万条。全域旅游提出以来也受到学术界的广泛关注研究，成为学术界高度共识的热词（见图1-2）。截至2021年6月14日，在中国知网以"全域旅游"为主题进行全文搜索，搜索到相关文献8387篇，以"全域旅游示范区"为主题进行全文搜索，搜索到相关文献1368篇（见图1-3）。

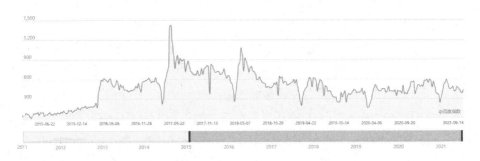

图1-2　"全域旅游"百度搜索指数（2015年1月—2021年6月）

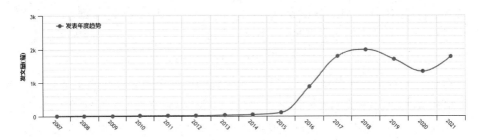

图1-3　中国知网"全域旅游"文献发表年度趋势（2009年1月—2021年6月）

全域旅游带来了巨大深远影响，已远超出旅游领域。从经济层面看，旅游不仅直接带动住宿、餐饮、航空、铁路、公路、水运等服务产业，也有力推动了农业、工业、交通、水利、林业、商务、体育等行业的发展。例如旅游与农业的有效融合，催生了农家乐、乡村旅游的发展热潮，延展了农村农业发展的产业链，将农产品就地生产、就地加工、就地销售、就地消费，实现了从"一产"到"三产"的直接转换与附加值提升，大大节省了流通成本。旅游与工业结合，能够直接带动文化、旅游、体育装备制造业的快速发展。全域旅游还推进交通、水利、林业、体育等多行业按照旅游景观和旅游服务要求，提升建设和管理水平。全域旅游加快推进社会主义新农村建设和新型城镇化建设。从社会层面看，全域旅游对社会发展产生深远影响，从过去的企业单打独享向社会共建共享转变。例如各地纷纷成立的"旅游合作社"，改变的不仅是经济结构，还改变了社会组织结构，改变了千百年来自然村、行政村的架构，通过村民合作社入股共享多种形式，促进村与村的融合，甚至是乡与乡、镇与镇的融合。全域旅游还能有效促进民族间的文明交流和融合发展。旅游扶贫、旅游富民同时增进人民福祉，增强人民群众获得感，从扶贫角度看，旅游扶贫成为最有尊严且返贫率最低的扶贫方式和途径。

（三）全域旅游形成发展热潮

全国形成了特色突出、百花齐放的全域旅游创建格局，亮点不断。各地根据地方经济社会发展实际，纷纷探索个性化、特色化、差异化的全域旅游发展之路和模式，涌现出以城市全域辐射、全域景区发展、特色资源驱动、产业深度融合、旅游功能区支撑等为代表的省、市、县多层级全域旅游推进新模式。目前，原国家旅游局共批准了两批505家国家全域旅游示范区创建单位，覆盖全国31个省区市和新疆生产建设兵团，总面积180万平方千米，占全国国土面积的19%；总人口2.56亿，占全国的人口的20%。其中还包括海南、宁夏、陕西、贵州、山东、河北、浙江7个省域整体为全域旅游示范区创建单位。各地对发展全域旅游认识普遍提升，党委政府对发展旅游业的重视达到前所未有高度、广度、深度、热度、力度。越来越多的省、市、县走上全域旅游发展新路子，纷纷将全域旅游示范区创建工作作为"一把手"工程、"牛鼻子"工程。涌现出以城市全域辐射、全域景区发展、特色资源驱动、产业深度融合、旅游功能区支撑等为代表的省、市、县多层级全域旅游推进模式。全域旅游正形成由点成线、由线成面的空间布局。

（四）全域旅游成为改革平台

全域旅游成为旅游业全面深化体制机制改革、实现从部门行为向党政统筹转变的"突破口"和"助推器"，成为国家和地方重要的改革创新平台和现代旅游治理方式，成为巨大的"改革包"和"政策包"，成为倒逼旅游业发展改革的重要抓手，以全域旅游为载体推动一系列改革，通过构建全域大旅游综合协调管理体制机制，推进建立旅游综合协调管理、旅游综合执法、旅游综合统计监测、旅游综合规划管理、旅游社会参与等体制机制改革。综合体制改革效果显著，加快建立现代旅游治理机制，大大增强了旅游业发展的综合协调能力，有效解决了旅游综合监管需求与原有体制的矛盾。旅游规划与产业促进、旅游监督管理与综合执法、旅游营销推广与形象提升、旅游公共服务与专项资金管理、旅游数据统计与综合考核等体制机制更加完善。通过推动公安、工商、司法等部门构建管理内容覆盖旅游领域的新机制，加强旅游警察、旅游市场监督、旅游法庭、旅游质监执法等工作和队伍建设。此外，各地推进建立旅游联席会议、旅游项目联审、旅游规划公众参与、旅游投融资、旅游标准化、文明旅游共创、旅游志愿者组织、旅游人才培养、党政干部培训、旅游工作考核激励等机制。推进构建统筹发展机制，其核心在于地方党政统筹和部门联动，具体来说就是要从区域发展战略全局出发，把推进全域旅游作为地方经济社会发展的重要抓手，建立党政主要领导挂帅的全域旅游组织领导机制，加强部门联动，充分发挥宣传、组织、政法等党委部门和发改、公安、财政、国土、环保、住建、交通、水利、农业、文化、体育、统计、林业等政府部门在推进全域旅游工作中的积极作用，形成全域旅游发展新合力。还探索推进旅游数据和统计体系改革，推动建立旅游数据中心。研究探索优化全域旅游的支持政策和保障机制，加大财政支持力度，创新旅游投融资机制，引导各类资金参与全域旅游建设，强化全域旅游用地保障，优化旅游项目用地政策。

四、全域旅游提出背景及意义是什么？

"全域旅游"作为当代旅游业发展特点的高度理论概括，既是基于我国国情提出的重大发展战略，也反映出世界旅游发展的共同趋势和方向，成为当代旅游业发展中的重大理论创新和实践突破、指导全国旅游工作的重大战略方针，以及指导和加快旅游目的地建设、促进旅游业转型升级的重要指导依据，是实施"三步走"战略，建设世界旅游强国的有效途径和抓手。发展全域旅游有深厚的时代背景，意义远远超越了旅游本身。放在国家发展的战略全局，发展全域旅游的重要意义可以概括为：开启新征程的有效路径、培育新动能的重要引擎、落实新理念的综合载体、乡村振兴和新型城镇化的有效载体、转变新模式的现实选择、提升国际竞争力的重要平台。

（一）全域旅游是开启新征程的有效路径

十九大报告明确指出，我国社会主要矛盾已经转化为人民日益增长的美好生活需要和不平衡不充分的发展之间的矛盾。这一重大判断，展示了旅游业广阔的发展前景，也指明了旅游业发展的方向。旅游业作为建设全面小康社会的重要标志，被列为"五大幸福产业"之首，是建设"美丽中国"的重要路径，是建设"健康中国"的重要引擎，同时也是扎实有效推动"乡村振兴"和"精准扶贫"等国家战略的重要支撑，发展全域旅游，为实现"两个一百年"伟大中国梦和开启这些重大愿景的新征程提供了新路径。

全域旅游是推进美丽中国和生态文明建设的有效路径，是建设"幸福中国"和"健康中国"的有效路径。全域旅游是充分满足人民多样化的健康休闲需求的途径，也是人类实现自我精神解放的重要途径，已成为人们物质和精神文化需求的重要内容，促进身体和精神健康也成为老百姓实实在在分享改革发展成果的鲜活体现和生活"刚需"。旅游是幸福生活、健康生活和美好生活的标志，是健康的生活方式；旅游业也是"五大幸福产业"中发展最快、消费最旺、投资最热、发展最成熟、最具潜力和活力的产业。旅游带来消费、带来市场、带来服务能力提升，对培育其他幸福产业有孵化功能，有很好的带动效应，是"五大幸福产业"的先导产业和动力产业。

（二）全域旅游是贯彻落实新理念的综合载体

推进全域旅游，是落实"创新、协调、绿色、开放、共享"五大理念的有效抓手，发展全域旅游是旅游业贯彻落实新发展理念的重要体现。在创新发展方面，全域旅游是发展理念和发展模式的创新，也是旅游业转型升级的方向。发展全域旅游，就是要提升旅游业发展能力，拓展区域旅游发展空间，培育区域旅游增长极，构建旅游产业新体系，培育旅游市场新主体和消费新热点。在协调发展方面，发展全域旅游有利于统筹实施供给侧结构性改革，促进供需协调；有利于推动区域特色化发展，促进景点景区内外协调；有利于推进乡村旅游提质增效，促进城乡协调；有利于完善产业配套要素，促进软硬件协调；有利于提升整体服务水平，促进规模质量协调。在绿色发展方面，发展全域旅游能把生态和旅游结合起来，把资源和产品对接起来，把保护和发展统一起来，将生态环境优势转化为旅游发展优势，将绿水青山变成金山银山，创造更多的绿色财富和生态福利。在开放发展方面，全域旅游更加注重拓展开放发展空间，打破地域分割、行政分割，打破各种制约，走全方位开放之路，形成开放发展的大格局。在共享发展方面，实施全域旅游、促进城乡旅游互动和城乡发展一体化，不仅能带动广大乡村的基础设施投资，提高农业人口的福祉；还能提升城市人口的生活质量，形成统一高效、平等有序的城乡旅游大市场，是全面建成小康社会的重要内容和标志。

除全面贯彻落实五大发展理念之外，全域旅游还是贯彻落实"四个全面"战略布局、"五位一体"总体布局、"五化"发展（新型城镇化、新型工业化、农业现代化、信息化、生态化）等一系列中央重大战略部署、重大发展理念的有效载体，可以充分发挥旅游业在五位一体的五大文明建设和"一业融五化"中的综合功能和独特作用，有利于服务"一带一路"倡议、扶贫攻坚战略和长江经济带、黄河文化旅游带、粤港澳大湾区、长三角一体化、京津冀一体化等国家战略。

（三）全域旅游是培育新动能的重要引擎

我国经济已进入新常态，处于新旧动能转换期，迫切需要加快新旧动能平稳接续、协同发力，促进覆盖一、二、三产业的实体经济蓬勃发展，而发展全域旅游，则是解决旅游供给侧不足的有力抓手。

全域旅游作为促进发展的重大工程包、消费包、投资包，也是旅游投资和消费的引爆点，全域旅游正形成数万亿级的综合投资、数十亿级的综合消费，日益成为旅游产业高质量发展的新动能和新引擎。全域旅游发展除了需要进行投融资规划、投资商和开发商导入加大旅游资源开发、核心产品打造、旅游业态创新之外，还需要加大餐饮配套、旅游交通、智慧旅游、旅游集散中心、旅游标识系统、旅游厕所、游憩空间等旅游基础设施和公共服务体系建设，成为拉动旅游投资、满足游客需求的巨大的工程包、投资包和消费包。推动基础设施建设，通过发展全域旅游能够实现从封闭的自身循环向开放的"旅游＋"融合方式转变，不断加大旅游与文化、农业、工业、林业、水利、商贸、体育、金融、医药等产业领域的融合力度，形成产业新载体、新产能和新动能，推动旅游产业发展的新旧动能转换，使其成为整合政府、企业、社会资本的重要载体和抓手，成为推动旅游创新发展和区域发展的新战略、新引擎、新动能。

（四）全域旅游是乡村振兴和新型城镇化的有效载体

推进新型城镇化作为有效解决农业、农村、农民"三农"问题的重要途径，是推动区域协调发展的有力支撑，是扩大内需和促进产业升级的重要抓手。旅游作为资源消耗低、带动系数大、就业容量大、综合效益高的综合产业，已成为优化区域布局、统筹城乡发展、提升城乡生活环境品质、促进新型城镇化的新增长点。通过发展全域旅游，可加快城镇化建设进程，有效改善城镇和农村基础设施的短板不足等问题，促进大城市人口有序地向星罗棋布的特色旅游小城镇转移；可以聚集人气商机，带动生态现代农业、农副产业加工、文化体育装备制造业、商贸物流、交通运输、餐饮酒店等其他行业联动发展；通过发展乡村旅游、观光农业、休闲农业，使农民实现就地、就近就业和创业，就地市民化；通过发展全域旅游，能够有效改善农村生态环境，加快建设"美丽乡村"的步伐；实现城市文明和农村文明直接相融，使农民在家就能开阔视野，提升其文明素质，加快实现农村居民从传统生活方式向现代生活方式转变。

（五）全域旅游是转变新模式的现实选择

我国发展模式正在从过去的资源消耗、环境破坏的粗放型发展方式向资源节约、环境友好的集约型生态共享型发展方式转变，旅游业是这种发展模式转变中的重要选择，全域旅游正成为地区和地方优化区域经济发展格局、调整经济结构、带动资源枯竭型城市转型，探索新型发展模式的新选择。

基于不同的区域经济发展阶段，呈现出不同的全域旅游发展模式。（1）全域旅游是许多欠发达地区实现脱贫攻坚的区域创新发展模式，我国14个集中连片特困地区，以及其他老、少、边、穷地区，也往往是旅游资源富集、民族民俗风情浓郁、发展旅游独具优势潜力的地区。将全域旅游创建与扶贫攻坚有机结合起来，通过大力实施全域旅游战略全面改善基础设施和公共服务，全面推进扶贫攻坚和精准扶贫，使全域旅游成果普惠广大人民群众。（2）发达地区后工业化区域，选择全域旅游实现转型升级。通过旅游现代化实现后城市化与后现代化提升，主要代表区域为江苏、浙江、广东等地。（3）全域旅游是许多资源型城市发展转型的新模式。通过创建全域旅游，促进产业升级创新，促进整体环境优化提升，构建新型产业空间和新的增长空间。代表城市有：新疆克拉玛依、河南焦作等。（4）生态功能区，将全域旅游作为生态环境保护的有效模式，典型代表区域如青海三江源、西藏林芝、贵州百里杜鹃等。

（六）全域旅游是提升国际竞争力的重要平台

全域旅游符合世界旅游、世界发展潮流。全域旅游是旅游业发展到现阶段的一种新形态、新理念、新模式，是旅游发展走向成熟的标志，是在中国国情下提出的战略设计，也是世界旅游发展的共同规律和总体趋势，代表现代旅游发展的新方向。从现代旅游业发源地欧洲与美洲旅游业的发展历程可以很清晰地发现，世界旅游发展的共同规律与方向就是全域化发展，且全域旅游目的地是旅游发展的高级形态。法国、美国与西班牙在 20 世纪 70 年代以后普遍呈现出从景点旅游、观光旅游向全域旅游、休闲度假旅游转换的特点。

发展全域旅游，是我国提升国家旅游竞争力的新平台。世界上发展较好的旅游目的地，都是对全方位、全域化资源进行优化。发展全域旅游，最终实现国际竞力的提高，向世界旅游发出中国声音，为世界旅游贡献中国力量。通过发展全域旅游，实现多产融合，推动旅游业成为第三产业的龙头和国民经济战略性支柱产业，带动和扩大全社会消费，拉动内需，实现经济结构的战略性调整，是国家提升综合竞争力的新平台。全域旅游作为现代服务业的重要抓手，不断提升"美丽中国"的展现力，为建设世界旅游强国做出新贡献。我国旅游业的核心品牌竞争力正逐渐形成。这主要表现在：一方面，全域旅游对"美丽中国"进行市场开发和品牌推广工作；另一方面，全域旅游通过拓展旅游外交和旅游推广，提升"美丽中国"整体旅游形象。

五、为什么说全域旅游是落实新发展理念的最佳载体？

党的十八届五中全会提出"创新、协调、绿色、开放、共享"的五大发展理念之后，习近平总书记在十九大报告中再次强调指出，发展是解决我国一切问题的基础和关键，发展必须是科学发展，必须坚定不移贯彻创新、协调、绿色、开放、共享的发展理念。全域旅游作为旅游业发展的国家战略，其发展理念与五大发展理念完全契合，五大发展理念成为全域旅游的引领性指导方针，全域旅游则成为贯彻落实五大发展理念的重要战略载体，使全域旅游成为创新发展的新引擎、协调发展的新要求、绿色发展的新模式、开放发展的新平台、共享发展的新载体。

（一）全域旅游是创新发展的新引擎

十九大报告提出要建设创新型国家，创新是引领发展的第一动力，是建设现代化经济体系的战略支撑。全域旅游作为一种创新理念的实行，能够引发各旅游目的地运用全新的资源观、全新的产品观、全新的市场观和全新的产业观等全新的发展理念，探索旅游发展新模式、构建旅游发展新平台、塑造旅游品牌新形象、开拓旅游客源新市场、构建产业发展新体系，从而打造区域经济发展新的增长极和新引擎。

（二）全域旅游是协调发展的新抓手

十九大报告提出要加大力度支持革命老区、民族地区、边疆地区、贫困地区加快发展，建立更加有效的区域协调发展新机制；以城市群为主体构建大中小城市和小城镇协调发展的城镇格局，加快农业转移人口市民化。发展全域旅游有利于促进不同部门之间和不同利益主体的综合协调，形成全域旅游现代治理体系新格局；有利于统筹实施供给侧结构性改革，促进供需协调；有利于推动区域特色化、差异化发展，促进景点景区内外协调；有利于推进乡村旅游提质增效，促进城乡协调发展；有利于完善产业配套要素，促进软硬件协调；有利于提升整体服务水平，促进规模质量协调；有利于激发"老、少、边、穷"地区的旅游发展活力，实现区域经济的协调发展。

（三）全域旅游是绿色发展的新模式

十九大报告提出要坚持人与自然和谐共生，加快建立绿色生产和消费的法律制度和政策导向，建立健全绿色低碳循环发展的经济体系。旅游业作为一项"生态产业""绿色产业"和"无烟工业"，成为"人与自然和谐共生"的最好载体，大力推动和发展全域旅游有利于更好地发挥旅游业的产业优势，能够加强重要生态系统的保护和修复，有效开展国土绿化行动，建立市场化、多元化生态补偿机制，改革生态环境监管体制，将高品质的生态环境优势转化为高质量的旅游业发展优势，将资源开发与保护有效结合起来，加快生态文明建设，推动形成人与自然和谐发展现代化建设新格局。

（四）全域旅游是开放发展的新平台

十九大报告提出中国开放的大门不会关闭，只会越开越大；要以"一带一路"建设为重点，坚持引进来和走出去并重，遵循共商共建共享原则，加强创新能力开放合作，形成陆海内外联动、东西双向互济的开放格局。旅游业作为一个包容性、开放性、关联性、带动性极强的行业，能够通过"一带一路"建设、"自由贸易试验区"发展，以及中外互办旅游年、文化周等旅游外交行动，以优越的投资环境、良好的国家形象、精良的旅游产品、优质的服务质量、完善的公共服务体系和"共建共享"的发展理念，更好地吸引外商投资、提振入境旅游市场、提升我国在全球的美誉度和影响力，从而形成开放发展的大格局。

（五）全域旅游是共享发展的新载体

十九大报告提出打造共建共治共享的社会治理格局，是共享理念的具体发展策略，而发展全域旅游正是"共建共享"理念的生动实践。大力发展全域旅游能够充分调动全员参与旅游业发展的积极性和主动性，不仅能够快速带动广大乡村的基础设施投资建设，持续优化农村地区的生活环境，有效提高农业人口的福祉；而且能够提升城市人口的生活质量，形成统一高效、平等有序的城乡旅游大环境、大市场，带动更多人员共享旅游业发展成果。

六、全域旅游的深刻内涵是什么？

全域旅游不仅是一个新概念、新名词，更是当代旅游发展的新理念、新思维、新发展观、新发展哲学和新模式，需要树立新的全域旅游的体制观、全域旅游的资源观、全域的产品观、全域旅游的业态观、全域旅游的发展观。推进全域旅游示范区创建与全域旅游深入发展，需要拓展全域的见识、开拓全域的眼界、提升全域的能力、拓展全域的胸怀、提升全域的品质。

　　"理念"是指"看法、思想、思维活动的结果，是一种观念或思想"，"哲学"是对整个世界（自然界、社会和思维）的根本观点的体系，"思维"则是人脑对客观现实的本质属性、内部规律的自觉的、间接的和概括的反映，是一种思考和思维方式。全域旅游无疑具有理念和思维这些基本特征，形成了当代旅游的全域新思维、发展新哲学。

　　全域旅游的本质是一种发展模式，目标就是实现促进旅游业从单一景点景区建设管理向综合目的地服务转变，从门票经济向产业经济转变，从粗放低效方式向精细高效方式转变，从封闭的旅游自循环向开放的"旅游+"转变，从企业单打独享向社会共建共享转变，从围墙内民团式治安管理向全面依法治理转变，从部门行为向党政统筹推进转变，努力实现旅游业现代化、集约化、品质化、国际化，最大限度满足大众旅游时代人民群众消费需求的发展新模式。所谓"模式"，是指依据从实践经验中归纳出的核心知识体系即理念、概念或规律，提出的一种解决某一类问题的通用方式，一种固定的组织管理方式或资源配置方式。全域旅游是一种新的认知模式、思维模式、发展模式、改革模式、治理模式、旅游生活模式、运营模式，是用新的旅游思维方式谋划新的旅游发展方式，形成满足人民群众需求的新生活方式，形成主客共享的新生活方式，以及将居民美丽幸福家园与游客休闲度假乐园一体化统筹的新的生活空间。全域旅游也构建新的综合开发和运营模式，为企业提供目的地综合开发运营、产业链和价值链综合开发，提供新的开发投融资模式和运营模式，构建区域旅游开发运营服务的新型综合平台和新模式。

七、全域旅游的演进和相关概念有哪些?

　　"全域旅游"作为最重要的国家旅游发展战略之一，经历了初步提出、全面发展、推进验收等演进发展阶段，为旅游业的健康快速发展和产业升级提供了新观念、新模式、新动力和新路径。旅游界尝试过用许多概念来描述旅游全域化发展趋势和现象，但一直没有形成共识。也出现过从某个方面和角度反映全域旅游相关内涵的相关概念，例如，出现过旅游目的地等空间层面概念与旅游化等产业发展层面概念，了解这些概念对更全面深入理解全域旅游会有一定帮助。但迄今为止，没有一个反映当代旅游发展方向的概念像全域旅游这样成为一个热词、成为激发社会各界热情的战略和行动。

（一）演进过程

在"全域旅游"战略被正式提出之前，一些地方对全域旅游进行过探索，为全域旅游理念和模式正式提出奠定了实践基础，但早期探索基本是单纯的空间全域拓展，是地方性、自发性、局部零星的，还没有形成明确丰富的概念内涵、更没有形成系统设计。2007年，成都市提出了"高水平、高起点、大手笔建设青城山—都江堰国际旅游度假区，构建全域旅游格局"。2008年，商南市提出"全域旅游、兴县富民"目标。2009年，巴中提出树立全域旅游理念，提出各行各业围绕旅游聚合力的全域旅游工作路径。2011年，杭州提出旅游空间全区域、旅游产业全领域、旅游受众全民化的旅游全域化战略。2012年，温江区大力实施"全域旅游"战略。2012年，甘孜州提出实施全域旅游发展战略并召开全域旅游发展大会。2012年，栾川提出建设"全景栾川"，走"旅游引领、融合发展、产业集聚"之路。2012年，桐庐提出"优化全域旅游空间格局、提升全域旅游服务体系、夯实全域旅游工作保障"，以及"造城、添景、兴镇、美村"的全域旅游工作思路。2012年，琼海市提出建设全域5A级景区的理念标准，全域统筹走全域旅游新路子。与全域旅游相关，实际上也伴随着相关领域全域化发展的时代背景，一些地方推进过全域化城市、全域整体环境治理、全域城乡发展、全流域治理，但其他领域的全域化探索没有形成全域旅游这样有全局性的重大与深远影响，这是因为全域旅游具有天然全域特点，是全域化发展的典型示范产业。

2015年8月，全国乡村旅游提升与旅游扶贫推进会议首次明确提出全面推动全域旅游发展的战略部署；2015年9月，国家旅游局印发《关于开展"国家全域旅游示范区"创建工作的通知》（旅发〔2015〕182号）；2016年1月，在海口召开的全国旅游工作会议上，提出"把全域旅游作为新时期我国旅游发展总体战略"，开始引导旅游业发展从景点旅游向全域旅游转变，并表示我国将开展首批全域旅游示范区创建工作，其中海南省被确定为首个全域旅游创建省，拉开了我国全域旅游创建工作的序幕。2016 年 2 月，国家旅游局发布了《关于公布首批创建"国家全域旅游示范区"名单的通知》（旅发〔2016〕13 号），首批国家全域旅游示范区创建名录共计 262 个；2016 年 9 月，在第二届全国全域旅游推进会上，宣布宁夏成为继海南后的全国第二个省级全域旅游示范区创建单位；2016 年 11 月，国家旅游局公布了《关于公布第二批国家全域旅游示范区创建单位的通知》（旅发〔2016〕141 号），共计 238 家单位入选；2017 年 8 月，在第三届全域旅游推进会上，国家旅游局宣布，陕西、贵州、山东、河北、浙江 5 省新增为全域旅游示范省创建单位，至此，国家全域旅游示范区创建单位达到 505 家，全域旅游进入全面开展阶段。

自全域旅游工作部署以来，各地以创建国家全域旅游示范区为抓手，在统一规划布局、创新体制机制、推进融合发展、丰富产品供给、优化公共服务、提升服务品质、实施整体营销等领域取得了新突破，形成了诸多可复制可推广的经验做法，有力促进了旅游供给侧结构性改革和优质旅游发展。为充分发挥国家全域旅游示范区在促进全域旅游发展中的示范引领作用，2019 年 3 月文化和旅游部出台了《国家全域旅游示范区验收、认定和管理实施办法（试行）》和《国家全域旅游示范区验收标准（试行）》等文件，并决定开展首批国家全域旅游示范区验收认定工作。根据文化和旅游部制定的《国家全域旅游示范区验收、认定和管理实施办法（试行）》规定，国家全域旅游示范区验收、认定和管理工作，遵循"注重实效、突出示范，严格标准、统一认定，有进有出、动态管理"的原则，坚持公开、公平、公正，通过竞争性选拔择优认定，初步遴选出符合条件的 96 家全域旅游示范区创建单位进入首批国家全域旅游示范区验收入围名单，拉开了国家全域旅游示范区验收的序幕。2019 年 9 月，经过最终遴选，文化和旅游部发布了《关于公示首批国家全域旅游示范区名单的公告》，对首批 71 个国家全域旅游示范区名单进行公示。

2020 年 5 月，文化和旅游部办公厅根据全域旅游行业发展趋势修订并印发《国家全域旅游示范区验收、认定和管理实施办法（试行）》和《国家全域旅游示范区验收标准（试行）》通知（办资源发〔2020〕30 号），为指导全域旅游示范区创建提供了科学指引。

（二）相关概念

全域旅游作为旅游业发展的高级形态，与全域旅游相关的主要产业发展概念有：旅游化、旅游产业集群与旅游产业融合、泛旅游等。旅游化，是一个使社会及其环境都被改变成为宏伟景观、吸引物、运动场以及消费场地的社会经济和社会文化过程。旅游产业集群，是指旅游产业中互有联系的企业和部门在特定地理位置的一种聚集。旅游产业融合通常是指与其他产业之间或旅游产业内不同行业之间相互渗透、相互交叉，最终融为一体，逐步形成新产业的动态发展过程，一般分为产业渗透、产业交叉和产业重组三种类型。泛旅游，泛旅游时代是指相对于门票经济时代，观光游览、商务旅游和休闲度假三驾马车并驾齐驱的旅游发展阶段；泛旅游打破了传统旅游产业的界限，与其他行业之间的交叉融合日益普遍，使旅游经济的带动效应得到扩散和增强。

专栏 1-1   全域旅游的外文表述

在英语、法语、西班牙语等中未有完全直接对应的词语。英语中相近有："Global Tourism" "Region-based Tourism" "Whole Region Tourism" "Comprehensive Tourism" 与 "Integral Tourism" 等，其中，"Comprehensive Tourism" 更贴近。法语相近的有："Tourisme du Territoire" "Le Yourisme Mondial" "Région Touristique" "Intégrer Tourisme" 等，其中，"Intégrer Tourisme" 更贴近。西班牙语相近有："El Turismo Global" "Regional de Turismo" "La Integración de Viajes" "Integración del Turismo" 等，其中，"La Integración de Viajes" 和 "Integración del Turismo" 可能更贴近。

八、国家全域旅游示范区创建的原则目标和
主要任务是什么？

2017 年 6 月，国家旅游局正式发布《全域旅游示范区创建工作导则》（以下简称《导则》），为全域旅游示范区创建工作提供行动指南。《导则》在明确了全域旅游示范区创建工作坚持"注重实效、突出示范，宽进严选、统一认定，有进有出、动态管理"方针的基础上，阐明了深化全域旅游改革创新工作的指导思想，提出了国家全域旅游示范区创建的基本原则、发展目标和主要任务。

（一）国家全域旅游示范区创建的基本原则

国家全域旅游示范区创建单位应遵循"突出改革创新、突出党政统筹、突出融合共享、突出创建特色、突出绿色发展、突出示范导向"等基本原则，保证全域旅游朝着高质量、高水平方向发展。

1.突出改革创新

改革创新的核心是要让旅游市场在资源配置中发挥决定性作用，建立起符合旅游市场发展的体制机制，需要将发展全域旅游作为旅游业贯彻落实五大发展理念的主要途径，始终把改革创新作为创建工作的主线，坚持目标导向和问题导向，针对旅游发展中的重大问题，努力破除制约旅游发展的瓶颈与障碍，形成适应全域旅游发展的体制机制、政策措施、产业体系等，构建全域旅游发展新局面。

2.突出党政统筹

发挥地方党委、政府的领导作用，从区域发展战略全局出发，把推进全域旅游作为地方经济社会发展的重要抓手，统一规划、统筹部署、整合资源、协调行动，形成推动全域旅游发展新合力。

3.突出融合共享

大力推进"旅游+"，实现旅游业与其他行业的磨合、组合和融合，促进产业融合、产城融合，促进旅游功能全面增强，使发展成果惠及各方，让游客能满意、居民得实惠、企业有发展、百业添效益、政府增税收，形成全域旅游共建共享新格局。

4.突出创建特色

注重产品、设施与项目特色，不同层级、不同地区要确立符合实际的发展规划、主打产品、主题形象等，不搞一个模式，防止千城一面、千村一面、千景一面，形成各具特色、差异化推进的全域旅游发展新方式。

5.突出绿色发展

树立"绿水青山就是金山银山"理念，守住生态底线，坚持保护优先，合理有序开发，防止破坏环境，杜绝竭泽而渔，摒弃运动式盲目开发，实现经济、社会、生态效益共同提升，开辟全域旅游发展新境界。

6. 突出示范导向

开展全域旅游示范区创建工作，强化创建示范引领作用，打造省、市、县全域旅游示范典型，努力在推进全域旅游、促进城乡建设、产业发展、公共服务、整体营销等方面形成可借鉴可推广的经验和方式，树立全域旅游发展新标杆。

（二）国家全域旅游示范区创建的发展目标

1. 旅游治理规范化

加强组织领导，增强全社会参与意识，建立各部门联动、全社会参与的旅游综合协调机制。坚持依法治旅，创新管理机制，提升治理效能，形成综合产业综合抓的局面，成为体制机制改革创新的典范。

2. 旅游发展全域化

推进全域统筹规划、全域合理布局、全域整体营销、全域服务提升，构建良好自然生态环境、亲善人文社会环境、放心旅游消费环境，实现全域宜居宜业宜游和全域接待海内外游客，成为目的地建设的典范。

3. 旅游供给品质化

加大旅游产业融合开放力度，提高科技水平、文化内涵、绿色含量，增加创意产品、体验产品、定制产品，发展融合业态，提供更多精细化、差异化旅游产品和更加舒心、放心的旅游服务，增加有效供给，成为满足大众旅游消费需求的典范。

4. 旅游参与全民化

增强全社会参与意识，引导居民以主人翁态度共同参与旅游建设，营造文明旅游新风尚，健全旅游发展受益机制，出台旅游惠民政策，切实保证居民、企业参与收益分配，成为全民参与共建共享的典范。

5. 旅游效应最大化

把旅游业作为经济社会发展的重要支撑，发挥旅游"一业兴百业"的带动作用，促进传统产业提档升级，孵化一批新产业、新业态，不断提高旅游对当地经济和就业的综合贡献水平，成为惠民生、稳增长、调结构、促协调、扩开放的典范。

（三）国家全域旅游示范区创建的主要任务

1. 创新体制机制，构建现代旅游治理体系

各地应加快建立党政主要领导挂帅的全域旅游组织领导机制；探索建立与全域旅游发展相适应的旅游综合管理机构；积极推动公安、工商、司法等部门构建管理内容覆盖旅游领域的新机制；积极创新旅游配套机制，建立相应的旅游联席会议、旅游项目联审、旅游投融资、旅游规划公众参与、旅游标准化、文明旅游共创、旅游志愿者组织、旅游人才培养、党政干部培训、旅游工作考核激励等机制；推动政策创新，出台支持全域旅游发展的综合性政策文件。

2. 加强规划工作，做好全域旅游顶层设计

各地应在实施"多规合一"中充分体现旅游主体功能区建设的要求；重大建设项目可就其旅游影响及相应旅游配套求旅游部门的意见；不断完善旅游规划体系；持续加强旅游规划实施管理。

3. 加强旅游设施建设，创造和谐旅游环境

各地应在国家的各项文件指导下，加快推动"厕所革命"覆盖城乡全域，推进乡村旅游、农家乐厕所整体改造，5A级景区厕所设置第三卫生间，主要旅游景区（点）、旅游度假区、特色小镇、旅游场所、旅游线路和乡村旅游点的厕所要实现数量充足、干净卫生、实用免费、管理有效；构建畅达便捷交通网络；完善集散咨询服务体系；规范完善旅游引导标识系统；合理配套建设旅游停车场。

4. 提升旅游服务，推进服务人性化、品质化

各地应充分发挥标准在全域旅游工作中的服务、指引和规范作用；按照旅游需求个性化、差异化要求，加快实施旅游服务质量标杆引领计划；强化科技手段在旅游服务、旅游管理和旅游营销中的应用，推进服务、管理、营销智能化、精简化、高效化；完善旅游志愿服务体系，打造旅游志愿服务品牌。

5. 坚持融合发展、创新发展，丰富旅游产品，增加有效供给

各地应深入推进"旅游+"战略，加快旅游与文化、农业、工业、水利、商务、体育、科技、交通、教育、卫生、环保等产业的融合进程；着力提升一批旅游产品品质，塑造具有各地特色的标志性 IP 产品品牌，不断推动主体创新，培育和引进有竞争力的旅游骨干企业和大型旅游集团，促进旅游产业规模化、品牌化、网络化经营。

6. 实施整体营销，凸显区域旅游品牌形象

各地应加快制定全域旅游整体营销规划和方案；拓展营销内容；实施品牌营销战略；建立健全政府部门、行业、企业、媒体、公众等参与的营销机制；运用新媒体等手段创新全域旅游营销方式，综合运用高层营销、公众营销、内部营销、网络营销、互动营销、事件营销、节庆营销、反季营销等多种方式。

7. 加强旅游监管，切实保障游客权益

各地应不断加快旅游质监执法队伍的建设，强化队伍的市场监督执法功能，严肃查处损害游客权益、扰乱旅游市场秩序的违法违规行为，曝光重大违法案件，实现旅游执法检查的常态化；加快探索"旅游投诉先行赔付"等制度；加强旅游投诉举报处理，形成线上线下联动、高效便捷畅通的旅游投诉受理、处理、反馈机制；强化事中、事后监管，通过设立"黑名单"等制度，加快建立健全旅游领域社会信用体系；加强旅游文明建设，全面推行国内旅游文明公约和出境旅游文明指南，培育和宣传展示文明旅游典型，建立建全旅游不文明行为记录制度和部门间信息通报机制。

8. 优化城乡环境，推进共建共享

各地应不断加强资源环境生态保护，强化对自然生态系统、生物多样性、田园风光、传统村落、历史文化名城名镇名村、文物保护单位、非物质文化遗产和民族文化等保护；推进全域环境整治，开展主要旅游线路沿线风貌集中整治，全面优化旅游环境；强化旅游安全保障，加强旅游安全制度建设，强化旅游、公安、交通、安监、卫生、食药监等有关部门安全监管责任，完善旅游保险产品；大力促进旅游就业创业，建设旅游就业需求服务平台，提升本地旅游人力资源规模和水平；大力推进旅游扶贫和旅游富民，有效增加贫困地区财政收入、村集体收入和农民人均收入；营造旅游发展良好社会环境，向目的地居民开展旅游相关知识宣传教育，加强旅游惠民便民服

务，推动一批场馆基地免费开放，鼓励旅游场所对特定人群实行价格优惠，加强对老年人、残疾人等特殊群体的旅游服务。

九、国家全域旅游示范区验收的认定标准和依据是什么？

国家全域旅游示范区验收认定系列文件由 2020 年 5 月文化和旅游部办公厅修订印发的《国家全域旅游示范区验收、认定和管理实施办法（试行）》（以下简称《办法》)、《国家全域旅游示范区验收标准（试行）》（办资源发〔2020〕30 号）（以下简称《标准》)、《国家全域旅游示范区验收工作手册》（以下简称《手册》）三个文件组成。《办法》明确了国家全域旅游示范区验收认定和管理工作的基本依据、基本原则、职责分工、基本程序和标准要求，以及后续的监督管理要求等内容。《标准》是对国家全域旅游示范区各个方面全面验收的标准，除了 7 类基本的验收打分项之外，同时设计了创新加分项，以鼓励创建单位改革创新，并设计了扣分项。明确了每一个项目的具体评价方式，是将来对示范区进行验收认定的具体工作指南。《办法》《标准》和《手册》是一个整体，构成了一套对国家全域旅游示范区全面管理的文件。

（一）《办法》

《办法》成为推进国家全域旅游示范区验收、认定及规范化管理的重要依据和指导性文件，有助于规范国家全域旅游示范区验收、认定与管理，提升创建质量，提高国家全域旅游示范区创建水平，对于遴选一批具有代表性、典型性和示范性的国家全域旅游示范区具有重要指导意义。《办法》共计六章二十五条，分别为"总则""职责及分工""验收""认定""监督管理""附则"，规定了开展国家全域旅游示范区验收、认定、监督管理等各个方面的工作要求和程序。《办法》规定，国家全域旅游示范区验收认定遵循"突出示范"的原则，强调示范区应突出改革创新，在旅游发展实践中具有突破性的示范举措，或是在解决制约旅游业发展瓶颈问题上有务实措施，或是在全域旅游发展中探索出全国有影响力的示范性创新，引领作用突出。

《办法》规定了国家全域旅游示范区认定过程中会议评审的八个基本内容，这是对国家全域旅游示范区的基本要求，是门槛条件，分别是体制机制、政策保障、公共服务、供给体系、秩序与安全、资源与环境、品牌影响、创新示范。

（二）《标准》

《标准》制定了国家全域旅游示范区验收的验收指标、总体要求和评分标准，指标包含 7 类基本项目、1 类创新示范项目和 1 类扣分事项。《标准》共计 1200 分，7 类基本项目合计 1000 分，创新项目合计 200 分，扣分项目合计 100 分。按照 1000 分通过初审验收的要求看，创建全域旅游示范区的地区必须有多项改革创新举措才能达到 1000 分的底线。国家全域旅游示范区是否具备改革创新示范的相关举措，是关系到国家全域旅游示范区能否通过验收认定的核心所在，也是国家全域旅游示范区创建的目的。

（三）《手册》

《手册》则是对《标准》的具体落实和细化，对《标准》涉及的基本项目、创新项目和扣分项目进行更具体的指标设计，是将来对示范区进行验收认定的详细打分手册和工作指南。

十、国家全域旅游示范区验收的指标评价体系是什么？

评价指标体系是推动全域旅游示范区创建工作的"指挥棒"，是验收检查全域旅游示范区创建工作的基本准绳和基本依据。根据文化和旅游部制定的《国家全域旅游示范区验收标准（试行）》（以下简称《标准》），《标准》基本项目总分 1000 分，创新项目加分 200 分，共计 1200 分。通过省级文化和旅游行政部门初审验收的最低得分为 1000 分。具体来看，《标准》主要包括体制机制（90 分）、政策保障（140 分）、公共服务（230 分）、供给体系（240 分）、秩序与安全（140 分）、资源与环境（100 分）、品牌影响（60 分），以及创新示范（200 分）共计八大方面，涉及 52 个细分评分标准。其中，8 类创新示范项目及分值安排为：体制机制创新（50 分）、政策措施创新（30分）、业态融合创新（30分）、公共服务创新（40分）、科技与服务创新（20分）、环境保护创新（8分）、扶贫富民创新（12分）、营销推广创新（10分）。在国家全域旅游示范区验收过程中，需要突出改革创新，让旅游市场在资源配置中发挥决定性作用，建立起符合旅游市场发展的体制机制，把改革创新作为一条基本的审核内容和认定条件，也就是说如果没有改革创新的举措就达不到国家全域旅游示范区验收的基本条件，创建国家全域旅游示范区的县、市级地区必须有多项改革创新举措，才能达到1000分的初审验收通过条件。因此，创新项目加分项需要各地在秉承当地的地脉、山脉、文脉、商脉等资源禀赋基础上，因地制宜，借助各地的综合优势扬长补短，结合机制体制改革、时代科技发展和市场消费新需求，探索一条适合各地文化旅游产业发展的新思路、新模式、新政策和新路径，以便能够在全域旅游发展中起到示范带头和标杆引领作用。

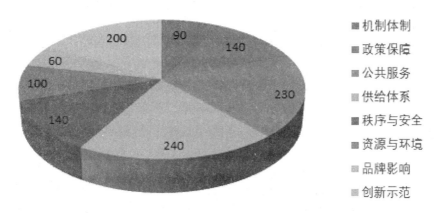

图1-4　国家全域旅游示范区验收的指标体系及各项分数

　　此外，《标准》还设置扣分项，根据2020年5月文化和旅游部办公厅修订印发的《国家全域旅游示范区验收、认定和管理实施办法（试行）》和《国家全域旅游示范区验收标准（试行）》（办资源发〔2020〕30号），创建全域旅游示范区的主要扣分事项包括不予审核项和"主要扣分项"，其中"扣分项"占100分。其中不予审核项主要内容有：（1）重大安全事故：近三年发生重大旅游安全生产责任事故的；（2）重大市场秩序问题：近三年发生重大旅游投诉、旅游负面舆情、旅游市场失信等市场秩序问题的;(3)重大生态环境破坏:近三年发生重大生态环境破坏事件的;(4)旅游厕所:"厕所革命"不达标。"主要扣分项"的主要内容有:(1)安全生产事故:近三年发生旅游安全生产责任事故,处理不及时,造成不良影响的,扣35分;(2)市场秩序问题:近三年发生旅游投诉、旅游负面舆情、旅游市场失信等市场秩序问题,处理不及时,造成不良影响的,扣30分;(3)生态环境破坏:近三年发生生态环境破坏事件,处理不及时,造成不良影响的,扣35分。

十一、国家全域旅游示范区验收流程是什么?

国家全域旅游示范区的验收工作需要在《国家全域旅游示范区验收、认定和管理实施办法(试行)》《国家全域旅游示范区验收标准(试行)》《国务院办公厅关于促进全域旅游发展的指导意见》(国办发〔2018〕15号)、《全域旅游示范区创建工作导则》等相关文件的指导和要求下按照程序规范有序开展。文化和旅游部负责根据各地创建工作开展情况,启动创建单位验收工作;省级文化和旅游行政部门制定本辖区验收实施方案,报文化和旅游部备案后组织开展验收工作,按照《国家全域旅游示范区验收标准(试行)》,通过省级文化和旅游行政部门初审验收的最低得分为1000分。验收以县级创建单位为基本单位。验收包括暗访、明查、会议审核三种方式。暗访由验收组自行安排检查行程和路线,重点对创建单位的产业融合、产品体系、公共服务体系、旅游环境等《国家全域旅游示范区验收标准(试行)》要求的内容进行检查。明查和会议审核由验收组通过听取汇报、查阅资料、现场观察、提问交谈等方式,重点对创建单位的体制机制、政策措施、旅游规划等《国家全域旅游示范区验收标准(试行)》要求的内容进行检查。其中,县级创建单位开展创建满一年后方可向省级文化和旅游行政部门提出验收申请。地级创建单位,其辖区内70%以上的县级创建单位通过验收后,方可向省级文化和旅游行政部门提出验收申请。省级创建单位,其辖区内70%以上的地级创建单位通过验收后,省级人民政府可以向文化和旅游部提出认定申请。省级文化和旅游行政部门依据《国家全域旅游示范区验收标准（试行）》，对县级、地级创建单位组织初审验收，根据得分结果确定申请认定的单位，并形成初审验收报告。

首批国家全域旅游示范区的验收对象为经审核通过的国家全域旅游示范区县级创建单位、地级创建单位所辖区县和直辖市所辖区县创建单位，认定对象为通过省级文化和旅游行政部门初审验收的创建单位，国家全域旅游示范区验收主要经过"验收申请—验收初审—认定申请—认定审核—认定公示—认定命名"等程序。

1. 验收申请

由创建单位所在地人民政府向省级文化和旅游行政部门提出验收申请。

2. 验收初审

由省级文化和旅游行政部门依据《办法》和《标准》的规定和要求，制定验收实施方案，根据验收得分结果确定申请认定的创建单位。

3. 认定申请

由省级文化和旅游行政部门向文化和旅游部提出认定申请，各省（区、市）、新疆生产建设兵团申请认定的创建单位数量不超过3家（按得分高低排序），同时提交下列材料。

（1）省级文化和旅游行政部门的认定申请、验收实施方案和验收初审报告。

（2）验收打分和检查项目的说明材料。

（3）申请验收单位创建申报书、创建方案、专题汇报文字材料（3000字以内）、全域旅游产业运行情况、创建工作视频（10分钟以内）和其他需要补充的材料。以上材料除视频外（须采用MP4格式）均须提供纸质版（一式两份）和电子版（图片须采用JPG格式，文字材料需采用PDF格式，和视频存储在同一个U盘中）。

4. 认定审核

文化和旅游部以省级文化和旅游行政部门提交的材料为认定参考依据，组织召开专家评审会进行会议评审，委托第三方机构对通过会议评审的创建单位进行现场检查。综合会议评审和现场检查结果，确定通过审核的名单。

专栏 1-2　会议评审环节

　　会议评审是国家全域旅游示范区认定审核过程中的主要内容和关键环节，由中纪委全程跟踪监督，前后共分为三个环节：

　　第一，电视电话会议。针对全域旅游创建相关问题由会议专家向创建单位主要负责领导提问，了解负责人员对全域旅游政策文件和创建地全域旅游规划标准等的了解程度，进行 10 分钟左右电视电话问答。

　　第二，专家组评审打分。专家根据递交的创建材料，对照《国家全域旅游示范区验收标准（试行）》中 1200 分涉及的体制机制、政策保障、公共服务、供给体系、秩序与安全、资源与环境、品牌影响、创新示范八个方面进行打分。

　　第三，文旅部统分。最后由文旅部计算和统计总分，并将打分表整理存档。

---

5. 认定公示

　　文化和旅游部对通过审核的创建单位，进行不少于 5 个工作日的公示。公示阶段无重大异议或重大投诉的通过公示；若出现重大异议或重大投诉等情况，文化和旅游部调查核实后做出相应处理。

6. 认定命名

　　对通过公示的创建单位，文化和旅游部认定为"国家全域旅游示范区"。对通过公示的地级创建单位所辖区县，结果作为地级创建单位认定的依据，待辖区内 70% 的县级单位通过验收认定后对地级创建单位进行命名。

十二、如何准备创建国家全域旅游示范区的 申请验收材料和现场检查？

　　《国家全域旅游示范区验收、认定和管理实施办法（试行）》规定国家全域旅游示范区验收包括暗访、明查、会议审核三种方式。暗访由验收组自行安排检查行程和路线，重点对创建单位的产业融合、产品体系、公共服务体系、旅游环境等《标准》要求的内容进行检查。因此，暗访组会根据创建单位的创建模式确定暗访线路，对景区依托型的县区会以核心景区主导的旅游线路和区域进行暗访，对城市依托型的县区会以中心城市为核心确定暗访区域。所以创建单位要以重点的旅游集散中心（门户）、重点的暗访对象为依托确定暗访线路和区域，重点对该线路（区域）的《办法》规定的产业融合业态、产品体系、公共服务体系、旅游环境等进行重点打造和提升。明查和会议审核由验收组通过听取汇报、查阅资料、现场观察、提问交谈等方式，重点对创建单位的体制机制、政策措施、旅游规划等《标准》要求的内容进行检查。会议审核作为全域旅游示范区创建单位申报材料之后的关键一步，需要引起创建单位对所提交的材料高度重视，充分全面体现当地的创建亮点和创新示范。全域旅游示范区验收评分采取"材料验收"和"现场检查"相结合的方式进行。其中，编制全域旅游的申请验收材料是得分项，现场检查主要是针对不符合标准和要求的事项进行扣分，因此，这两项工作必须引起全域旅游示范区创建单位的高度重视。

（一）全域旅游示范区的验收材料准备

创建验收材料分为主体材料和支撑（佐证）材料。主体材料包括创建方案、创建工作视频、创建申报书、全域旅游产业运行情况、认定申请文件、验收初审报告、验收打分表、验收实施方案、专题汇报文字材料、全域全景图；支撑材料包括基本情况简介、全域旅游行动计划、申请验收请示等其他补充材料，验收打分和检查项目的说明等对主体材料的说明，验收标准得分点的佐证材料等。各地要将乡镇、街道、部门的材料收集整理，分类汇编，形成全域旅游示范区验收材料汇编，以备查验。验收资料要提前准备，并保质保量地按时完成。对照《国家全域旅游示范区验收标准》，创建办拟出资料清单，各地各部门提供相关材料。各地的全域旅游示范区创建办公室对当地全域旅游示范区创建工作自查评分，编写自评报告，并将相关文件、报道、图片等资料编制成册，形成国家级全域旅游示范区验收材料。

（二）全域旅游示范区的现场检查

各地要根据旅游发展特色，安排验收现场。现场要体现本地的主打产品、主题形象、主要特色，以及城乡共建、公共服务、大众共享、优化供给、品质发展、改革创新等示范导向。验收考察现场和线路由各地优中选优。在自查自评时，安排的现场必须具有代表性，符合全域旅游示范区评分结构设计要求。省级相关部门对县级全域旅游示范区单位进行验收评分时，由各地的市级创建办指导确定现场后，报验收组抽检。

十三、如何对国家全域旅游示范区进行监管?

创建"国家全域旅游示范区"是践行"全域旅游战略"和推动国家旅游业高质量发展的重要抓手,但是由于全域旅游示范区创建是一项长期性、系统性工作,全域旅游管理范围大、管理对象多、产业运行复杂,促使实施动态监管并发布行业预告预警,就成为保障示范区有序推进的基本要求,有助于政府管理决策、企业投资决策和游客出行决策,能够有效防范全域旅游发展过程中的生态风险、产业投资风险、安全风险等,促进全域旅游健康可持续发展。因此,必须建立严格完善的监督管理流程和机制。

(一)建立动态管理机制

按照文化和旅游部出台的《国家全域旅游示范区验收、认定和管理实施办法(试行)》和《国家全域旅游示范区验收标准(试行)》等文件规定,国家全域旅游示范区验收、认定和管理工作,遵循"注重实效、突出示范,严格标准、统一认定,有进有出、动态管理"的原则,坚持公开、公平、公正,通过竞争性选拔择优认定。文化和旅游部建立"有进有出"的管理机制,统筹示范区的复核工作,原则上每3~5年完成对示范区的复核工作。省级文化和旅游行政部门对所辖区内已命名的示范区要进行日常检查,并参与复核工作。文化和旅游部对于复核不达标或发生重大旅游违法案件、重大旅游安全责任事故、严重损害消费者权益事件、严重破坏生态环境行为和严重负面舆论事件的国家全域旅游示范区,视问题的严重程度,予以警告、严重警告或撤销命名处理。

(二)强调常态监管

文化和旅游部建立国家全域旅游产业运行监测平台,对示范区和创建单位旅游产业运行情况进行动态监管,逐步优化能够反映全域旅游特征的监测指标体系和监测方式,通过明查、暗访等监管方式有机结合,提升监管效果。示范区和创建单位应按照要求报送本地区旅游接待人数、过夜接待人数、旅游收入、投诉处理等数据,以及重大旅游基础设施、公共服务设施、旅游经营项目等信息。

(三)实行分级的全域旅游示范区体制

在规定国家全域旅游示范区的验收、认定、监督管理等内容的基础上,也规定各省、自治区、直辖市，新疆生产建设兵团可参照《国家全域旅游示范区验收、认定和管理实施办法（试行）》，制定符合本地实际的全域旅游示范区工作管理相关规定。

十四、全域旅游示范区的样本有哪些？

我国地域辽阔，各地自然地理状况、经济社会发展和旅游业发展发展水平差异大，旅游发展类型多样，旅游产品形态不同，在所有的国家全域旅游示范区创建单位中，主要以县、县级市、区为主，通过对全国全域旅游示范区创建单位进行分类分析，按照各地发展全域旅游的内在动力机制和发展路径差异，可将我国全域旅游的地域模式大致划分为综合发展型、龙头景区依托型、都市功能区依托型、特色城镇和美丽乡村依托型、特色产业依托型、生态功能区依托型六种基本类型。

（一）综合发展型

此类全域旅游示范区是典型的全域旅游目的地，存在多个核心景区多个旅游吸引核，全域旅游所依托的核心景区、城镇、乡村等都很强，全域旅游资源丰富、品位高，经综合开发，多个核心景区形成旅游发展廊道，最终成为综合型的全域旅游目的地。此类全域旅游目的地往往以旅游业为主导产业、主打品牌和主攻方向，有条件通过整合资源建成国际旅游胜地的全域旅游目的地。例如桂林、杭州、苏州、张家界、黄山、阿坝州、琼海、三亚、丽江、黔东南州、黔南州、黔西南州、呼伦贝尔、宜昌、甘孜州等旅游区。

（二）龙头景区依托型

此类全域旅游示范区依托核心景区作为发展的动力源和吸引核，主要通过做大核心景区，以市场消费为核心完善服务配套体系，带动周边景区景点，乡村、城镇配套旅游产品和旅游服务，最终形成大规模综合性目的地型旅游景区，逐步优化形成全域旅游区。典型的如河南云台山、四川九寨沟、贵州荔波、四川峨眉山、贵州黄果树、重庆武隆等。

（三）都市功能区依托型

此类全域旅游示范区所依托城市自身品牌特色吸引力都很强，城市集旅游休闲区、商业区、社区、文化区、产业集聚区、生态优化区等多区功能叠加，居民旅游者共享，全域城市形成综合吸引力，成为一个城市的地标和名片。典型的例子如：北京中轴线、后海等区域，上海新天地、杭州西湖、拉萨八廓街、西安曲江旅游区、重庆朝天门码头区等。

（四）特色城镇和美丽乡村依托型

此类全域旅游示范区主要依托全域一体的大地风景或整体城镇风貌作为核心吸引源，有着特色文化、特色风貌与特色大地景观等是"看得见山、望得见水、记得住乡村"的全域旅游发展形态。例如：乌镇、周庄、琼海等依托小镇的全域旅游，有特色文化、特色风貌、特色业态等特色支撑，旅游引领风情小镇发展；郫都、湖州、婺源等美丽乡村依托的全域旅游成为乡村旅游发展的典范。

（五）特色产业依托型

此类全域旅游示范区依托特色产业，拓展特色产业链，构建全产业链联动的全域旅游新模式。特色产业的集聚和创意体验，构建新型的全域旅游区和新的产业功能区。例如山东烟台的葡萄酒旅游集聚区、云南罗平的油菜花旅游区、北京海淀区的科教旅游区、深圳大芬村的油画村旅游区等。

（六）生态功能区依托型

此类全域旅游示范区依托优美的生态环境发展生态型全域旅游，在保护生态环境同时，发展无景点、低开发、重保护的生态旅游区，将全域旅游作为生态环境保护的有效模式。典型案例如青海三江源旅游区、西藏的林芝生态旅游区、贵州百里杜鹃生态旅游区、香格里拉生态旅游区、内蒙古阿拉善沙漠生态旅游区等。

十五、全域旅游发展的实践经验有哪些？

按照全域旅游工作整体部署，文化和旅游部于 2019 年上半年启动了首批国家全域旅游示范区验收认定工作，共有 71 家创建单位被认定为首批国家全域旅游示范区，整体通过率为 74%，这些示范区单位为推进全域旅游发展提供了许多可复制可推广的宝贵经验与成功做法。2019 年 11 月 8 日，文化和旅游部党组书记、部长雒树刚在 2019 年全国全域旅游工作推进会上总结了全域旅游工作的经验，对下一步推动全域旅游示范区创建朝着更为科学、更为精准、更为高效的方向发展具有重大的战略指导意义。就目前来看，全域旅游的发展经验主要体现在以下几方面：

（一）坚持把高位推进作为全域旅游发展的关键

旅游业作为综合性产业和规模日益扩大的市场，在客观上越来越要求政府提供综合协调、综合治理的体制机制，因此，高位推进成为发展全域旅游的关键。党中央、国务院高度重视全域旅游工作，全域旅游连续 3 年被写入全国两会政府工作报告。各省区市从全局高度系统谋划、整体推进，把发展全域旅游纳入本地区经济社会重点工作。例如，2019 年吉林、陕西、湖南、浙江、广东、广西等地政府工作报告中，均对发展全域旅游做出部署。

（二）坚持把创新机制作为全域旅游发展的保障

旅游体制机制创新、完善治理体系是实现全域旅游有序推进的重要保障。各地纷纷创新体制机制，为促进全域旅游发展提供强大动力。如在构建协调决策机制方面，山东设立了由省政府分管领导牵头的精品旅游产业专班。在强化市场监管机制方面，海南三亚市形成"社会监督 + 舆情监控 + 行业自律 + 游客自觉 +13 个常态化管理办法和 11 个长效机制"的治旅体系；湖南衡阳市建立了区乡村三级全域旅游综治中心，推行"一村一旅警"。在创新资源开发机制方面，天津蓟州区、湖北宜昌市夷陵区、甘肃敦煌市等地实施景区经营企业化改造，推进旅游资源由多头管理向集约高效开发方式转变。

（三）坚持把科学规划作为全域旅游发展的前提

在推进全域旅游发展进程中，各地应坚持把全域规划设计摆在首要位置，高起点、高标准规划引领全域旅游建设。坚持统筹兼顾，加强各类规划之间的衔接和协调，强化全域旅游规划与国民经济和社会发展规划、城乡发展规划、土地利用总体规划、环境保护规划、文物保护规划、林地与耕地保护规划、综合交通规划、社会事业规划等各类规划的衔接，确保"多规"确定的保护性空间、开发边界、城市规模等重要空间参数一致，并在统一的空间信息平台上建立控制线体系，以实现优化空间布局、有效配置土地资源、提高政府空间管控水平和治理能力的目标，形成"规划一张图、建设一盘棋"的全域统筹发展观。

（四）坚持把优质供给作为全域旅游发展的核心

优质供给是全域旅游发展的核心。发展优质旅游，是更好地满足人民美好生活需要的必然要求，是推动高质量发展的重要举措，是做大做优做强旅游业的迫切需要。各地以供给侧结构性改革为主线，打造优势产业。北京、河北、辽宁、吉林、黑龙江做强做大冰雪旅游产业；山西、安徽、江西、湖北、湖南、陕西等着力培育旅游演艺、旅游文创等产业；贵州、广西、重庆、云南等依托山地和生态优势，大力发展山地旅游、康养旅游、生态旅游；天津、上海、山东、福建、广东、海南等大力培育海洋旅游产业；江苏、浙江、河南、四川大力发展民宿产业，加快乡村旅游转型升级；湖南韶山市、江西井冈山市将红色旅游与工农教育相结合，实现质效双增；广州市番禺区着力打造粤港澳大湾区文商旅融合发展典范片区。

（五）坚持把公共服务作为全域旅游发展的重点

当前，我国旅游公共服务体系仍存在着有效供给不足、运营效能低下、发展不均衡、信息化水平低、外部保障政策不足等问题，成为阻碍全域旅游发展的"拦路虎"。因此，各地因通过扎实推进"厕所革命"，完善综合交通运输体系，改善公路通达条件，推进旅游休闲设施建设，构建畅达便捷交通网络；积极完善集散咨询服务体系，规范完善旅游引导标识系统；完善和实施服务标准，加强涉旅行业的人员培训，强化服务品牌建设，利用高科技手段完善智能化旅游服务系统，使区域交通出行、厕所环卫、信息引导等服务能力大幅提高，实现旅游公共服务便捷化、高质量、全覆盖的发展目标。

（六）坚持把政策保障作为全域旅游发展的重要支撑

用足用活土地供给政策、财政金融政策，是推动全域旅游发展的实实在在利好。为推动乡村旅游、旅游公共服务等重点领域，国家出台的许多政策都涉及土地供给，包括盘活农村闲置土地和房屋、增减挂钩、长期租赁、土地流转等，为旅游用地保障提供了政策基础。各地可根据自身情况，采取更加务实灵活的措施释放政策红利。有限的财政资金导向撬动了更大数额的社会资金，各类国家政策性、商业性金融机构积极投入旅游，许多地方通过探索资源整合、成立国有投资平台等方式，有效服务于各类投资金融工具的创新。

（七）坚持把示范引领作为全域旅游发展的重要抓手

创建国家全域旅游示范区是推进全域旅游发展的有力抓手和现实路径，旨在打造旅游业改革创新发展的先行区和试验田，建设高质量旅游目的地标杆和典范。中共中央办公厅、国务院办公厅将国家全域旅游示范区创建工作列入 2019 年重点督查计划。国家全域旅游示范区各创建单位紧扣创建目标、原则和任务，因地制宜探索出各具特色的全域旅游发展之路。例如各创建单位普遍成立了由地方党政一把手担任"双组长"的创建工作领导小组，北京怀柔区、江西资溪县、河南新县、湖北恩施市、海南保亭县、青海祁连县、新疆生产建设兵团 185 团等创建单位把发展全域旅游与生态文明建设、脱贫攻坚、长江经济带发展、灾后重建等相结合、同推进。

十六、全域旅游发展要防止的误区有哪些？

"全域旅游"作为根据国情和旅游发展需求提出的具有中国特色的当代旅游学新理念、新模式、新战略和新理论，是对世界当代旅游发展实践理论的中国表达和中国贡献。就"全域旅游"发展战略来说，各地在发展过程中会存在一些发展理念和实践行动上的误区需要引起注意，要避免"全域旅游"不幸成为"全域破坏"。

（一）全域旅游不是全域开发

全域旅游作为一种积极有效的开发性保护模式，并不是要到处搞旅游资源开发、旅游产品设计和旅游项目投资建设。要突出保护，是需要通过全面优化旅游要素、基础设施、旅游功能和产业布局，更好地疏解和减轻核心景区的承载压力，更好地保护核心资源和生态环境，实现设施、要素、功能在空间上的合理布局和优化配置。

（二）全域旅游不是全域景区

全域旅游并不是到处建设景区景点、旅游度假区等载体，更不是到处建设收取门票的景区（点）。恰恰相反，全域旅游的发展理念和发展模式更加关注建设适应自助旅游的公共服务体系，要实现打开围墙建设无边界的旅游区，到处都是风景而非到处是景区景点，到处都有接待服务而非到处都是宾馆饭店，千万不能把单纯增加景区景点数量等同于全面发展全域旅游。

（三）全域旅游不是全域同质同步发展

全域旅游要统筹规划建设，实现交通、厕所等基础设施和公共服务的全域一体化、品牌一体化、服务一体化，各地要注重发展全域旅游中各地区、节点之间的差异化和特色化发展模式，形成各具特色的文化特色、功能特色、产品特色、业态特色、品牌特色、服务特色。推动全域旅游发展，要协调好旅游景区、社区（城镇、乡村）、风景道、产业区、生态区、文化区等的关系，发挥各自特色，推进差异化发展，实现相互的完美组合。同时，全域旅游发展过程中不同区域要注意突出重点和关键环节，在时间上要有先有后、循序渐进，要因地制宜，千万不能急于求成、一哄而上，导致恶性竞争。

（四）全域旅游不是全一模式

为有效指导各地开展国家全域旅游示范区创建工作，原国家旅游局、文化和旅游部出台系列文件并提出一些基本标准，为各地创建全域旅游示范区提供了基本遵循。但如何推进全域旅游，需要各地根据自身实际和特色优势，因地制宜推进顶层设计，研究创建指南标准，从实际出发探索各具特色的发展模式路径，探索针对性举措。

（五）全域旅游不是全面开花

为实现旅游业高质量发展目标，各地纷纷将全域旅游示范区创建作为加快产业转型升级的有效抓手。有条件建设全域旅游示范区的地区一般具有以下特征：区域内有明确旅游主打产品，旅游资源禀赋高，旅游产业覆盖度广，旅游业有优势成为该区域主导产业、主体功能、主打品牌；全域旅游在空间上也呈现出多层次的发展体系，可以是省、市、县、镇、村，可以是跨行政区的旅游区域。但不是所有地区都有条件同时推进全域旅游，因此，各地发展全域旅游要分步分时推进，不能将全域旅游发展成为"运动式""表面性""政绩化"的发展结局。

十七、全域旅游发展现存问题和未来要求有哪些?

全域旅游示范区创建作为推动全域旅游发展、加速供给侧结构性改革进程的重要抓手和有效途径，已经得到国家和地方各级政府部门的积极支持和全社会的广泛关注，在产品供给、体制改革、公共服务等方面取得了巨大成效，但由于各种原因，全域旅游发展还存在众多问题和不足，面临一些障碍或难题，亟须全面审视各地在推动全域旅游发展过程中普遍面临的问题，寻找可复制、可推广的有效办法和先进经验。

（一）现存问题

一是文化和旅游部门机构改革时间较短，文化和旅游融合发展体制机制尚未充分建立健全，以"文旅融合"为引领的"旅游+"战略还需要加大实施力度，促进旅游业发展的政策保障体系尚需完善。

二是文化旅游产业链、服务链、价值链构建尚未达到预期目标，文化旅游产业结构还需优化，优质旅游供给与旅游消费升级还不相适应，旅游业创新发展能力尚需提升。

三是旅游市场秩序监管还需要加强，诚信经营、理性消费、文明旅游、安全生产的理念尚需强化。

四是旅游公共服务依然是制约文化旅游高质量融合发展的重点和难点，基础设施还需要完善，智慧化服务水平尚需大力提升。

（二）全域旅游未来发展要求

1.加快推进文化旅游融合发展体制机制建设

以党的十九届四中全会精神为指引，持续加强文化和旅游融合发展体制机制建设，通过建立健全旅游市场综合管理机制，健全旅游投诉和服务质量监督机制，完善行业管理标准和自律机制，破除区域壁垒障碍，实现资源有效整合，不断提高旅游治理能力现代化水平。

2. 深化文化旅游融合的效度

按照"宜融则融、能融尽融，以文促旅、以旅彰文"的理念，按照"理念融合、职能融合、产业融合、市场融合、服务融合、交流推广融合"等工作方向，进一步丰富文化旅游产品体系、创新文化旅游融合业态、完善文化旅游融合设施、加强文化旅游人才培养、开拓文化旅游市场、塑造文化旅游融合品牌、制定和修订文化旅游融合标准，推动文化和旅游实现全方位、全层级、全链条的深度融合。

3. 持续推进产业升级

各地应顺应行业发展趋势和游客市场需求，大力培育邮轮游艇旅游、高端医疗旅游、山地旅游、海洋海岛旅游、自驾车旅居车旅游、低空旅游、冰雪旅游、研学旅游等旅游新业态，进一步提升旅游产品文化内涵、科技水平、绿色含量，注重打造精细化、差异化、个性化、特色化的旅游产品，增加有效供给、优质供给、弹性供给，切实提升游客的体验度和满意度。

4. 加快补齐公共服务短板

各地应顺应当前"品质游""自驾游""自助游""智慧游"的行业发展趋势和市场潮流，以加强"旅游交通""旅游厕所""智慧旅游"等旅游公共服务设施建设为突破点和发力点，聚焦外部交通、内部交通、景区厕所、停车场、旅游标识系统、旅游服务中心、旅游集散中心、智慧设施的完善与提升，加快补齐旅游公共服务的短板。

5. 推进示范引导

各地应以首批通过认定的 71 家国家全域旅游示范区创建单位为榜样和标杆，总结和借鉴 71 家国家全域旅游示范区在创建方式、创建路径等方面的宝贵经验、先进做法和特色模式，通过召开全域旅游示范区创建培训会、专家指导会、理论研讨会等形式，提升对创建全域旅游示范区的理论认识和实践经验，为各地根据自身实践，因地制宜探索出一条适合各地发展实际的特色化全域旅游示范区创建之路提供支撑。

消除体制机制障碍是推动全域旅游工作的关键环节与核心重点任务之一。此部分按照文化和旅游部出台的《国家全域旅游示范区验收标准（试行）》要求，重点论述了全域旅游发展的领导体制、综合协调机制、综合管理机制、综合执法机制、社会参与和社会监管、旅游统计制度创新、行业自律机制以及党组织在全域旅游示范区创建中的作用发挥等内容。

"体制机制"结构导图如图 2-1 所示。

图2-1　"体制机制"结构导图

十八、推动全域旅游需要从体制机制上
解决哪些问题？

"全域旅游"作为新的旅游发展理念和模式，对现代旅游治理机制提出了新的任务。与传统的旅游发展模式相比，全域旅游被赋予众多新的特征和内涵，实现旅游的全域化要整合资本、技术、人才资源；融合联动全产业、全要素、全空间、全领域；协调社会多主体、公共全服务、体验全过程；营造良好的自然生态环境、社会文化环境和安心消费环境。游客对公共服务的要求越来越高、对法律的诉求越来越高，需要建立全领域、全空间、全方位的旅游治理体系，旅游业发展至今形成了活动越来越多样、关系越来越复杂、边界越来越模糊的特点，传统靠旅游部门单打独斗的治理模式已经不能适应旅游业的发展，需要改革以构建旅游业的现代治理体系。党的十九大报告指出要"加强社会治理制度建设，完善党委领导、政府负责、社会协同、公众参与、法制保障的社会治理体制"，"打造共建共治共享的社会治理格局"，"全域旅游"作为国家战略部署，成为推动为我国经济转型、促进深化改革的排头兵和重要力量，也正改变着社会治理的方式，推动形成共建共治共享的现代治理体系。全域旅游背景下需要构建什么样的治理体系、如何构建治理体系、怎样系统优化提升全域旅游治理体系被视为值得关注研究的重要领域。

"全域旅游"作为新的旅游发展理念和模式，对现代旅游治理体系和治理能力提出了新要求、新任务。全域旅游代表了全新的治理观、体制观，即推进旅游治理全方位覆盖，理顺旅游资源管理体制机制，破除区域壁垒障碍，实现资源有效整合，构建全域大旅游综合协调管理体制。《国家全域旅游示范区验收标准（试行）》（以下简称《标准》）规定，国家全域旅游示范区应建立起党政统筹、部门联动的全域旅游领导协调机制，旅游综合管理体制改革成效显著，运行有效。旅游治理体系和治理能力现代化水平高，具有良好的旅游业持续健康发展的法治环境。

在《标准》中，全域旅游体制机制验收分值为 90 分，其中，在"领导体制"方面，国家全域旅游示范区如果能够建立全域旅游组织领导机制，把旅游工作纳入政府年度考核指标体系，可以得到满分 20 分；在"协调机制"方面，国家全域旅游示范区如果能够建立部门联动、共同参与的旅游综合协调机制，形成工作合力，可以得到满分 25 分；在"综合管理机制"方面，国家全域旅游示范区如果能够建立旅游综合管理机构，健全社会综合治理体系，可以得到满分 20 分；在"统计制度"方面，国家全域旅游示范区如果能够健全现代旅游统计制度与统计体系，渠道畅通，数据完整，报送及时，可以得到满分 15 分；在"行业自律机制"方面，国家全域旅游示范区如果能够建立各类旅游行业协会，会员覆盖率高，自律规章制度健全，行业自律效果良好，可以得到满分 10 分。

十九、如何强化党政统筹的领导机制推动全域旅游？

原国家旅游局发布的《全域旅游示范区创建工作导则》（以下简称《导则》）指出，要发挥地方党委、政府的领导作用，从区域发展战略全局出发，把推进全域旅游作为地方经济社会发展的重要抓手，统一规划、统筹部署、整合资源、协调行动，形成推动全域旅游发展新合力。发展全域旅游和创建全域旅游示范区，需要各地按照"主要领导亲自抓、分管领导具体抓、责任单位共同抓"的原则，成立全域旅游示范区创建工作领导小组，各责任单位主要负责人为成员，加强对创建工作的组织领导，及时协调解决创建中的困难和问题基本形成"一级抓一级，层层抓落实"的工作格局。在全域旅游示范区相关文件起草过程中，党委、政府分管领导应给予大力支持，通过深入基层调研、召开座谈会、发放书面征求意见等形式，分管领导亲自主持协调会，保证全域旅游示范区创建工作的顺利开展。

（一）构建党政统筹的全域旅游组织领导机制

各地应加快建立党政主要领导挂帅的"全域旅游发展领导小组"或类似机构，并成立全域旅游示范区创建工作办公室，不断健全其工作职能，对全域旅游发展进行战略部署，负责解决重大问题或事项。加强部门联动，充分发挥宣传、组织、政法等党委部门和发改、公安、财政、国土、环保、住建、交通、水利、农业、文化、体育、统计、林业等政府部门在合力推进全域旅游工作中的积极作用。领导小组加快构建党政统筹推进全域旅游的体制和工作格局，形成部门联动、多级联动的综合协调发展机制，实现旅游发展从部门推动向党委、政府、人大、政协等机构参与的党政统筹推动局面转变。

（二）落实全域旅游联席会议制度

各地应加强人民政府对旅游业的统筹领导，构建"政府引导、部门联动、行业促进、市场推动"的旅游发展格局，建立全域旅游发展联席会议制度，对旅游工作实施"规划一张图，统筹一盘棋"的发展模式，定期召开全域旅游示范区创建工作会议，具体负责指导旅游项目建设，研究解决全域旅游发展及全域旅游示范区创建过程中出现的重大问题；各地应有明确的领导责任、工作机制、决策机制，对涉及全域旅游创建重要事项实行一事一议；

党委政府将全域旅游发展纳入经济社会发展工作的全局，每年召开全域旅游工作推进会议，把全域旅游发展列入地方各级党委和政府目标考核范畴。

（三）建立领导挂帮旅游景区工作机制

各地应加快整合当地的旅游产业集聚区、农业休闲园区、工业旅游基地等地的旅游资源，督促推进全市旅游景区（点）的建设、管理和运营工作，加强"旅游+"产业融合进程。各地可探索出台《企业特派员选派管理暂行办法》，从文化旅游管理部门或相关机构中选派政治素质高和经验丰富的干部入驻旅游企业（项目）担任"企业特派员"，帮助旅游企业（项目）搞好协调服务、代办服务、效能服务和组织建设，协调解决重点旅游项目建设和企业生产经营中遇到的实际问题，全力打通服务企业的"最后一公里"。通过文化旅游管理部门或相关机构领导挂帮旅游企业（项目）工作机制，进一步提升各大景区的旅游管理水平，加强各大景区管理部门的工作人员培训，提升景区环境卫生、旅游安全、旅游市场、景区秩序等工作管理水平。

专栏 2-1　高位推进全域旅游案例

黑龙江、山东、青海等 19 个省（区、市）以省委、省政府或省委、省政府办公厅名义印发实施了推进全域旅游发展的实施意见。各创建单位普遍成立了由党政一把手担任组长的创建工作领导小组。北京怀柔区、江西资溪县、河南新县、湖北恩施市、海南保亭县、青海祁连县、新疆兵团 185 团等创建单位把发展全域旅游与脱贫攻坚、乡村振兴、健康中国、生态文明建设等国家战略相结合，同部署、同推进。福建武平县建立了县乡村三级抓全域旅游的党政统筹模式，江苏省秦淮区确定了"常委包块、政府包条"的责任体系。北京平谷区、内蒙古满洲里市、黑龙江漠河市、安徽霍山县、广西来宾市、云南石林县、新疆昭苏县等创建单位建立了以全域旅游为核心的工作指标考核体系。

（四）强化全域旅游考核机制

各地应对全域旅游示范区创建的任务进行分解，建立旅游工作责任清单；将全域旅游量化为政绩考核指标（纳入综合考核）进行 KPI 打分考核，实行"优奖劣惩严考评"的制度，把旅游工作纳入政府年度考核体系，并成为主要考核指标，对相关工作情况进行有效监督和考核，实现"上下联动、齐抓共管、横向到边、纵向到底"的旅游工作责任链，着力提升全域旅游行政管理效能。在检查方式上，可以采用明查和暗访相结合的方法，每月对各单位进行考核；采用"周检查、月考核、年总评"的办法，日常督查与月末考核相结合，每年 12 月进行年终考核，并结合每月考核情况进行年终考评，根据考核得分情况兑现年终奖励。建立定期调度和工作督办机制，定期对全域旅游重点工作任务贯彻执行情况、重点旅游项目推进完成情况进行督导检查和考核评比，严格兑现奖惩，对年度考评优秀的部门和单位给予奖励，考评不达标的部门和单位予以限期整改。将各单位执行全域旅游创建任务情况及绩效，纳入干部年中和年终考评，调动各方面工作积极性，形成工作合力，营造发展氛围，确保各项工作任务落实到位。

二十、如何发挥部门联动的综合协调机制推进全域旅游？

在《国家全域旅游示范区验收标准（试行）》中规定，国家全域旅游示范区应建立部门联动、共同参与的旅游综合协调机制，形成工作合力，达到相应的标准可以获得满分 25 分。其中，在"建立健全旅游综合协调机制"方面，规定"能够及时解决跨部门间问题，统筹产业融合发展事宜，部门间协调顺畅、形成工作合力的，最高得 10 分"；在"旅游综合监管机制"方面，规定"强化涉旅部门联合执法，与相关监管部门协调配合，各司其职，形成既分工又合作的工作机制，依法治旅水平高，效果好的，最高得 15 分"。另外，在"创新加分项"中规定，如果能够实现协调机制创新，可获得 6 分的额外加分。

（一）建立健全旅游综合协调机制

各地应加快建立"文化和旅游联席会议制度"，不断细分各成员单位责任分工，每月、每季度定期召开联席会议，统筹协调全域旅游工作，负责提出促进全域旅游发展的政策措施，协调解决全域旅游发展以及全域旅游示范区创建过程中的重大问题，研究全域旅游体制机制改革发展中的其他重要工作，及时解决跨部门协调问题，统筹产业融合发展事宜，部门协调顺畅、形成工作合力。

（二）建立健全旅游综合监管机制

各地应将全域旅游工作纳入政府年度考核体系当中，建立健全全域旅游工作的督查考核和落实机制，确保全域旅游体制机制有效运行，不断强化工商、公安、市场监督、交通、司法、城市管理、卫生环保等涉旅部门联合执法，与相关监管部门协调配合，各司其职，形成既分工又合作的工作机制。

（三）积极创新旅游配套机制

各地应在建立相应的旅游联席会议和旅游综合监管机制的基础上，根据各地的实际情况，加快建立旅游项目联审、旅游投融资、旅游规划公众参与、旅游标准化、文明旅游共创、旅游志愿者组织设立、旅游人才培养、党政干部培训、旅游工作考核激励等配套机制。

专栏 2-2　创新全域旅游综合协调机制案例

　　河北易县、江苏江宁区、贵州花溪区建立了联席会议制度，形成了"部门联动、共抓共管"的责任网络。江西婺源县、福建武夷山市、西藏鲁朗景区管委会建立了"景村"党建联席会议制度、"党建＋行业协会"模式。海南吉阳区、湖南南岳区建立了全域旅游综合治理体系。天津蓟州区、甘肃敦煌市、湖北夷陵区积极推进景区所有权、管理权、经营权相分离，推进旅游资源由多头管理向集约高效开发方式转变。福建永泰县设立了旅游资源资产交易中心，为市场有效配置资源搭建平台。

（四）旅游行政管理部门推进全域旅游

国家全域旅游示范区的创建及验收工作作为一项系统工程，需要国家文化和旅游部、省级文化和旅游行政部门，以及地方党委政府的上下有效沟通和全面协调对接。根据《国家全域旅游示范区验收、认定和管理实施办法（试行）》《国家全域旅游示范区验收标准（试行）》和《全域旅游示范区创建工作导则》的相关要求，文化和旅游部统筹国家全域旅游示范区创建单位（以下简称"创建单位"）的验收、审核、认定、复核和监督管理等工作。省级文化和旅游行政部门牵头负责本地区县级和地级创建单位的验收和监督管理等工作。各级创建单位的人民政府负责组织开展创建、申请验收，及时做好总结、整改等相关工作。全域旅游示范区创建工作应由本地区党委政府统筹负责，系统研究制定全域旅游示范区创建工作方案，建立全域旅游示范区创建工作目标责任考核体系，各级旅游行政管理部门具体负责创建工作考核，确保各项工作务实高效推进。对已命名的全域旅游示范区适时组织复核，对于复核不达标或发生重大旅游违法案件、重大旅游生产安全责任事故、严重不文明旅游现象、严重破坏生态环境行为的示范区,视情况予以警告或撤销。

此外,省(自治区、直辖市)示范区创建工作由文化和旅游部负责年度评估监测,市(地、州、盟)和县(市、区、旗)示范区创建工作由省级旅游行政管理部门负责年度评估监测,并向文化和旅游部提交评估报告。

(五)相关部门推进全域旅游

旅游业因其关联度高、牵涉面广、带动性强,发展全域旅游涉及文旅、发改、公安、财政、国土、环保、住建、交通、水利、农业、文化、体育、统计、林业等众多部门,需要各部门积极配合,积极出台各部门关于促进全域旅游发展的专项指导意见,研究提出支持扶持政策措施和体制机制改革要求。此外,在全域旅游现代治理体系建设的过程中,需要加快推动公安、工商、司法等部门构建管理内容覆盖旅游领域的新机制,切实加强旅游警察、旅游市场监督、旅游法庭、旅游质监执法等工作和队伍建设,形成多部门合作全力构建和谐的全域旅游发展环境的格局。

二十一、如何推进全域旅游综合执法机制?

当前,各地应按照《全域旅游示范区创建工作导则》《国家全域旅游示范区验收、认定和管理实施办法(试行)》,以及《国家全域旅游示范区验收标准(试行)》等文件要求,进一步适应现代旅游综合产业、综合执法要求,加快旅游业执法机制改革创新,全面构筑多维立体的旅游综合执法监管体系,从而强化各项法律法规在旅游领域的执行力度,全面推进依法治旅,解决旅游监管交叉与缺位并存、旅游管理部门缺乏执法权等问题。

(一)创新设立旅游综合执法部门

各地的文化旅游部门可通过积极联合发改、城管、物价、商务等部门组建旅游综合执法局,下设旅游综合执法大队,以派驻形式与当地旅游质监等部门合署办公,主要负责制定旅游市场检查制度,以定期或不定期、常规检查与重点抽查相结合的方式,对旅行社、旅游饭店、景区景点、旅游交通等行业以及这些领域涉及的导游、饭店服务业、景区讲解员、旅游车辆司机等从业人员进行监督检查，常态化开展"体检式"暗访评估工作，加强对各类在线旅游经营者、互联网平台等的日常监测，严厉打击虚假旅游宣传广告、侵权假冒旅游服务品牌、未经许可经营旅行社业务、价格欺诈、零负团费、欺客宰客、黑社黑车黑导等违法违规行为或现象的打击和整治力度。此外，各地可根据实际情况，创新设立旅游消费检查部、成立旅游食药监分局、旅游司法志愿者服务站、旅游纠纷理赔中心、旅游消费维权站以及专门针对解决旅游行业纠纷的律师事务公益服务中心等机构或组织，形成立体完善的全域旅游综合治理新模式，推动旅游治理现代化建设进程。

（二）建立健全旅游综合执法制度

通过借助互联网大数据等现代科技手段，加强对各类不正当竞争行为的预警、分析，及时发现倾向性、苗头性问题，并不断加强旅游综合执法的制度建设，为营造诚信、和谐、放心的旅游市场环境奠定坚实的制度保障。一方面，可通过创新旅游市场监管方式，推行"互联网＋旅游市场监管"模式，建立在线旅游市场监管机制，及时将新进入在线旅游经营领域的综合网络平台纳入监管视野，建立在线旅游产品价格预警机制、旅游产品网络巡查机制，全面提高数字化、智能化监管水平；建立健全旅游服务质量暗访制度和旅游服务质量重大事故约谈制度；在旅游领域探索建立"吹哨人"、内部举报人等制度，对举报严重违法违规行为和重大风险隐患的人员予以奖励和严格保护，实现对游客重大投诉、重大旅游网络舆情、重大旅游安全事故等事件的应急处理。另一方面，为充分保障游客的合法权益，净化旅游消费环境，各地可根据当地实际探索出台《旅游消费侵权先行赔付办法》，设立游客消费侵权先行赔付专项资金，针对游客旅行期间的消费纠纷实行先行赔付。

（三）优化旅游法制及市场监管环境

各地应加快出台并不断完善《旅游投诉受理工作制度》，对权责清单、投诉受理、执法办案、监督管理等加以公开说明和规范流程；同时，加大游客消费维权宣传力度，在3月15日"消费者权益保护日"、5月19日"中国旅游日"、12月4日"法制宣传日"等重要时间节点开展旅游法律法规的宣传，强化游客理性消费和依法维权的意识，通过设置旅游消费维权提示牌、公开投诉电话、服务评价及投诉二维码，借助微博、微信、App、小程序等多种方式畅通旅游投诉渠道，实现对旅游消费侵权投诉的快速处理和快速通报。此外，研究整理每年当地发布的旅游服务质量报告，对下辖行政区和重点旅游景区的旅游投诉、举报总量、反馈率、处理率以及游客满意度等进行排序评分；与此同时，重点围绕旅游市场综合执法队伍建设开展综合执法在重大案件执法技能交流、投诉举报协作处理、案件协查协办等方面的业务培训，推广现场执法示范观摩学习，不断提高各类旅游投诉及突发事件受理、批办和转办的效率。

二十二、如何构建全域旅游示范区创建的综合管理机制？

在《国家全域旅游示范区验收标准（试行）》中规定，国家全域旅游示范区应建立旅游综合管理机构，健全社会综合治理体系，达到相应标准可以获得满分 20 分。其中，"旅游管理体制改革"占 15 分，"社会综合治理体系"占 5 分。另外，在"创新加分项"中规定，如果能够实现旅游综合管理体制改革创新，可获得 6 分的额外加分。而构建全域旅游示范区创建的综合管理机制，应从加快构建现代旅游治理体系、重点推进旅游景区资源管理体制机制改革、建立健全社会综合治理体系等方面着手。

（一）加快构建现代旅游治理体系

各地应根据当地实际情况，加快建立健全旅游综合管理机构，加快破解旅游产业发展中资源开发与整合、项目投资与建设、旅游监督与综合执法、市场宣传与营销推广、旅游公共服务体系完善等长期以来存在的协调难题，形成现代旅游治理新体系，为有效推动全域旅游发展提供综合支撑。

（二）重点推进旅游景区资源管理体制机制改革

各地重点选择一批景区深入开展所有权、管理权、经营权相分离等形式的管理体制改革试点，推进景区经营管理企业化、市场化、现代化、资本化。通过设立旅游功能区、旅游经济园区、旅游开发区、文化创意产业园区等方式，推进旅游景区在管理模式方面的有效整合。

（三）建立健全社会综合治理体系

各地应加快完善党委领导、政府主导、社会协同、公众参与、法治保障的社会治理体制，实现政府治理和社会调节、居民自治良性互动，不断改进政府治理方式，充分运用现代科技改进社会治理手段，推动社会治理精细化，加强源头治理、动态管理、应急处置和标本兼治，提升政府现代化治理能力和水平。

二十三、如何增强全域旅游示范区创建中的社会参与和社会监督？

各地发展全域旅游，需要形成"全员参与、全民共享"的共建共享旅游发展理念，增强全社会参与意识，引导居民以主人翁态度共同参与旅游建设，营造文明旅游新风尚，健全旅游发展受益机制，出台旅游惠民政策，切实保证居民、企业参与收益分配，成为全民参与共建共享的典范。

（一）营造旅游发展良好社会环境

各地应通过多种方式和途径，树立"处处都是旅游环境，人人都是旅游形象"的理念，向目的地居民开展旅游相关知识宣传教育，强化目的地居民的旅游参与意识、旅游形象意识、旅游责任意识。加强旅游惠民便民服务，推动公共博物馆、文化馆、图书馆、美术馆、科技馆、纪念馆、规划馆、城市休闲公园、红色旅游景区和爱国主义教育基地免费开放，鼓励旅游场所对中小学生特定人群实行价格优惠，加强对老年人、残疾人等特殊群体的旅游服务，提高全民参与全域旅游的意识和感受全域旅游带来的红利。

（二）大力促进旅游创业就业，让全域旅游发展成果惠及国民大众

各地应加快建设旅游就业需求服务平台，进一步改善传统旅游企业吸纳就业的政策环境，切实为新型旅游企业招募员工创造便利条件；积极引导科技、艺术、创意设计等各类专业人才跨界参与旅游开发建设；重视和支持鼓励创业型的个体私营旅游经济和家庭手工业；鼓励高等院校和职业院校大力

发展旅游教育，开设特色旅游专业，优化课程体系，不断提升本地旅游人力资源规模和水平。

（三）大力推进旅游扶贫和旅游富民，提升全域旅游助推扶贫脱贫成效

各地在全域旅游发展过程中，应根据自身实际，大力实施旅游富民工程，通过旅游创业、旅游经营、旅游服务、资产收益等方式促进增收致富。以景区带村、能人带户、"企业＋农户"和直接就业、定点采购、输送客源、培训指导、建立农副土特产品销售区和乡村旅游后备箱基地等各类灵活多样的方式，促进贫困地区和贫困人口脱贫致富。

（四）激发企业活力，发挥其在旅游市场中的主体作用

各地应按照旅游需求个性化要求，实施旅游服务质量标杆引领计划，鼓励企业实行旅游服务规范和承诺；培育和引进有竞争力的旅游骨干企业和大型旅游集团，促进规模化、品牌化、网络化经营；支持旅游企业通过自主开发、联合开发、并购等方式发展知名旅游品牌；发展旅游电子商务，支持互联网旅游企业整合上下游及平行企业资源；促进中小微旅游企业特色化、专业化发展，建设发展产业创新、服务创新、管理创新、技术创新的特色涉旅企业。构建产学研一体化平台，不断提升旅游业创新创意水平和科学发展能力。

二十四、如何创新全域旅游示范区创建中的行业自律机制？

"旅游行业协会"是指在政府宏观调控下，由旅游企业或个人自愿参加，保护和增进内部成员共同利益，协调与其他相关利益团体关系的自律性行业管理组织，具有非政府性、非营利性、独立性和中介性的特点。而"旅游行业组织"是指从事旅游业经营的公民、法人或其他组织按照平等自愿的原则依法组成的，旨在维护和促进全体成员共同利益的一种民间性、非营利性社会组织。主要包括旅游行业协会、旅游商会、旅游同业公会、旅游企业联盟、旅游联合会等组织形式。旅游行业组织的基本职能是服务、自律、沟通和协调。在《国家全域旅游示范区验收标准（试行）》中规定，国家全域旅游示范区应建立各类旅游行业协会，会员覆盖率高，自律规章制度健全，行业自律效果良好，达到相应的标准可以获得满分 10 分。其中，在"行业协会"方面，规定"主要旅游企业（个体经营单位）组建综合性或专业性行业协会，会员覆盖率高，运行效果良好的，最高得 5 分；现场检查发现运行状况不好则酌情扣分"；在"协会自律机制方面"，规定"行业协会建立自律机制，自律规章制度健全，并执行良好的，最高得 3 分；行业协会建立行业诚信服务机制，并能够定期公布诚信信息的，最高得 2 分；两者最高得 5 分"。

创建和发展全域旅游，发挥行业协会自律，要从行业协会数量和协会自律机制两方面来考虑。在行业协会数量方面，要引导地方旅游企业（个体经营单位）组建综合的或专业的行业协会扩充旅游行业协会的数量；在协会自律机制方面，鼓励行业协会建立自律机制和行业诚信服务平台，能够定期公布诚信信息。同时，应加快完善行业协会组织体系，鼓励自律机制创新，鼓励地方建立自组织的市场机制，从而达到政府能够落实政策指引，企业能够提升企业效益，游客能够维护游客权益的目的，搭建起沟通"政府""企业"和"游客"之间的桥梁。

（一）完善行业协会相关制度及组织体系

各地应根据各地实际，加快出台《关于推进旅游行业协会深化改革和发展的指导意见》等文件，划分厘清政府与旅游行业协会的权力边界，在确保旅游行业协会独立性的基础上，扩大政府与行业协会共治的范围，并赋予旅游行业协会行业自治权、政策知情权和参与权、自主发展权、服务外包权、行业认证权、自律惩戒权等权力，充分发挥旅游行业协会在旅游现代治理体系中的独特作用。各地在成立专业旅游行业协会的基础上，探索成立旅游行业协会联合会和旅游品质保障委员会，加快形成"旅游行业协会联合会＋专业协会＋品保协会"的社会治理新模式，形成"一部文件做保障""一套体系为依托""一股合力为支撑"的旅游治理新模式，以便能够更好地解决旅游协会综合统筹的问题。

（二）大力推进旅游行业协会的专业化细分

在各地现有旅游行业协会基础上，由各地主要地方旅游企业（个体经营单位）组建综合或专业的旅行社协会、旅游饭店业协会、旅游车船协会、旅游景区协会四类专业协会，以及休闲度假分会、温泉分会、乡村旅游分会、工业旅游分会、水上旅游分会、体育旅游分会、研学旅游分会、旅游教育分会、文化创意分会、游艇旅游行业分会、旅游商品与装备分会等各类行业分会组织，强化行业协会主体地位，进一步规范行业协会的组织结构，完善内部管理制度。加快完善行业协会的会议制度、议事规则和管理制度建设，保证成员企业均享有充分而相对平等的发言权和决策权。定期开展业务学习交流和业务技术交流等活动，促进行业内资源共享、技术共享与渠道共享合作；加快制定全域旅游发展所需的相关技术标准，开展企业评级活动，通过奖优扶弱，切实引导各类旅游企业标准化发展；定期发布旅游行业总体（专项）运行发展报告，为政府部门、旅游企业科学决策提供参考。

（三）建立健全协会自律机制

各地的各级各类旅游行业协会应积极开展行业宣传推广等活动，推广旅游目的地的品牌形象，扩大旅游企业的品牌知名度，提升旅游行业整体效益；强化旅游行业质量监管，协调行业秩序，维护旅游消费者权益；建立旅游业诚信服务平台，通过"红榜""黑榜"，发布旅游企业经营情况。将查处的违法违规经营的企业或个人，由旅游行政管理部门和行业协会一起定期向社会发布；开通协会投诉热线；在行业协会的门户网站上设立专门的消费者举报投诉专栏、设立举报电话或信箱等多种方式，将收到的各类投诉归纳整理，定期在协会网站发布，让被投诉的企业自领投诉、自我解释、自行处理。保证行业协会能够及时发现行业中的问题并及时解决。在危机处理中和处理过后要及时将有关信息真实地传递给消费者，以求将消费者对全行业的怀疑进行有效的疏导和化解，以防某个企业的问题和危机演化蔓延成全行业的危机。

（四）加强旅游行业协会与相关文旅机构的联合

各地应不断增强旅游行业协会的力量，除了成立各专业旅游行业协会（品质保障专家委员会、产品与营销创新专家委员会、人才培训专家委员会、会奖会展专家委员会、旅游标准化专家委员会等）之外，还应积极将各地的文化旅游发展研究会（研究所）、文化旅游研究院（研究室、研究中心）、文化旅游智库、旅游媒体记者联盟等机构和新闻传播类组织纳入进来，充分发挥放大旅游行业协会"沟通、协调、服务、维权、自律"功能效用。

（五）加快推进旅游信用体系建设

各地应不断完善旅游市场信用管理制度，建立健全旅游市场主体和从业人员信用档案。鼓励旅游市场主体主动向社会作出信用承诺，支持旅游行业协会、商会建立健全行业内信用承诺制度，加强行业自律。推进信用分级分类监管，研究制定旅游企业信用评价规范，组织开展企业信用评价，依托信用评价结果实施分级分类监管。拓展信用应用场景，将守信情况纳入 A 级旅游景区、星级饭店、旅行社、在线旅游经营者、旅游民宿等市场主体的资质及等级评定、项目招投标中。加强诚信文化建设，打造一批诚信企业，探索开展信用经济发展试点工作。鼓励和支持有条件的旅游企业建立"首席质量官""标杆服务员"制度，支持和引导旅游企业公开旅游服务质量信息，发布旅游服务质量承诺，加快建立优质旅游服务承诺标识和管理制度，接受社会监督；探索设立"旅游服务质量奖"，培育建设一批旅游服务质量品牌示范单位和示范区。

二十五、基层党组织如何在全域旅游示范区创建中发挥作用？

基层社区是社会基本单元，是人民群众安居乐业的家园，是巩固党的执政基石，也是全域旅游的重要拓展空间和薄弱环节。加强基层党建引领社区治理，对发展全域旅游具有重要的基础性支撑作用。全域旅游是一个庞大系统工程，需要在地方党委政府的统筹领导下，发挥社区基层党组织的战斗堡垒作用。总体来看，基层党组织可在以下方面与全域旅游结合，在全域旅游示范区创建中发挥积极作用。

（一）强化党组织政治引领功能

加快构建全区域统筹、各领域融合、多方面联动的基层党建新格局，不断强化社区党组织的政治引领功能，推动各区成立基层党工委，加强辖区内农村、社区和机关、"两新"组织等领域党建的统筹指导，促进互联互动，推动资源向社区集聚；创新社区大党委（党总支）制度，将条件成熟的社区全部升格为党总支部，打造有效连接各方、协调指挥有力的区域核心党组织。

（二）加强党员干部队伍建设

推行以社区书记为重点的"领头雁工程"，打造高素质的社区党组织书记队伍；加强党建业务、全域旅游等内容培训，采取集中培训、跟班学习等方式提升党员干部队伍能力素质；开展星级党组织评定，推进绩效考核管理，激发社区党员干部队伍的干事创业热情。

（三）推进社区党组织规范化建设

推进社区党组织规范化建设，落实好基本阵地、基本制度，严格落实"三会一课"制度。加大经费投入，由社区党组织统筹整合上级各部门支持社区的政策、资金、项目。

（四）行业党建与社区党建相融合

不断推动行业党建与社区党建相融合，通过强化党建统领功能，破除不相隶属部门之间的壁垒，促进旅游市场共管共治。各地可依托"游客服务中心"等机构成立联合党总支部，以党建统领，打破各职能机构之间"壁垒"，构建全域旅游发展的强大基层组织。

（五）发挥基层组织统筹协调作用

按照属地管理原则，发挥社区党组织在区域化党建工作中的统筹协调功能，积极引导辖区内各领域党组织参与旅游业发展，切实做到全景化、全覆盖。引导辖区内非公企业、派驻辖区的工商、税务、公安、食药监等所（站）党支部共驻共建，通过党建工作联创、社区服务联办、社区治安联防、环境卫生联抓、文化活动联办，将服务中心打造成为宣传党的政策、开展党员活动、服务市民游客的阵地。促进机关党组织和社区党组织互助共建，开展志愿服务等活动。通过设立"党员值班岗""党员先锋岗"，组织党员上街开展志愿活动，在重点区域为游客提供咨询引导服务，有效发挥党员表率作用。

（六）建立网格化管理机制

通过大力推进社区网格化管理，把支部建在网格上，建立区域明确、责任到位、监管有力、整体联动、责任共担、成果共享的网格化管理机制，可按照 2~3 个网格的规模建立 1 个党支部，在楼宇或部分区域建立党小组，形成"社区党总支—网格党支部—楼宇或区域党小组"三级党建网络体系。

二十六、如何推进构建适应全域旅游的统计制度创新？

基于旅游业关联性强、带动性大、覆盖面广的产业属性，以及文化部和国家旅游局合并成立文化和旅游部、文化和旅游产业融合加速的事实，迫切需要改革创新旅游统计方法和体系，比较完整全面地表达旅游业的贡献，科学完整地测算出旅游业的综合贡献。

为此，《国家全域旅游示范区验收标准（试行）》规定，国家全域旅游示范区应健全现代旅游统计制度与统计体系，实现"渠道畅通、数据完整、报送及时"，达到相应的标准可以获得满分 15 分。

（一）调整旅游统计维度和方式

在推进全域旅游发展过程中，应切实围绕"以产业统计为重心转向以旅游经济统计为重心"这一旅游统计改革的重点与难点，加快解决我国统计是以部门为主体的产业统计，将其他部门下的旅游产业绩效核算为旅游产业绩效，必然会引起部门冲突，不利于协调旅游的体制障碍。因此应加快建立以旅游消费和旅游投资为核心的旅游经济统计体系，采用大数据统计、抽样调查、卫星账户统计三种统计方式进行叠加，以保证统计方法的科学性和统计结果的精确性。

（二）完善旅游统计体系

各地应加快完善统计体系，建立科学化、现代化、长效化的旅游统计制度、统计方法、统计标准。一是在游客、旅游、惯常环境等基本概念基础上，加强对文化旅游消费、文化旅游投资等核心概念的研究，建立健全旅游消费、旅游投资概念体系；二是不断完善旅游统计分类体系，正确认识并科学把握《国家旅游及相关产业统计分类（2018）》的分类标准，并对其中若干值得商榷的领域进行完善；三是改变现行旅游统计的核心指标体系，分别从旅游需求和旅游供给的角度出发，构建以旅游消费、旅游投资等为核心的多层次、多元化的旅游统计指标体系，涵盖实物量指标、价值量指标等指标类型，加快实现旅游消费类指标、旅游投资类指标科学化、全面化、系统化。

（三）实现部门数据深度对接

各地应依托统计大数据平台的地方数据采集系统，积极探索开展国家统计制度以外的文化旅游企业统计数据的采集研判工作，形成以地方旅游数据中心、地方旅游部门和统计部门，以及以携程、去哪儿、途牛等在线旅游大数据 OTA 平台为代表的统计主体。各地应建立文化旅游企业名录库，实施分类管理、重点研判、部门共享的机制，挖掘经济发展潜力，精准开展企业培育。科学利用企业样本调查、大数据分析等多种方式，做好旅游统计工作。一方面加强与公安、商务、交通以及通信部门联系，切实掌握入住游客数量、动态来源及消费情况，做好旅游消费总额及增长率的考核工作；另一方面，各地的旅游管理部门应加强与旅游院校、旅游电子商务平台企业、电信等机构合作，加强统计人员的培训，规范各景区、星级酒店和旅行社的统计方式，做好调查问卷评估和数据分析，为各地旅游业发展决策提供科学依据。

（四）强化平台预测预警功能

各地旅游管理部门应加快与高校、互联网企业、通讯企业等机构共建大数据中心，运用大数据技术扩大统计样本数量，开展统计监测等工作，实现统计数据生产的过程控制和终端数据的质量控制。强化大数据平台的预测预警功能，通过历史数据、关联指标数据、部门上报数据，行业发展数据等海量数据开展综合研判，对企业上报系统的数据和各县市区、各乡镇、景区统计数据进行监控，及时发现并纠正相关错误。

（五）推行数据法人负责制度

各地应在统计大数据平台上，推广实施企业数据法人负责制度，遵循"谁上报、谁守信、谁负责"的原则进行数据填报，实现从统计员求实向企业法人求实的转变，实现企业的依法自律，自主填报、自主检查和自我整改。

（六）提供便捷高效查询服务

各地应加快文化旅游统计数据产品的开发应用，加快实现文化旅游行业的专业统计向社会统计的转变，加快实现政府部门数据应用向全民数据应用的覆盖，推动实现统计开放，提高公众对文化旅游数据统计服务的满意程度。

体系完善、目标精准且能够落地实施的政策设计能够科学引领和有效推动全域旅游工作开展。推进全域旅游，要突出旅游业作为地方经济社会发展战略性支柱产业明确定位，要将旅游规划与经济社会发展规划和城乡建设、土地利用、基础设施建设、生态环境保护等相关规划有机衔接，要出台配套齐全的全域旅游发展支持政策。此部分围绕《国家全域旅游示范区验收标准（试行）》，重点论述了国家全域旅游示范区的产业定位、规划编制、多规融合、财政金融支持政策、土地保障政策、人才政策等评分要求。

"政策保障"结构导图如图 3-1 所示。

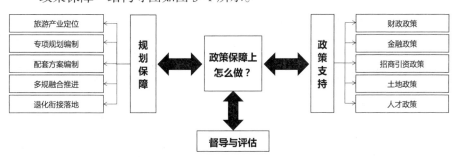

图3-1　"政策保障"结构导图

二十七、创建全域旅游示范区需要在政策保障上怎么做？

当前，全域旅游发展如火如荼，引发了大规模的旅游项目投资建设，旅游投融资及项目建设呈现出大幅度增长的态势，但仍然存在投资结构不均衡，欠发达地区投资比重较低、投融资渠道单一等问题，亟需国家和地方政府不断完善全域旅游政策保障体系，推动全域旅游高质量发展。

在《国家全域旅游示范区验收标准（试行）》中规定，国家全域旅游示范区所在地应对旅游业有明确的产业定位、编制全域旅游规划、加强多规融合，并且出台形成完善的财政金融支持政策、土地保障政策、人才政策等全域旅游政策支撑体系，此项分数占 140 分。此外，在"创新加分项"中规定，国家全域旅游示范区所在地如果能够实现"政策措施"方面的创新，可另外加 30 分，其中，全域旅游政策举措创新占 6 分，财政金融支持政策创新占 6 分，旅游投融资举措创新占 6 分，旅游土地供给举措创新占 6 分，人才政策举措创新占 6 分。

各地创建和发展全域旅游，需要完善创新全域旅游支持政策，要编制地方支持政策文件和部门支持政策文件。完善创新全域旅游支持政策，首先，地方政府要出台支持政策文件。党政出台全域旅游发展的综合性高质量政策文件，地方要创建配套实施方案，并且良好落实。其次，相关部门要出台支持政策文件。发改委、财政、城建、交通部门等出台全域旅游发展专项政策文件的，部门要创建配套实施方案，并且良好落实。同时，要鼓励创新全域旅游发展所需的财政金融、投融资、招商引资、土地、人才等各项实施举措。

二十八、创建全域旅游示范区需要在产业定位上明确什么？

在《国家全域旅游示范区验收标准（试行）》中规定，国家全域旅游示范区应将旅游业确立为主导产业，地方党委或政府出台促进全域旅游发展的综合性政策文件和实施方案，相关部门出台专项支持政策文件，此项要求在国家全域旅游示范区验收标准中占 20 分。

国家全域旅游示范区创建单位所在地人民政府应将旅游业确立为当地国民经济社会发展的主导产业或战略性支柱产业明确写入当地的国民经济社会发展"十三五"规划之中，并在此基础上，拓展衍生出旅游业在国民经济社会发展中的其他产业定位，将其定位为：转换新旧动能的动力产业、现代服务业中的龙头产业、促进城乡共建共享的富民产业、促进生态环境优化美化的美丽产业、提高人民生活幸福感和满意度的幸福产业。

（一）国民经济社会发展的主导产业或战略性支柱产业

旅游业在当地国民经济社会发展中的地位和作用日益凸显，旅游业增加值在当地 GDP 中的占比日益增加，逐渐将旅游业培育成为当地促进投资、拉动内需、刺激消费的新引擎。

（二）转换新旧动能的动力产业

将旅游业培育成城市转型与新旧动能转换的新引擎，将旅游业打造成为新旧动能转换的新引擎和展示转换成就的新窗口。

（三）现代服务业中的龙头产业或人民群众更加满意的现代服务业

不断优化旅游产品结构、创新旅游业态、完善旅游要素，不断增强旅游业的品牌影响力和市场竞争力，使旅游业在服务业中的比重不断增加，日益发展成为服务业中的龙头产业。

（四）促进城乡共建共享的富民产业

将旅游业培育成为提高居民收入、优化区域布局、统筹城乡发展、促进新型城镇化的引导产业，成为城乡共建共享、城市提档升级、助推乡村振兴、脱贫富民的优势产业和新引擎。

（五）促进生态环境优化美化的美丽产业

充分发挥旅游业作为"无烟产业"和"绿色产业"的效用，以及改善当地生态环境、提高生态效益的推动作用，将旅游业培育成为促进生态文明、保护资源环境、改善景观质量的绿色产业，成为地方支撑"美丽中国"建设的新引擎。

（六）提高人民生活幸福感和满意度的幸福产业

充分发挥旅游业作为"五大幸福产业"之首的地位和作用，将旅游业培育成为最具影响力的幸福产业、提升人民群众生活品质的幸福产业，以及消解当前我国社会主要矛盾，即人民日益增长的美好生活需要和不平衡不充分的发展之间的矛盾的主要产业。

二十九、创建全域旅游示范区需要在规划编制上怎么做？

《中华人民共和国旅游法》第十八条规定："旅游发展规划应当包括旅游业发展的总体要求和发展目标，旅游资源保护和利用的要求和措施，以及旅游产品开发、旅游服务质量提升、旅游文化建设、旅游形象推广、旅游基础设施和公共服务建设的要求和促进措施等内容"。因此，在编制全域旅游规划过程中，需要参照国家法律法规、相关标准、上位规划等文件来开展，应在《旅游规划通则》（GB/T 18971—2003）的基础上，充分吸收国务院办公厅出台的《关于促进全域旅游发展的指导意见》（国办发〔2018〕15号）、《全域旅游示范区创建工作导则》《国家全域旅游示范区验收、认定和管理实施办法（试行）》，以及《国家全域旅游示范区验收标准（试行）》等要求及相关规定，开展全域旅游规划编制工作。

在《国家全域旅游示范区验收标准（试行）》中规定，国家全域旅游示范区创建单位应由所在地人民政府以全域旅游理念编制定位准确、特色鲜明的全域旅游发展规划，包括全域旅游规划和相应专项规划，制定工作实施方案等配套文件，建立规划督查、评估机制，共计20分。

（一）全域旅游规划编制内容

全域旅游规划的核心要义是实现旅游业发展模式、体制机制、政策保障、公共服务、供给体系、秩序与安全、资源与环境、品牌影响等方面的创新和突破。因此，全域旅游规划的编制内容应主要包括但不限于以下内容：规划总论；全域旅游资源及发展现状总体评价；全域旅游发展总体思路与目标定位；全域旅游发展空间布局规划；旅游产品体系规划；旅游要素体系规划；旅游产业融合规划；旅游基础设施与公共服务建设规划；自然生态保护与历史文化保护规划；旅游形象宣传推广与市场开发；旅游业现代治理体系和政策支撑体系；旅游规划保障举措等章节。另外，在全域旅游规划最后应附有全域旅游重点项目表、旅游资源分类表、近期行动任务分工表，以及规划图件等内容。规划图件主要包括：规划范围图、区位关系图、地形地貌图、自然资源分布图、人文资源分布图、资源分级评价图、资源分区评价图、资源分时评价图、客源市场分析图、空间规划布局图、产品体系建设规划图、精品旅游线路规划图、外部旅游交通规划图、内部旅游交通规划图、旅游集散体系规划图、公共服务体系规划图、乡村旅游空间规划图、旅游要素规划图、生态保护范围图、重大项目规划图等图件内容。

（二）全域旅游规划编制程序

编制《全域旅游规划》是一项需要超前谋划、系统操作，并且最后落地实施的工作，需要由全域旅游示范区创建单位所在地的人民政府通过公开招标、邀标、竞争性谈判、单一来源采购等形式，确定开展当地全域旅游规划的编制单位。在编制全域旅游规划过程中，当地的旅游主管部门应该积极协助规划编制单位对当地的重点景区、度假区、特色小镇、乡村旅游点等主体组织开展现场调研活动，组织召开全域旅游规划开题会、部门座谈会、专家讨论会、阶段成果汇报会等各种会议，保证编制出体系完善、科学合理、特色明显、前瞻性强的全域旅游规划。在全域旅游规划编制过程中，应充分按照和吸取国家法律法规、标准制度、政策文件以及上位规划等内容，坚持"多规合一"的原则，充分加强旅游与文化、旅游与体育、旅游与农业、旅游与林业、旅游与工业、旅游与商贸会展、旅游与教育研学等方面的融合，保证规划的科学性、特色性和全面性。编制全域旅游规划的同时，还应编制全域旅游规划实施的系列子规划，根据各地全域旅游规划总体部署，下辖的各地政府应编制各自的全域旅游发展规划或者行动方案；相关部门根据任务编制相关专项规划或实施方案，编制旅游交通建设规划、旅游公共服务体系建设规划、乡村旅游建设规划、全域旅游综合环境整治优化规划等专项规划。待全域旅游规划编制完成后，应按照法定程序报请当地的人民代表大会常务委员会或当地人民政府审批，并建立旅游规划评估与实施督导机制。

专栏 3-1　全域旅游规划成果体系

　　根据《全域旅游示范区创建工作导则》和《国家全域旅游示范区验收标准（试行）》等文件要求，全套的全域旅游规划成果应形成"1+1+1+N"的成果体系：

　　"1"：《全域旅游发展总体规划》（文本·图件、说明书）；

　　"1"：《全域旅游示范区创建工作实施方案》；

　　"1"：《全域旅游发展近期行动方案》；

　　"N"：若干项专项规划成果，主要包括旅游产品开发、公共服务、营销推广、市场治理、乡村旅游等旅游专项规划、实施计划或行动方案。

　　此外，还应编制旅游产品指导目录，在制定旅游公共服务、营销推广、市场治理、人力资源等专项规划和实施计划或行动方案的基础上，形成包含总体规划、控制性详规、重大项目设计规划等层次分明、相互衔接、规范有效的规划体系。

专栏 3-2　全域旅游规划编制的程序

编制全域旅游规划，需要按照《旅游规划通则》的程序要求来进行，主要经过"任务确定阶段、前期准备阶段、规划编制阶段、征求意见阶段"四个阶段：

1. 任务确定阶段

（1）委托方确定编制单位

委托方应根据国家旅游行政主管部门对旅游规划设计单位资质认定的有关规定确定旅游规划编制单位。通常有公开招标、邀请招标、直接委托等形式。

公开招标：委托方以招标公告的方式邀请不特定的旅游规划设计单位投标。

邀请招标：委托方以投标邀请书的方式邀请特定的旅游规划设计单位投标。

直接委托：委托方直接委托某一特定规划设计单位进行旅游规划的编制工作。

（2）制订项目计划书并签订旅游规划编制合同

委托方应制订项目计划书并与规划编制单位签订旅游规划编制合同。

2. 前期准备阶段

（1）政策法规研究

对国家和本地区旅游及相关政策、法规进行系统研究，全面评估规划所需要的社会、经济、文化、环境及政府行为等方面的影响。

（2）旅游资源调查

对规划区内旅游资源的类别、品位进行全面调查，编制规划区内旅游资源分类明细表，绘制旅游资源分析图，具备条件时可根据需要建立旅游资源数据库，确定其旅游容量，调查方法可参照《旅游资源分类、调查与评价》（GB/T 18972—2017）。

（3）旅游客源市场分析

在对规划区的旅游者数量和结构、地理和季节性分布、旅游方式、旅游目的、旅游偏好、停留时间、消费水平进行全面调查分析的基础上，研究并提出规划区旅游客源市场未来的总量、结构和水平。

（4）对规划区旅游业发展进行竞争性分析

确立规划区在交通可进入性、基础设施、景点现状、服务设施、广告宣传等各方面的区域比较优势，综合分析和评价各种制约因素及机遇。

3. 规划编制阶段

（1）规划区主题确定

在前期准备工作的基础上，确立规划区旅游主题，包括主要功能、主打产品和主题形象。

（2）确立规划分期及各分期目标

（3）提出旅游产品及设施的开发思路和空间布局

（4）确立重点旅游开发项目，确定投资规模，进行经济、社会和环境评价

（5）形成规划区的旅游发展战略，提出规划实施的措施、方案和步骤

包括政策支持、经营管理体制、宣传促销、融资方式、教育培训等。

（6）撰写规划文本、说明和附件的草案

4. 征求意见阶段

规划草案形成后，原则上应广泛征求各方意见，并在此基础上，对规划草案进行修改、充实和完善。

资料来源：中华人民共和国国家质量监督检验检疫总局，中国国家标准化管理委员会.旅游规划通则（GB/T 18971—2003）[S].2003.

三十、全域旅游各类专项规划编制应该怎么做？

编制全域旅游规划，需要辅之配套以各类专项旅游规划，主要包括旅游项目开发规划、旅游线路规划、旅游投融资规划、旅游地建设规划、旅游营销规划、旅游区保护规划、旅游服务设施规划等内容。

（一）旅游项目开发规划的一般要求

旅游项目开发规划的编制可参照旅游区总体规划和控制性详细规划的基本要求，重点突出项目开发的可行性和必要性分析，加强客源市场的分析与预测，并根据旅游开发项目的建设需要适当强化规划图纸和规划深度。

（二）旅游线路规划的一般要求

旅游线路规划的编制，应在对所在地及周边区域旅游业发展和景区建设情况进行研究分析的基础上，重点加强客源市场结构分析，并结合线路踩点踏勘，提出合理可行的旅游线路开拓策略。

（三）旅游投融资规划的一般要求

旅游投融资规划的编制，应在对所在地及周边区域的投资环境进行比较分析的基础上，重点突出项目开发的可行性和必要性分析以及投资效益分析，适当加强客源市场的分析与预测，提出投融资项目的招商方案和配套政策措施等内容。

（四）旅游地建设规划的一般要求

旅游地建设规划的编制可参照旅游区控制性详细规划和修建性详细规划的基本要求，适当增加旅游区总体规划所要求的资源评价、客源市场分析以及效益分析等内容，并根据旅游开发建设的实际需要适当强化规划图纸和规划深度。

（五）旅游营销规划的一般要求

旅游营销规划的编制应重点突出客源市场的分析与预测，根据目标细分市场的发展潜力提出针对性强的市场营销策略和具体营销方案。

（六）旅游区保护规划的一般要求

旅游区保护规划的编制可参照旅游区总体规划的基本内容要求，重点加强对旅游资源开发利用现状的分析和环境容量分析，划分重点保护对象和范围，提出切实可行的保护措施，同时，应加强区内旅游资源单体的保护。

（七）旅游服务设施规划的一般要求

旅游服务设施规划的编制，应在对本区域旅游接待服务设施（宾馆饭店、旅游交通、旅游餐馆等）经营现状全面了解和分析的基础上，结合市场需求情况分析，合理确定旅游服务设施的总量、结构、布局和建设时序安排。

三十一、全域旅游规划配套实施方案编制怎么做？

根据《全域旅游示范区创建工作导则》的要求，创建工作应由本地区党委政府统筹负责，研究制定全域旅游示范区创建工作方案，建立全域旅游示范区创建工作目标责任考核体系，各级旅游行政管理部门具体负责创建工作考核，确保各项工作务实高效推进。

制定《国家全域旅游示范区创建工作实施方案》，应在立足《旅游规划通则》（GB/T 18971 — 2003）的基础上，充分吸收国务院办公厅出台的《关于促进全域旅游发展的指导意见》（国办发〔2018〕15 号）、《全域旅游示范区创建工作导则》、《国家全域旅游示范区验收、认定和管理实施办法（试行）》，以及《国家全域旅游示范区验收标准（试行）》等国家法律法规、相关标准、上位规划等文件的基础上，结合地方实际，制定工作实施方案。实施方案作为各级全域旅游示范区创建单位创建全域旅游示范区的总体指南和行动大纲，必须在实施方案中明确全域旅游示范区创建的"时间表""线路图"和"任务书"，按阶段、分步骤有序开展全域旅游示范区创建工作。在实施方案中应主要包括"指导思想""总体要求""组织机构""创建目标""重点任务""工作阶段""实施保障"等内容，最后应附有"创建国家全域旅游示范区责任分解表"和"创建国家全域旅游示范区项目表"等表格内容。

三十二、创建全域旅游示范区需要在多规融合上怎么做？

在《国家全域旅游示范区验收标准（试行）》中规定，国家全域旅游示范区所在地编制的全域旅游规划应坚持"多规融合"的原则，旅游规划与相关规划深度融合，国土空间等规划满足旅游发展需求，此项分数占到了20分。其中，《标准》规定，在符合国土空间规划方面，国土空间规划（含原城乡规划、土地利用规划、生态环境保护规划等相关规划）充分满足旅游业发展需求的，每有1项得4分，最高得12分；在与相关规划融合方面，与文化、农业、水利、林业等规划深度融合。每有1个规划得2分，最高得8分。另外，在"创新加分项"中规定，如果能够实现旅游引领多规融合创新，可获得8分的额外加分。因此，各地在全域旅游示范区创建过程中，应贯彻"多规合一"的理念，加强全域旅游规划与其他法定规划、上位规划的对接衔接，建立健全规划领导、评估与督导机制，确保规划统筹和落地实施。

（一）建立"多规合一"的规划保障体系

1. 出台全域旅游促进保障条例

各地方应加快研究出台《全域旅游促进保障条例》或《促进全域旅游发展管理办法》，并按照程序上报各地人民代表大会常务委员会审议通过，依法推进全域旅游。根据《旅游发展规划管理办法》和《旅游规划通则》等相关法规标准，创新编制全域旅游规划，率先探索全域旅游的规范标准，构建规划体系，出台《全域旅游规划管理办法》和《全域旅游与相关规划衔接办法》等规章制度。

2. 建立严格的预审把关制度

各地旅游部门应加快构建旅游规划实施体系，创新旅游规划管理办法，统一规划管理机制，加强对重点地区、重点项目的预审把关，建立健全立项预案、旅游主管部门专业预审、专家委员会审查把关、规划年度计划落实的监督工作机制。此外，各地应加快建立旅游规划咨询专家库，负责为各地各类旅游规划设计的论证评审工作提供专家技术支持。

3. 从宏观和微观层面统筹推进多规融合

各地应在国家和地方政策法规的指导下和现代科技手段的引领下，从宏观战略层面和微观技术层面统筹推进多规融合。在宏观战略层面实现全域旅游规划与当地国民经济和社会发展规划、城乡总体规划、土地利用总体规划、区域旅游发展规划、环境保护规划等规划的多规融合,确保战略定位、发展目标、产业体系、旅游要素、空间布局、保障措施的统筹部署;在微观技术层面实现全域旅游规划与基础设施规划(黄线)、自然保护区规划(红线)、历史文物保护规划(紫线)、水体资源利用规划(蓝线)等规划的多规融合,细化用地空间和控制指标,确保旅游规划项目的落地实施,统筹推进旅游多规融合进程。

(二)打造"多规合一"的规划编制平台

1."一本规划"编制工作领导小组

各地应成立以当地党政领导为核心,以文旅、发改、交通运输、国土资源、住房和城乡建设、生态环保等部门为牵头单位,联动经信、农林、税务、市场监管等职能部门的工作领导小组,多部门领导应树立"多规合一"思想,推动全域旅游规划与多种区域规划的相互融合,开展"多规融合"区域发展总体规划编制工作,将旅游发展作为重要内容纳入当地经济社会发展、城乡建设、土地利用、基础设施建设、公共服务体系构建和生态环境保护等相关规划中。由所在地人民政府编制旅游发展规划,同时依法开展规划环评。在实施"多规合一"中充分体现旅游主体功能区建设的要求。此外,各地应设立旅游规划委员会并将其纳入城市规委会。

2."一张蓝图"工作平台

各地在编制全域旅游规划过程中,规划区范围以行政区为边界,以土地利用规划确定建设用地控制范围、基本农田保护范围,城市规划利用城市增长弹性边界进行功能调整;通过整合当地的国民经济与社会发展规划、城乡规划、土地利用总体规划等规划,形成统一的"一张底图"空间规划,构建统一的空间信息联动管理和业务协同平台,实现经济社会发展目标、土地使用指标、用地空间坐标的"三标"衔接。

(三)抓好"多规合一"的规划编制过程

1.多部门多领域规划编制

各地应统筹协调各部门需求,在区域发展"一张图"的基础上,进行土地、空间、产业、人口、公共服务、基础设施、商务、体育、生态、农业布局等要素的全面对接与整合，形成多部门综合统筹的规划文本及图纸。

2. 多规与总规协调融合

各地在全域旅游规划编制过程中，对各部门多规文本和图纸涉及区域发展"一张图"核心内容的，应进行共同判研并达成共识，并在遵循"绿色发展、职住平衡、功能复合、配套完善、布局合理"的规划理念前提下，科学调整规划方案及实现多规协调。

（四）夯实"多规合一"的规划技术基础

1. 统一基础数据

第一，对于基础空间数据，按照用图需求采取不同的比例尺地图。在构建规划数据库之后，对国土面积和性质、人口数量、产品载体等各因素数据进行采集和数据更新。

第二，对于土地利用数据，其他部门（包括城市总体规划）涉及土地数据时，需统一采用国土部门编制土地利用规划的数据标准，在共同的基础地理信息平台上，各部门添加本专业领域的相关信息，实现用地基础资料信息的统一。

第三，在图形数据管理上，城市规划所用的地形图数据为 AutoCAD 的 DWG 格式，而土地利用规划采用 ArcGIS 或 MaoInfo 等地理信息系统建立的数据集和地籍图。对于社会经济发展数据，以基准年的统计年鉴为准。其他专业部门数据，如水文、气象、环境、交通等，可以在"数字城市"或"智慧城市"搭建基础资料数据管理平台。

2. 统一规划期限

规划期限结合各规划分为三个层次的期限。

第一层次，区域发展总体规划为长期规划，规划期限 20 年；第二层次，国民经济和社会发展规划、城市总体规划、土地利用规划、环境保护规划，规划期均调整为 5 年；第三层次，国民经济和社会发展实施计划、城市近期建设规划、土地供应计划以 1 年为限，结合土地利用总体规划，将国民经济和社会发展规划重大项目在城市规划进行年度落实。

3. 统一用地分类

城市总体规划中的用地分类采用住建部 2012 年修订版的《城市用地分类与规划建设用地标准》（GB 50137—2011），土地利用规划采用 2007 年版

《土地利用现状分类》。根据《国土资源部、住房和城乡建设部、国家旅游局关于支持旅游业发展用地政策的意见》（国土资规〔2015〕10 号），不断提高旅游业用地市场化配置和节约集约利用水平。

4. 统一信息平台

面向多规融合的协同规划技术包括多规融合的框架体系构建、多规数据融合相关标准与技术、多规冲突探查与处理技术、多规融合信息平台构建技术、协同规划编制技术、多规融合的城乡规划技术规范与设计导则、协同规划工作平台建设。

5. 动态融合平台

整理出一套包含规划目标、技术、平台、成果表达、动态延续、制度等各方面相协调的多规融合成果。

三十三、创建全域旅游示范区与相关规划衔接怎么做？

《中华人民共和国旅游法》第十九条规定：旅游发展规划应当与土地利用总体规划、城乡规划、环境保护规划以及其他自然资源和文物等人文资源的保护和利用规划相衔接。具体来说，旅游与相关规划的衔接的内容、方式及路径主要表现在：

（一）与土地利用总体规划衔接

全域旅游规划首先要尊重土地利用总体规划中给定的旅游项目用地布局、土地使用性质和用地规模；其次是用好土地利用总体规划中的旅游项目用地指标，做到合理利用土地，节约使用土地，使每一寸土地的效益最大化；再次是旅游规划设计的土地类型较多，有的要通过出让的方式取得土地使用权，有的则可通过合作经营或土地利用改良等方式获得开发建设权。最后要重视微地形的保护与利用，不大挖大填，对土地造成人为破坏。

（二）与国民经济和社会发展规划衔接

《中华人民共和国旅游法》第十七条规定：应当按照国民经济和社会发展规划的要求，组织编制旅游发展规划。旅游发展规划作为国民经济和社会发展规划体系中的一个子规划，其指导思想必须与国民经济和社会发展规划的要求一致；都应通过人口、资源、环境与社会经济的相互协调，促进社会经济的可持续发展，不断满足人们对生活质量的需求；二者都具有战略性和综合性，规划期限一般都在10年以上或更长，都从人口、经济、社会、资源、环境的协调发展等方面综合考虑，统筹规划。

（三）与区域规划衔接

旅游规划与同级或上位区域规划的关系，如同其他专项规划与区域规划的关系一样，是对区域规划的充实和深化。旅游规划一方面借助区域规划在农业、林业、水利、交通、商务、体育、城镇布局方面所创造的条件，另一方面通过区域旅游资源利用的论证与综合安排，为区域规划的制定提供基础依据。

（四）与城市总体规划衔接

旅游规划作为城市总体规划不可缺少的专项规划，与城市土地利用规划、道路交通规划、市政公用设施规划、绿地系统规划、环境保护规划等综合协调。城市规划的对象是整个城市系统，主要考虑城市内部发展，体现城市居民的利益和要求；旅游规划是为旅游者服务的，体现旅游者对城市的要求，所以旅游规划更多关注的是城市的外向性。编制旅游规划必须服从城市总体规划对于城市发展布局、功能分区、用地布局、综合交通体系以及禁止、限制和适宜建设的地域范围和各类专项规划的安排，其中规划区范围、规划区内建设用地规模、基础设施公共服务设施用地、水源地和水系、基本农田和绿化用地、环境保护、自然与历史文化遗产保护以及防灾减灾等内容，是作为城市总体规划强制性内容的安排。

（五）与历史文化名城、名镇、名村保护规划衔接

编制旅游规划，进行名城、名镇、名村的历史文化价值评估、总体保护策略制定、保护范围划定、景观环境保护措施制定，以及历史资料图、现状分析图、保护规划图的绘制等必须符合国务院发布出台实施的《历史文化名城名镇名村保护条例》和《历史文化名城名镇名村保护规划编制要求》等相关规定和要求。

（六）与环境保护规划衔接

环境保护规划是针对自然生态环境进行保护的规划，是一种带有指令性的环境保护方案，有一系列严格的执行标准，结果具有可衡量性，具有法律效力。《中华人民共和国环境保护法》规定，建设项目要作《环境影响报告书》，必须对建设项目产生的污染和对环境的影响作出评价，规定防治措施。因此，全域旅游规划对当地国民经济社会发展的指导价值和实践意义，应当符合《中华人民共和国旅游法》相关规定，其成果经政府及相关部门评审通过后，才可作为一种指令性方案实施。旅游规划编制当中，要做好相关工作的衔接。

三十四、创建全域旅游示范区需要在财政政策上怎么做？

在《国家全域旅游示范区验收标准（试行）》中规定，国家全域旅游示范区应加快出台并形成完善的财政金融支持政策体系，设立旅游发展专项资金，统筹各部门资金支持全域旅游发展，出台贷款贴息政策，实施旅游发展奖励补助政策，制定开发性金融融资方案或政策，此项分数占到了30分。其中，在财政投入方面，"设立旅游发展专项资金"占10分，"统筹各部门资金支持全域旅游建设"占5分，"旅游发展奖励或补助政策"占5分（见表3-1）。

表3-1 《国家全域旅游示范区验收标准（试行）》中对市场管理评分标准

序号	主要内容	评分标准
1	设立旅游发展专项资金	财政预算中单列旅游发展专项资金，达到一定规模或增速的最高得10分
2	统筹各部门资金支持全域旅游建设	统筹各部门资金用于发展旅游的，达到一定规模的，最高得5分
3	政府贷款贴息或金融机构提供金融服务	对旅游项目，特别是乡村旅游以及旅游公共类项目，优先安排政府贷款贴息政策，并付诸实施；或金融部门主动对接全域旅游，为旅游项目提供金融服务，效果良好的，最高得5分
4	旅游发展奖励或补助政策	列入国家、省市重点的项目和对重大项目年度完成率较高的制定奖励政策并付诸实施，最高得5分
5	开放性金融融资政策	制定有利于综合运用现代金融手段及开发性金融融资方案或政策的，最高得5分

（一）设立旅游发展专项资金

各地应通过积极拓展现有资金渠道，统筹相关资金设立"旅游发展专项资金"支持当地全域旅游发展，支持有地方特色和市场前景、能带动相关产业发展、经济和社会效益显著的旅游业项目开发和有市场竞争力的旅游企业做大做强，充分发挥财政资金在支持和促进旅游业发展中的引导作用，加大旅游基础设施和公共服务设施建设投入力度。

（二）统筹各部门资金支持全域旅游建设

各地应加快统筹工商、司法、公安、交通、城建、环保、卫生、农业、林业、体育、工业等涉旅部门的专项资金用于发展全域旅游和推进重点旅游项目建设，形成全部门共同参与全域旅游发展的格局体系。

（三）旅游发展奖励或补助政策

各地应在设立"全域旅游发展专项资金"的基础上，细化各种全域旅游政策奖励，用于奖励和补助在"全域旅游重大项目建设""全域旅游市场营销""全域旅游市场治理""全域旅游品牌创建""全域旅游环境整治""自然和文化遗产保护"等方面做出重大贡献的单位、部门和个人。

（四）完善旅游财税政策

各地应加快完善旅游财税政策体系，尤其是加强经济发展基础较为薄弱的农村地区的财税政策扶持，出台相关政策，推动乡村旅游经营户按照规定享受小微企业增值税优惠，推动乡村旅游企业在用水用电用气价格方面享有同一般工业企业同等政策的待遇。

三十五、创建全域旅游示范区需要在金融支持上怎么做？

在《国家全域旅游示范区验收标准（试行）》中规定，国家全域旅游示范区应加快出台并形成完善的财政金融支持政策体系，设立旅游发展专项资金，统筹各部门资金支持全域旅游发展，出台贷款贴息政策，实施旅游发展奖励补助政策，制定开发性金融融资方案或政策，此项分数占到了 30 分。其中，在投融资政策方面，规定"政府贷款贴息或金融机构提供金融服务"

占 5 分，"开放性金融融资政策"占 5 分。

（一）加快推行政府贷款贴息或金融机构提供金融服务

各地应加快筹集专项资金，采取财政直接补助、贷款贴息、以奖代补等多种形式，实行资金使用管理绩效评价机制。各地应对当地的旅游项目，特别是乡村旅游以及旅游公共类项目，优先安排政府贷款贴息政策，并付诸实施；鼓励、支持和联动金融部门主动对接全域旅游，为旅游项目提供金融服务。各地应加强与农信社、商业银行及政策性银行的合作，完善信用担保体系，扩大银行信贷投入。

（二）创新金融支持政策

各地应加快创新旅游投融资机制，鼓励有条件的地方设立旅游产业促进基金、文旅产业基金等基金项目，并实行市场化运作，充分依托已有平台促进旅游资源资产交易，促进旅游资源市场化配置，加强监管、防范风险，积极引导私募股权、创业投资基金等投资各类旅游项目。积极推进权属明确、能够产生可预期现金流的旅游相关资产证券化；支持旅游资源丰富、管理体制清晰、符合国家旅游发展战略和发行上市条件的大型旅游企业上市融资；加大债券市场对旅游企业的支持力度；支持和改进旅游消费信贷，探索开发满足旅游消费需要的金融产品。

三十六、创建全域旅游示范区需要在创新投融资模式上怎么做？

旅游业投资是指在一定时期内，根据旅游业或旅游区发展的需要将一定数量的资金投入到其发展项目之中，以获取比其投入资金数量更大的产出。当前，各地需要健全投入保障制度，完善政府投资体制，充分激发社会投资的动力和活力，加快形成财政优先保障、社会积极参与的多元投入格局。鼓励各类市场主体通过资源整合、改革重组、收购兼并、线上线下融合等方式投资旅游业，促进旅游投资主体多元化。目前，现行的五种投融资模式有：

（一）成立旅游股份有限公司，上市筹集资金

股份有限公司指全部注册资本由等额股份构成并通过发行股票（或股权证）筹集资本，公司以其全部资产对公司债务承担有限责任的企业法人。旅游企业可采取股份合作制、股份公司、股票上市的形式，逐步走上股份制企业经营的道路，进一步促进旅游业的快速发展。

（二）设立文化旅游产业投资基金

各地可根据各地实际情况，加快设立旅游产业促进基金，以政府资金引导社会资本投资旅游业，创新旅游投融资渠道旅游产业投资（旅游投资引导）。基金的设立主体应为发展全域旅游的地方人民政府，设立程序应有负责推进创业投资发展的有关部门和财政部门共同提出设立，引导基金的可行性方案报同级人民政府批准；资金来源主要来源于支持旅游产业发展的财政专项资金、旅游企业所得税的一定比例、企业／个人捐赠、旅游运输企业的征收费等；在资金规模方面，各地可根据财政实力和区域创投资本的实际需求而定，理想的资金规模（包括政府引导资金和社会参与资金）占 GDP 的 1%。

（三）旅游资产证券化 (ABS)

旅游资产证券化是指旅游企业单位或金融机构将其能产生现金收益的旅游资产加以组合，然后发行成证券出售给有兴趣的投资人。借此过程，旅游企业单位或金融机构可向投资人筹措资金。它不分散企业控制权，而且相对债权融资又不会给旅游企业造成固定的负担，是一种非常高效的融资方式，特别是在旅游项目的前期投资中资金不足时。资产证券化有利于扩大旅游项目融资规模，增强融资吸引力。旅游业受到国家政治、气候、季节等多方面因素的影响，旅游景区企业的信用等级不会太高，而旅游业的资源优势独一无二，具有垄断性，通过 ABS 使旅游企业可以扬长避短，提高信用等级。

（四）PPP(Private Public Partnership) 融资

PPP 融资模式主要是指支持企业通过政府和社会资本合作模式投资、建设、运营旅游项目，引入良好的企业机制和治理模式，提高旅游服务质量，在旅游领域可重点推广旅游基础设施和公共服务的 PPP 融资模式。该融资模式既不同于单独的政府融资，也不同于单独的民间融资，它是一个完整的项目融资概念，政府、营利性企业、非营利性企业基于某个项目而形成相互

合作的关系。政府在引导旅游产业发展方向的同时，可以从民间筹集资金。既减轻了政府的财政负担，又保证了旅游产业的健康发展。

（五）BOT(Build Operate Transfer) 融资

BOT 作为一种典型的项目融资模式，即"建设—经营—转让"，是指政府通过契约授予私营企业（包括外国企业）以一定期限的特许专营权，许可其融资建设和经营特定的公用基础设施，并准许其通过向用户收取费用或出售产品以清偿贷款，回收投资并赚取利润；特许权期限届满时，该基础设施无偿移交给政府。BOT 融资的实质，是将国家的基础产业项目建设和经营管理民营化，把私营企业的经营机制引入基础设施建设中，提高基础设施项目建设和经营效率，减少项目对政府财政预算的影响，使政府能在自有资金不足的情况下仍能上马一些基建项目。BOT 项目具有独特的定位优势、资源优势以及市场竞争地位，这种优势确保了投资者获得稳定的市场份额和资金回报率。

三十七、创建全域旅游示范区需要在招商引资上怎么做？

招商引资是政府或政府设立的开发区、工业园区、工业集中区等机构将区域（园区）以外的项目、资金等生产要素吸引到所属区域（园区）的行为。招商引资的工作任务主要是将区域外的企业、个人、金融机构、投资基金、资本市场的项目与资金，以及中央或上级政府安排下拨的资金与项目引到自己所在区域（园区）。各地应根据自身实际情况，强化旅游项目策划与项目招商引资工作相结合，做好以下工作：

（一）开展全域旅游全要素招商

各地应加大优质旅游项目对外招商，合作构建全域旅游项目招商平台孵化器，进行旅游全要素招商，招投资商、开发商、运营商、服务商，引入资金、引入智库、引入品牌、引入人才、引入 IP，吸引各类资本投资当地旅游发展，加快培育旅游新业态、新产品，注重旅游项目投资规划，健全旅游业投资引导目录，避免重复建设和盲目投资。各地应根据当地实际，加强对本地优势资源的挖掘和宣传展示，加快编制招商手册（指南），拍摄招商引资宣传片，构建全域旅游项目招商引资服务平台，优化招商引资政策环境和服务流程，强化全域旅游"食、住、行、游、购、娱"等全产业链招商引资力度，形成投资商、开发商、运营商、服务商共同助力地方全域旅游发展的格局。

（二）建立健全招商引资政策体系

梳理全国各地政府相关政策，制定最符合本地区特色的招商引资政策。各级各部门要加强全域旅游项目谋划、策划和储备，建立健全动态管理的全域旅游项目库，加快启动全域旅游项目和配套基础设施项目建设，形成谋划一批、签约一批、开工一批、建成一批的梯次推进格局。建立全域旅游项目调度通报制度，争取更多项目纳入省级或国家级重点项目建设库和列入专项建设资金项目支持名录当中。

（三）成立招商引资工作领导小组

各地应加快成立旅游项目招商引资工作领导小组，明确具体招商引资联系和协调服务工作，定期召开领导小组联席会议，及时解决招商引资工作中的具体问题，加快编制《优质旅游项目招商手册》，举办各种类型的招商洽谈会。

（四）完善和创新各种招商形式

第一，"人员招商"。通过派驻专项招商人员、招商小分队、委托（中介、顾问）等形式到北京、上海、广州、深圳等大城市进行定点招商。第二，"推介招商"。通过各种项目推介会、项目招商会、城市营销宣传会等会议的契机，推介各地的优质旅游项目。第三，"网上招商"。充分利用政府门户网站等信息化手段，推进项目库的网络发布，将所有储备项目、招商项目、在建项目的基本信息在网上全面公开，实现信息互通、资源共享，吸引战略投资者和民间资本投资重大旅游项目，多渠道融资。第四，"以商引商"。利用已在筑投资旅游企业，广泛收集大企业、大财团联系方式，通过人脉资源联系央企、大型民企和投融资平台，靠前做工作，争取引资机会。

（五）营造良好的旅游招商环境

各地应加快通水、通电、通路、通邮、通讯、通暖气、通天然气或煤气、平整土地等"七通一平"基础设施建设，全力做好旅游项目招商引资的前期工作；对前来投资的客商实行"一站式"服务，从项目立项到建成投产，涉及规划、建设、国土、工商、税务等部门的行政审批，一律实行现场联合办公制度，限时办结；当地的人民政府负责帮助客商协调内外部关系，解决实际问题，保护客商的合法权益；在实际工作中，遇到本政策未涉及的方面，采取"一事一议"的办法予以解决。

三十八、创建全域旅游示范区需要在土地政策上怎么做？

在《国家全域旅游示范区验收标准（试行）》中规定，国家全域旅游示范区应加快出台土地保障政策，保障旅游发展用地新增建设用地指标，在年度用地计划中优先支持旅游项目用地。有效运用城乡建设用地增减挂钩政策，促进土地要素有序流动和合理配置，构建旅游用地保障新渠道，此项分数占到了 30 分。

（一）完善土地供给政策

各地应在土地利用总体规划和城乡规划中统筹考虑旅游产业发展需求，合理安排旅游用地布局，在年度土地供应中合理安排旅游业发展用地，优先保障纳入国家规划和建设计划的重点旅游项目用地和旅游扶贫用地，对使用荒山、荒坡、荒滩及石漠化、边远海岛土地建设的旅游项目，优先安排新增建设用地计划指标。农村集体经济组织可以依法使用建设用地自办或以土地使用权入股、联营等方式开办旅游企业。鼓励和支持城乡居民利用自有住宅依法从事旅游经营，农村集体经济组织以外的单位和个人可依法通过承包经营流转的方式，使用农民集体所有的农用地、未利用地，从事与旅游相关的种植业、养殖业。

（二）探索实行坡地点状供地模式

各地应加快实行改"集中连片供地"为"允许点状供地"，改"平原地区供地"为"允许开发山坡地块"，从而减少占用平原耕地的供地模式。对交通便利、紧邻城镇周边、纳入城镇建设用地开发的区块，可以实行单个地块开发，也可以实行点状布局多个地块组合开发。对结合异地搬迁、新农村建设等工作，通过规划引导纳入村庄建设的区块，可以实行点状或带状布局多个地块组合开发。对充分依托山林自然风景资源，进行生态（农业）旅游、休闲度假等项目开发的区块，可以实行点状布局多个地块组合开发。对未纳入建设用地开发的，可作为生态保留用地。

（三）健全农村土地管理制度

总结农村土地征收、集体经营性建设用地入市、宅基地制度改革试点经验，逐步扩大试点，加快土地管理法修改。探索具体用地项目公共利益认定机制，完善征地补偿标准，建立被征地农民长远生计的多元保障机制。建立健全依法公平取得、节约集约使用、自愿有偿退出的宅基地管理制度。在符合规划和用途管制前提下，赋予农村集体经营性建设用地出让、租赁、入股权能，明确入市范围和途径。建立集体经营性建设用地增值收益分配机制。

（四）盘活农村存量建设用地

在乡村旅游发展过程中，可实行村集体经济组织配建设施用房，产权归属集体、再发包流转的新做法，探索村庄增减挂钩、村庄拆并等建设用地重置的模式；同时，还可通过完善农民闲置宅基地和闲置农房政策，探索宅基地所有权、资格权、使用权"三权分置"，落实宅基地集体所有权，保障宅基地农户资格权和农民房屋财产权，适度放活宅基地和农民房屋使用权，不得违规违法买卖宅基地，严格实行土地用途管制，严格禁止下乡利用农村宅基地建设别墅大院和私人会馆。在符合土地利用总体规划前提下，允许县级政府通过村土地利用规划调整优化村庄用地布局，有效利用农村零星分散的存量建设用地。对利用收储农村闲置建设用地发展农村新产业新业态的，给予新增建设用地指标奖励，多措并举，盘活乡村闲置土地和房屋资源，破解农村地区在发展乡村旅游过程中的土地难题。

三十九、创建全域旅游示范区需要在人才政策上怎么做？

旅游人才是指旅游人力资源中能力和素质较高，具有一定旅游专业知识、专门技能，能够进行创造性劳动，提供高质量服务，并对旅游业发展做出一定贡献的人，旅游人才成为当前推动我国旅游业发展的第一资源。但面对新形势、新任务、新要求，旅游行业人才队伍建设还存在旅游人才数量、质量和结构与旅游业快速发展还有很多不适应，人才体制机制还不够完善，人才工作投入不足，发展环境有待进一步优化等一系列问题。在《国家全域旅游示范区验收标准（试行）》中规定，国家全域旅游示范区应出台相应的人才政策，通过设立旅游专家智库，建立多层次的人才引进和旅游培训机制，实施旅游人才奖励政策，此项分数占到了 20 分。因此，各地在全域旅游示范区创建过程中，应加快完善旅游人才开发机制、创新旅游人才引进使用机制、营造人才发展环境、加快发展现代旅游职业教育、加强旅游人才国际交流与合作、优化人才管理办法。

（一）完善旅游人才培养开发机制

整合政府部门、企业、院校、行业组织、社会机构资源，形成旅游人才开发合力，鼓励各地方、各单位在旅游人才队伍建设方面开展差别化探索，形成可复制、可推广的经验。建立旅游职前教育和在职培训对接机制，大力实施旅游行业人才培训，推动将旅游人才培训纳入国家和地方人力资源社会保障部门就业培训和职业教育计划。引导企业、院校、行业组织和社会机构广泛参与旅游人才在职培训，构建专业化、社会化、多元化的旅游人才在职培训体系。同时，各地应加快推进一批具备国际水平的旅游一流学科和院校建设，依托国家重点人才工程，重点学科、专业、实验室，重点旅游项目等，构建旅游人才开发新平台、新载体。支持有条件的区域建立旅游人才改革试验区和特色人才集聚区。探索建立旅游业相关领域首席专家、学科或专业带头人、首席技师、首席服务师制度。组建一批由一流专家领衔的技术技能工作室。

（二）创新旅游人才引进使用机制

支持各地建立旅游专家顾问团队和专家库，通过柔性方式引进高端人才，参与旅游政策制定、技术研发、项目建设和旅游统计工作；研究旅游兼职从业引导政策，支持相关领域高素质人才兼职从事旅游工作；完善旅游社会志愿者制度，拓展志愿者发挥作用的领域和空间；支持高等院校、科研机构设立流动岗位，吸收旅游企业家和行业高级技术技能人才兼职；依托旅游驻外机构拓展海外引才通道和对外交流渠道，支持高等院校、科研机构以不同的方式引进海外高端人才，鼓励建立海外旅游人才基地，实现就地使用高层次人才的目标。

（三）营造人才发展环境

各地应积极引导地方设立旅游人才发展基金，建立健全旅游人才流动配置机制，加强旅游人才流动配置信息引导，加快发布旅游企业人才需求清单和旅游院校人才供给清单，实现人才供给与市场需求的完美匹配。支持开辟区域旅游人才市场，推动网络化发展；健全旅游人才资源调查统计制度，不断完善旅游人才统计指标体系。通过政府部门、行业组织、社会机构、高等院校、大型门户网站、人力资源服务企业等多种渠道收集旅游行业人才信息，开展旅游人才需求预测、信息监测、发布等工作，加快建立分级、分类旅游人才数据库。

（四）加快发展现代旅游职业教育

各地应加强对旅游职业教育改革发展的统筹指导和综合保障，加快建立适应文化旅游产业融合发展需求、产教深度融合、中高职有机衔接、布局结构更加合理的现代旅游职业教育体系。加快遴选和建设一批职业院校旅游类专业示范点，引导职业院校适应"互联网＋"和"旅游＋"，优化专业结构、完善课程体系、建立教学标准、创新实习实训模式，支持地方旅游应用型本科院校和专业的发展，推动适应旅游业发展新形势的教材建设和数字化课程资源共建共享。强化实习实训，积极探索现代学徒制，推广"多学期、分段式""淡旺季工学交替"等顶岗实习模式。此外，积极深化校企合作，依托重点旅游院校、龙头企业、社会组织建设一批示范性旅游职业教育实习实训基地；培育一批示范性校企合作项目，支持开展校企联合招生、联合培养、一体化育人；支持龙头企业牵头组建旅游职业教育集团或举办旅游职业教育；办好各级职业院校技能大赛旅游类赛项。

（五）加强旅游人才国际交流与合作

各地应大力支持高等院校、行业组织等举办旅游人才开发国际论坛、研讨会。鼓励院校开展旅游人才培养国际交流，引进海外优质教育资源，支持有条件的院校开展海外办学和国际合作人才培养项目。扩大旅游专业教师和学生到海外留学、进修、实习的数量。

（六）优化人才管理办法

各地应大力开展各级各类旅游人才技能竞赛活动，完善人才荣誉奖励与人才评价、使用、薪酬待遇相结合的制度；健全旅游服务技能人才社会保障体系和职业保险体系；开展导游管理体制改革，完善导游等级评定制度，建立导游品牌制度，改革导游注册制度和培训方式；推动地方对旅游创新创业项目给予扶持奖励；建立旅游人才专家信息库；促进旅游人才的区域流动与交流；推动旅游人才的信息化管理。

专栏 3-3　重点开展九大旅游人才计划

---

1. 旅游行政管理人才培训计划

推动各级党委、政府加强对党政领导干部的旅游业专题培训。开展全域旅游创建重点地区党政领导干部调训。开展省级旅游行政管理部门领导干部专题出国培训。重点围绕宏观经济、产业政策、依法行政、区域一体化等专题，开展省级、地市级和重点区域旅游行政管理部门领导干部轮训。围绕全域旅游、旅游规划、旅游公共服务、旅游 +、旅游外交、旅游扶贫、旅游监管、旅游统计与数据、旅游信息化、目的地营销、旅游人才开发等专题，对旅游行政管理 人员开展分级分类培训。

2. 旅游企业经营管理人才开发计划

建立旅游职业经理人标准体系和社会化的旅游职业经理人评价认证制度，畅通职业经理人发现、使用和发展通道，健全优胜劣汰的激励约束机制。积极培育旅游职业经理人市场，建立旅游职业经理人数据库。拓宽旅游经营管理人才国际学习、交流渠道。开展旅游企业领军人才和旅游职业经理人培训，依托龙头企业建设一批国家级培训基地。实施旅游企业人才开发示范项目，遴选一批旅游人才开发示范企业，在相关人才项目中给予倾斜扶持。

3. 旅游行业智库建设计划

鼓励企业、院校、行业组织、科研机构举办特色专业智库，逐步构建旅游智库群。强化与国际旅游智库的交流合作。组织实施旅游研究人才支持计划，资助开展旅游基础理论研究和旅游发展重大现实问题研究，推进中国特色旅游理论体系建设，形成一批高水平学术成果。

4. 旅游业青年专家提升计划

加强对入选青年专家的持续培养和使用，设立青年专家专项课题，组织开展旅游基础理论研究与应用研究。支持举办青年专家学术沙龙和研究论坛，培育青年专家学术共同体。针对行业产业焦点热点问题，组织开展实践调研，撰写专题调研报告。引导青年专家积极开展乡村旅游公益扶贫。支持地方举办青年专家大讲堂，组织青年专家开展送教上门。大力开发青年专家课程资源。

5. 旅游创新创业人才开发计划

重点围绕旅游业态创新、产品创新、科技创新、文化创意、经营管理创新以及云计算、物联网、大数据等现代信息技术，大力培育旅游创新创业人才。借助中小微旅游

企业创新创业公共平台、国家旅游示范园区和示范企业、示范基地、旅游创客示范基地等打造创新创业人才孵化平台。大力开展旅游创新创业教育，鼓励院校与企业共建旅游创新创业学院或企业内部办学，依托重点院校、龙头企业构建产学研一体化平台，培育和孵化旅游创新创业项目。实施"互联网+旅游"创新创业行动计划，引导旅游企业中高层经营管理人员、专业技术人员、高技能人员、院校师生等积极参与旅游创新创业。

6. 旅游新业态人才开发计划

适应"旅游+"融合发展需要，加紧培养自驾车旅居车旅游、海洋及邮轮旅游、森林旅游、冰雪旅游、低空旅游、工业旅游、农业旅游、文化创意旅游、健康医疗旅游、研学旅游、体育旅游、商务会展旅游等各类专门人才。研究制定旅游业重点人才开发目录。鼓励高校根据旅游业态发展，设置相关专业或专业方向。加强与相关产业部门合作，推进"旅游+"复合型人才开发。

7. 导游素质提升计划

分级分类开展导游、讲解员培训，大力培养外语特别是小语种导游。重点就旅游安全、文明旅游引导等方面，强化出境旅游领队培训。完善全国导游资格考试和等级考试，加强考试题库建设，不断提升考试规范化、标准化、信息化水平。实施导游"云课堂"研修培训项目，逐步面向全体持证导游开放"云课堂"培训平台。实施"金牌导游"培养计划。

8. 乡村旅游实用人才开发计划

重点培育乡村旅游项目建设、主题旅游小镇运营、农家乐经营、乡村风情演艺、民俗特色餐饮服务、乡村工艺品和土特产品开发等方面的实用人才。实施乡村旅游创客行动计划。支持有关单位和个人开展乡村旅游结对帮扶、挂职锻炼、创业就业、咨询指导。支持开展形式多样的乡村旅游学习交流活动。发挥乡村旅游模范村、乡村旅游创客基地和示范户的带动示范作用。组织开展乡村旅游扶贫重点村村干部培训和乡村旅游经营管理带头人培训。健全乡村旅游培训网络平台，支持建立各级各类乡村旅游培训基地。

9. 红色旅游人才发展计划

优化红色旅游景区管理层人才结构，吸收培养一批熟悉规划设计、善于经营管理的专门人才。加强红色旅游讲解员、导游分级分类培训，造就一支政治过硬、业务熟练、知识丰富的红色旅游景区导览队伍。开展红色旅游志愿服务，组织老干部、老模范、老教师、老战士、老专家开展义务讲解，鼓励大学生开展志愿服务，建立一支专业化、多元化的志愿者队伍。支持有条件的院校开设红色旅游相关课程、讲座。

资料来源：国家旅游局."十三五"旅游人才发展规划纲要[Z].2017.

四十、创建全域旅游示范区需要在督导评估上怎么做？

治理反馈对于进一步完善和改进旅游现代治理至关重要，所以，在全域旅游代旅游治理过程中，治理反馈既是阶段性治理完成的终点，更是一个新的治理过程开始的起点。确定以公共价值为核心的评价标准，一是要注重治理的效率价值，另外也要兼顾治理的公平价值。因此，与之相对应的治理评价主体也应该分为两个阵营，一个是政府、经济社会机构组成的权威评价主体，通过建立权威治理评价体系以评促建，以评促改，以评促优，不断提高治理系统的效率转换率，实现标准化治理价值的最大化。另一方面是由最直接的旅游活动参与者——游客和最广泛的旅游活动利益相关者——社区居民，对旅游治理的公平绩效维度进行评价。这一方面的评价不只局限于旅游经济发展的数字指标，而是更加难以量化和更有温度的评估和考量，要通过提高游客和当地居民的满意度和感知来增加旅游治理的公平绩效。在"创新加分项"中规定，如果能够实现规划实施与管理创新，可获得 6 分的额外加分。

（一）加强对全域旅游规划的实施评估

各地应对全域旅游发展规划执行情况及实施效果进行评估，对全域旅游规划主要目标的落实情况、规划和策划的重点项目、主要任务的执行进展情况，以及规划实施的综合影响等进行评估，提出在全域旅游发展进程中的相关建议，并通过评估推进规划更好实施。

（二）加强全域旅游规划的宣贯实施

全域旅游发展总体规划及重点项目规划应报请当地的人大或政府批准，提升规划实施的法律效力。全域旅游发展规划经过当地的规委审查，并通过人大常委会审议后，由当地的人民政府发布实施、严格执行，相关项目上马要符合全域规划发展方向。建立"分工明确，责任明确，资金配套，政策支持，社会参与"的规划落地实施机制，结合各地全域旅游发展实际，细化工作职责，明确责任分解，依据创建工作方案，按照"月调度、季通报、年考核"工作要求，制定《创建"国家全域旅游示范区"验收事项责任分解表》，将全域旅游发展规划任务和全域旅游行动实施方案任务分解到各部门、各县市区、乡镇（街道）、各相关单位，做好规划实施的宣贯实施，深入推进全域旅游创建工作。

（三）做好全域旅游创建的社会宣传

各地应结合《全域旅游规划》，开展系列宣传报道活动，推动全社会关心关注支持全域旅游发展，营造全域旅游发展良好氛围。加强全域旅游宣传，让群众从旁观者变成参与者，让全域旅游深入人心、全民参与。各部门树立相互融合、一体推进的观念，相关工作树立旅游理念。

（四）开展全域旅游创建的相关培训

结合《全域旅游规划》及《全域旅游示范区创建工作实施方案》等内容，有针对性地对各级党委、政府负责人、旅游主管部门的主要领导、相关部门负责人、重点旅游县市区主管领导、重点旅游乡镇负责人、街道办主任、村主任、重点旅游区负责人、旅游院校骨干、重点旅游企业负责人等进行全域旅游专题轮训；实施旅游产业领军人才、旅游职业经理人等经营管理人员培训项目；提升重点旅游乡镇、街道、旅游特色村、旅游企业负责人等基层人才专业素质；针对全域旅游创建验收开展专题培训等。构建全域旅游新闻宣传平台，建设立体化旅游宣传体系，注重旅游新媒体宣传，开发建设旅游新媒体宣传推广平台、旅游新闻网络平台、舆情监测平台等。

（五）加强全域旅游创建信息工作

各地开展全域旅游示范区创建应高度重视重大旅游项目的最新进展，及时报送当地旅游信息和调研成果，以专报的形式上报，及时编印并立体式全媒体发布《全域旅游示范区创建》政府内刊或工作简报。各地应提升报送旅游信息的质量，重点报送各地区推进全域旅游发展的方法、取得的成效，或某个领域具有创新型、借鉴性的新举措、新成效。

（六）强化全域旅游规划的监督考核

各地应建立健全全域旅游发展的目标责任制，将全域旅游示范区创建工作纳入各部门绩效目标考核体系，纳入对下一级政府以及相关部门的考核体系，完善创建工作的奖惩激励机制，加强工作督查，狠抓工作落实。邀请第三方机构对全域旅游发展规划执行情况及实施效果进行评估，对规划主要目标的落实情况、规划重点项目和主要任务的执行进展情况、规划实施的综合影响等进行评估，提出相关建议，并通过评估推进规划更好实施。

第四章 公共服务

　　公共文化服务和旅游公共服务是全域旅游发展的重中之重，是优质旅游以及文化和旅游融合发展的核心内容。此部分根据《国家全域旅游示范区验收标准（试行）》评分标准，为实现旅游公共服务体系健全，厕所、停车场、旅游集散中心、咨询服务中心、智慧旅游平台、安全救援、自驾游、自助游等设施完善，运行有效的目标，围绕"旅游公共服务体系健全，各类设施运行有效"的总体要求，重点论述了推进全域旅游在外部交通、公路服务区、旅游集散中心、内部交通、停车场、旅游交通服务、旅游标识系统、游客服务中心、旅游厕所、智慧旅游等方面的创建要求及发展思路。

　　"公共服务"结构导图如图 4-1 所示。

图4-1　"公共服务"结构导图

四十一、创建全域旅游示范区对公共服务的要求是什么？

　　我国从旅游公共服务概念形成到管理体系的建设历经数年，从"十二五"规划到"十三五"规划期间，中国特色的旅游公共服务体系和架构已经基本建立起来。但从现代旅游业发展的要求来看，我国旅游公共服务仍存在着有效供给不足、运营效能低下、发展不均衡、信息化水平低、外部保障政策不足等问题，即现有旅游公共服务体系的完善度、有效供给能力与"旅游发展全域化""旅游供给品质化""旅游治理规范化""旅游效益最大化"的全域旅游发展目标还不能够完全匹配。

国务院办公厅印发的《关于促进全域旅游发展的指导意见》（以下简称《指导意见》）中，专门部署了"加强基础配套，提升公共服务"的工作任务，要求在"厕所革命""交通网络""集散咨询服务""旅游引导标识"等方面加大建设力度，提高运行效率和服务水平，为实现全域旅游发展的总体目标奠定坚实基础。

便捷化、高质量、全覆盖的旅游公共服务既是发展全域旅游的基础条件，又是更好地满足人民日益增长的美好生活需要的重要保障。因此，发展全域旅游、建设现代化的旅游目的地体系，要在《指导意见》的指引下，加大建设力度，完善内容体系，提高运行质量，大力建设以 5G、人工智能、工业互联网、物联网为代表的新型基础设施，构建与全域旅游发展相匹配的旅游公共服务体系。

在《国家全域旅游示范区验收标准（试行）》中规定，国家全域旅游示范区应拥有体系完善、配套齐全的外部和内部交通网络。其中，在外部交通方面，要求可进入性强，交通方式快捷多样，外部综合交通网络体系完善，此项占到了 20 分；在内部交通方面，要求内部交通体系健全，各类道路符合相应等级公路标准，城市和乡村旅游交通配套体系完善，此项占到了 30 分。此外，在"创新加分项"中，旅游交通建设创新占到了 8 分。各地应主动顺应自助游、自驾游发展趋势，优化交通体系，健全交通网络，改善通达条件，重点提高旅游景区可进入性；切实强化旅游客运、城市公交对旅游景区、景点的服务保障，积极鼓励在国省干线公路和通景区公路沿线增设观景台、自驾车房车营地和公路服务区等设施，大力推进风景道、慢行系统、交通驿站等旅游交通休闲设施建设。

四十二、创建全域旅游示范区在外部交通上应该怎么做？

发展全域旅游，交通便捷舒适是先决条件。全域旅游将形成更加开放的旅游目的地系统，游客在旅游目的地的活动将呈现出更加分散、更加自由的特点，这就要求有更加便捷的内外交通体系衔接保障。因此，对于任何一个旅游目的地而言，由航空、高铁、高速公路、绿道系统、自驾车服务系统等要素构建的层次化、网络化旅游目的地交通体系，是发展全域旅游、保障旅游质量的先决条件。在《国家全域旅游示范区验收标准（试行）》中规定，外部交通可进入性强，交通方式快捷多样，外部综合交通网络体系完善，此项占 20 分，具体的评分标准如表 4-1 所示。

（一）外部交通

1. 机场建设

各地应立足自身实际，加强对机场的规划布局，支持有条件的地方新建或改扩建一批支线机场，重点旅游城市应加快增加至主要客源地直航航线、航班，不断优化旅游旺季航班配置。

2. 铁路建设

各地应着力加快铁路基础设施建设，不断提升铁路旅游客运能力。推动高铁旅游经济圈发展。加大跨区域旅游区、重点旅游经济带内铁路建设力度。根据旅游业发展实际需求，优化配置旅游城市、旅游目的地列车班次。增开特色旅游专列，提升旅游专列服务水准，全面提升铁路旅游客运能力。鼓励有条件的地区发展国际铁路旅游。

3. 公路建设

各地应加快改善区域公路通达条件，提升区域可进入性，提高乡村旅游道路的建设等级，推进干线公路与景区公路连接线以及相邻区域景区之间公路建设，形成旅游交通网络。

4. 码头港口建设

拥有江河湖海等水上旅游资源的地区，应充分挖掘水上旅游资源，科学规划游船码头、邮轮港口、水上游客换乘基地、游艇基地（俱乐部）、水上救援基地等项目，加快航道整治工作，形成航道交通网络体系。

表 4-1　《国家全域旅游示范区验收标准（试行）》中对交通网络评分标准

主要内容			评分标准
外部交通	外部可进入性	直达机场	直达机场距离中心城市（镇）在 150 公里以内的，得 6 分；150~200 公里以内的，得 3 分；高于 200 公里以上的，得 1 分；最高得 6 分

主要内容			评分标准
外部交通	外部可进入性	铁路、公路、港口等	有过境高速公路进出口、高铁停靠站、国际邮轮港口、旅游直升机场或开通旅游专列的得 8 分；有一般过境国道、客运火车站或客运码头的得 4 分；有其他省道得 2 分；最高得 8 分
	外部交通网络		外部交通方式快捷多样，外部综合交通网络体系完善的，最高得 6 分

四十三、创建全域旅游示范区在公路服务区上应该怎么做？

在《国家全域旅游示范区验收标准（试行）》（以下简称《标准》）中规定，国家全域旅游示范区在交通配套方面，应具有功能完善的公路服务区和配套完善的停车场。具体来看，《标准》要求，在公路服务区方面，应达到功能齐全、规模适中、服务规范、风格协调的标准，此项占到了 15 分，具体的评分标准如表 4-2 所示。

具体来看，公路服务区建设要求是：公路服务区在功能、规模与服务方面，应达到"功能齐全，规模适中，服务规范"的标准。各地应加快将境内高速公路服务区改造成复合型服务区，在国（省）道沿线加快建设旅游服务区，并着力提升公路服务区的服务质量和水平；在公路服务区风貌设计方面，应保持服务区与周边的建筑风貌、生态景观相协调，创新旅游与交通部门的合作机制，建设高速公路旅游服务区，加快形成交通、生态、旅游等一体化的复合型特色化公路服务区。

表 4-2 《国家全域旅游示范区验收标准（试行）》中对交通配套评分标准

主要内容		评分标准
公路服务区	功能、规模与服务	功能齐全，规模适中，服务规范；境内高速公路服务区改造成复合型服务区，每完成 1 个得 4 分；国（省）道沿线建成每 1 处旅游服务区得 2 分，每建成 1 处服务点得 1 分，最高得 10 分；现场检查发现服务质量不好则酌情扣分，中心城区无高速公路出入口的不扣分
	风貌设计	每发现 1 处风貌不协调扣 1 分，最多扣 5 分

四十四、创建全域旅游示范区在旅游集散中心上应该怎么做?

随着互联网、物联网、大数据、云计算、人工智能等现代技术的不断发展与应用推广,游客对旅游集散、咨询服务的内容、方式、手段等要求也发生了很大变化,传统的集散、咨询服务方式已经无法适应现代旅游市场需求的变化。在《国家全域旅游示范区验收标准(试行)》中规定,国家全域旅游示范区在交通组织方面,主要有"旅游集散中心"和"旅游交通服务"两方面的评分要求。在旅游集散中心方面,《标准》规定应达到"位置合理,规模适中,功能完善,形成多层级旅游集散网络的要求",此项占到了20分,具体的评分标准如表4-3所示。

具体来看,建设旅游集散中心的要求是:加强旅游集散中心和咨询服务中心体系建设,各地应合理布局建立全域旅游集散中心,设立多层级旅游集散网络,因地制宜地在商业街区、交通枢纽、景点景区等游客集聚区设立旅游咨询服务中心(点),有效提供景区、线路、交通、气象、安全、医疗急救等必要信息和咨询服务。旅游集散中心的规模要适中,能够满足游客需求;旅游集散中心要与其他交通方式实现无缝衔接,重点形成以城市中心铁路、机场、邮轮码头和汽车总站等交通枢纽或交通驿站等主要交通站点和重点旅游景区为核心的一级全域旅游集散中心体系;结合高铁站等交通站点形成共建共享的城市旅居休闲综合体,形成以乡镇和一般旅游景区为核心的二级和三级旅游集散中心体系完善旅游咨询中心体系;旅游咨询中心覆盖城市主要旅游中心区、3A级以上景区、重点乡村旅游区以及机场、车站、码头、高速公路服务区、商业步行街区等。

表4-3 《国家全域旅游示范区验收标准(试行)》对交通组织中旅游集散中心评分标准

主要内容		评分标准
旅游集散中心	位置合理	与铁路、机场或汽车总站等交通枢纽或交通驿站一并规划建设;在其他地方建设的扣3分,最多扣8分
	规模适中	规模适度,能够满足游客需求;规模面积偏小的扣2分,最多扣6分

主要内容		评分标准
旅游集 散中心	功能 完善	与其他交通方式实现无缝衔接，具有旅游集散、旅游咨询、综合 服务等功能，各项功能运营良好，形成多层级旅游集散网络；每 少 1 项扣 2 分，最多扣 6 分

专栏 4-1　旅游集散中心

　　旅游集散中心是指以企业或事业单位形式存在，以旅游散客为服务主体，集旅游信息咨询、旅游客运集散、旅游产品展销和其他相关旅游业务的办理于一体的各类旅游资源整合平台。主要针对散客游市场，旨在解决外来旅游散客和本市居民短途出游的问题。结合我国旅游集散中心的运作实践，可把旅游集散中心功能分为两个层次：一是旅游集散中心作为市场化主体表现出的基本功能，即在满足游客需要方面所提供的旅游交通、旅游集散、旅游咨询、旅游救援、旅游维权、旅游中介服务、旅游综合服务等功能；二是旅游集散中心作为一个城市的广义的公共旅游产品，通过连续性、整体性的积累而实现的功能，称为外部性功能，包括旅游地宣传营销、资源节约、产业机构优化、促进区域合作等功能。

　　资料来源：邵琪伟.中国旅游大辞典 [M].上海：上海辞书出版社，2012.

专栏 4-2《城市旅游集散中心等级划分与评定》（LB/T 010—2011）评分指标概要

　　本标准规定了城市旅游集散中心设施与服务的基本要求，等级划分的依据和条件。本标准适用于经注册设立的城市旅游集散中心。城市旅游集散中心划分为三个等次，从高到低依次为一级、二级和三级，等级划分以功能分区、设施设备、服务要求、运营管理为依据。

　　（1）一级城市旅游集散中心在数量指标方面应满足以下要求：候车厅面积应大于300 平方米，停车场总面积不小于 5000 平方米，地面应硬化处理，道路平整干净；应提供 40 条以上旅游线路，日均客流量在 400 人次以上；游客有效投诉率不应超过年客流量的十万分之三；游客满意率在 95% 以上；正常情况下，发车准点率达到 98% 以上。

　　（2）二级城市旅游集散中心在数量指标方面应满足以下要求：候车厅面积应大于150 平方米，停车场总面积不小于 2000 平方米，应提供 20 条以上旅游线路，日均客流量在 200 人次以上；游客有效投诉率不应超过年客流量的十万分之五；游客满意率在 90% 以上；正常情况下，发车准点率达到 95% 以上。

　　（3）三级城市旅游集散中心在数量指标方面应满足以下要求：候车厅面积应大于50 平方米；停车场地面应硬化处理，道路平整干净；游客有效投诉率不应超过年客流量的十万分之七；游客满意率在 85% 以上。

四十五、创建全域旅游示范区在内部交通上应该怎么做？

　　实现外部交通要通达、内部交通要顺畅、内外交通要互联互通，是全域旅游发展的基础前提。需要各地着力加强通景公路、乡村旅游公路、旅游连接线的建设。

（一）通景公路

各地应加快建设一批通景公路，中心城市（镇）抵达国家 5A 级旅游景区或国家旅游度假区的道路须达到 1 级或 2 级公路标准；抵达国家 4A 级旅游景区和省级旅游度假区的道路须达到 2 级或 3 级公路标准。

（二）乡村旅游公路

推进乡村旅游公路建设，提高乡村旅游重点村道路建设等级，重点解决道路养护等问题，推进乡村旅游公路和旅游标识标牌体系建设。加强旅游扶贫重点村通村旅游公路建设。

（三）旅游连接线

各地应加快推进重要交通干线连接景区的道路建设，加强城市、乡村与景区之间交通设施建设和交通组织建设，实现从机场、车站、客运码头（渡口）到主要旅游景区交通无缝衔接，构建设施完善的旅游交通集散体系（车辆换乘或接驳体系）；支持大型旅游景区、旅游度假区和特色小镇等主体建设连通高速公路、国省道干线的公路支线；不断提高游客运输组织能力，开通旅游客运班车、旅游公交车和观光巴士等旅游交通。推进旅游风景道、城市绿道、骑行专线、登山步道、交通驿站等公共休闲设施建设，不断完善旅游交通标识系统，打造具有通达、游憩、体验、运动、健身、文化、教育等复合功能的主题旅游线路。

四十六、创建全域旅游示范区在停车场上应该怎么做？

在《国家全域旅游示范区验收标准（试行）》中规定，国家全域旅游示范区在交通配套方面，应具有功能完善的公路服务区和配套完善的停车场。在停车场方面，要求能够与生态环境协调，与游客流量基本平衡，配套设施完善，此项占到了 15 分，具体评分标准如表 4-4 所示。

具体来看，建设停车场的要求是：建设与游客承载量相适应、分布合理、配套完善、管理科学的生态停车场。鼓励在国省干线公路和通景区公路沿线增设旅游服务区、驿站、观景台、自驾车营地等设施，推动高速公路服务区向交通、生态、旅游等复合型服务区转型升级。其中，应加快建设一批科技含量高、生态环保好的生态停车场，游客集中场所停车场规划建设须与当地生态环境相协调，与游客量基本相符，配套设施完善。

表 4-4　《国家全域旅游示范区验收标准（试行）》中对交通配套评分标准

主要内容	评分标准
停车场	游客集中场所停车场规划建设须与当地生态环境相协调，与游客量基本相符，配套设施完善；每发现 1 处不达标扣 1 分，最多扣 15 分

四十七、创建全域旅游示范区在旅游交通服务上应该怎么做？

在《国家全域旅游示范区验收标准（试行）》（以下简称《标准》）中规定，国家全域旅游示范区在交通组织方面，主要有"旅游集散中心"和"旅游交通服务"两方面的评分要求。在旅游集散中心方面，《标准》规定应达到"位置合理，规模适中，功能完善，形成多层级旅游集散网络的要求"，此项占到了 20 分；在旅游交通服务方面，《标准》规定要求"城市观光交通、旅游专线公交、旅游客运班车等交通工具形式多样，运力充足，弹性供给能力强"，此项占到了 20 分，具体的评分标准如表 4-5 所示。要进一步完善机场、码头、车站、乡村等重点地区旅游集散咨询服务体系，有效提供景区、线路、交通、气象、海洋、安全、医疗急救等信息与服务。要着力打造智慧城市、智慧景区、智慧酒店和智慧旅游乡村，让游客消费更便捷。

表 4-5　《国家全域旅游示范区验收标准（试行）》对交通组织中旅游交通服务评分标准

主要内容		评分标准
旅游交通服务	城市观光交通	提供多种城市观光交通方式，有城市观光巴士得 2 分，其他方式每项得 1 分，最高得 4 分；现场检查发现观光交通服务质量不好则酌情扣分

续表

主要内容		评分标准
旅游交通 服务	旅游专线公交	中心城区（镇）、交通枢纽等游客集散地开通直达核心旅游吸引物的旅游专线公交，有串联核心旅游景区的旅游专线；每有1条得4分，最高得12分；现场检查发现旅游专线公交服务质量不好则酌情扣分
	旅游客运班车	中心城区（镇）到重要乡村旅游点须开通城乡班车，每开通1条得1分，最高得4分；现场检查发现旅游客运班车服务质量不好则酌情扣分

（一）旅游交通服务

通过建设重点景区与城市主干道之间的连接道路，重点发展三类交通工具：旅游专线车（调整公交线路，串联重点景区）、城市观光交通（由交通枢纽向重点景区运客）、旅游客运班车（常设或旺季临时开设，联通景区），畅通通往旅游景区的"最后一公里"。

1. 旅游专线公交

在中心城区（镇）、交通枢纽等游客集散地开通直达核心旅游吸引物的旅游专线公交，有串联核心旅游景区的旅游专线，并着力提升旅游专线公交服务质量水平。

2. 城市观光交通

提供多种城市观光交通方式，完善旅游观光巴士体系，开通旅游观光巴士线路或开通"全域旅游直通车"，为国内外游客提供便捷旅游交通服务，并着力提升观光交通服务质量。

3. 旅游客运班车

中心城区（镇）到重要乡村旅游点须开通城乡班车，并着力提升旅游客运班车服务质量。

（二）服务创新

推动旅游交通大数据应用，建立旅游大数据和交通大数据的共享平台和机制。开设轨道小火车、骑行道、绿道、廊道等交通组织，增设"落地自驾""房车租赁"等服务。

（三）建设一批自驾游驿站、汽车旅馆、营地

各地应以当地对外旅游交通干线为骨架，依托游客接待量较大的重点景区、生态旅游区、高速公路服务区、风景优美的国道、省道、县道，择合适地点，主导建设一批功能配套、设施齐全、特色突出的自驾游驿站；以市场化手段为主，建设一批汽车旅馆、汽车营地和房车营地。自驾车营地国家相关标准规范如表4-6所示。

表4-6 自驾车营地国家相关标准规范

时间	标准名称	发布单位
2007年	《中国体育休闲（汽车）露营营地建设标准（试行）》	中国汽车运动联合会
2010年	《全国汽车自驾游基地标准》	全国汽车自驾游管理办公室
2014年	《汽车露营营地开放条件和要求》	国家体育总局
2015年	《休闲露营地建设与服务规范第2部分：自驾车露营地》	全国休闲标准化技术委员会
2017年	《自驾游目的地基础设施与公共服务指南》	国家旅游局

（四）自驾游风景道建设

各地应结合当地的旅游资源和自驾游开发条件，与现有的国道、省道、县道及高速公路相衔接，加快具有地方特色的自驾游旅游线路设计和开发，着力打造若干条"历史文化绿道""山林生态绿道""海域风光绿道""田园休闲绿道"等不同主题的自驾游风景道和自驾车精品线路。

（五）合理配置自驾游社会支撑和补给系统

一是构建自驾车出行网络。构建以高速公路为主骨架，以国省道为基础、农村公路为延伸的公路体系，打造顺畅通达主要旅游景区景点的自驾车出行网络。实现景点与主干道路之间、景点与景点之间、景点与中心城镇之间的互联互通、促进绿道与周边国省道和农村公路的安全便利衔接，在高速、国道和绿道建设时充分考虑自驾车游客的需求。选择景观优美、具备条件、能够确保安全的路段，合理布局停车区，试行设置临时停车港湾。

二是合理配置加油站及中途补给站。高速公路沿线每隔五十公里左右设置一个加油站，扩大加油站的服务范围。配套自助式加油/加气/充电站、

特色餐饮、医疗点、小超市、房车补给站和维修保养。建设提供生活用水接口、煤气接口和生活用电插口的房车营地。

三是加快发展汽车租赁服务。引进大型连锁汽车租赁企业，规范本地汽车租赁市场，建立完善的汽车租赁服务网点，满足自驾游客租车、异地还车服务。在长途汽车站、高速路出入口等客流集散地建设汽车租赁网点。推行网上预约登记租车、异地智能还车服务制度；开发自驾旅游智能 App；开发智能租车系统，推动非标准租车，激活私家车存量使用率。

（六）完善自驾游服务信息

各地应整合旅游管理部门、气象站、各景区管理处、交通管理部门、游客信息中心、电信号码百事通、手机短信服务商等，建立自驾旅游综合服务系统。重点提供景区景点介绍、当地新闻、旅游线路推荐、食宿预订、即时路况、气象信息、在线咨询服务、网上汽车租赁等服务。同时，各地应加快编制《自驾游宝典》《自驾游全攻略》和《自驾游地图》，出版自驾车旅游方面的专业杂志、专业书籍，为自驾游游客提供便捷的自驾游信息服务。

（七）建立自驾救援服务系统

在硬件方面，各地应在短期内增加加油站的服务功能，提供拖车、维修、医疗急救、紧急联络等救援服务项目；中远期可以在公路沿线规划设立自驾车旅游紧急救援中心和游客服务中心，为自驾车旅游者尤其是散客提供紧急救援和临时休憩服务。各地文化旅游管理部门应加强与交通、公安、医疗等部门对接，建立完善的自驾游救援服务和安全保障系统。

四十八、创建全域旅游示范区在旅游标识系统上 应该怎么做？

在全域旅游背景下，游客的活动空间范围已经由传统的以景区景点和专门性旅游场所为主体的封闭空间走向了开放的城市、乡村和自然区域，由此引发了对空间全覆盖、规范标准化旅游引导标识系统构建的更高要求。同时也成为检验和衡量一个全域旅游目的地公共服务体系是否完善的重要标准。

在《国家全域旅游示范区验收标准（试行）》中规定，国家全域旅游示范区在"旅游标识系统"方面，应达到"旅游引导标识等系统完善，设置合理科学，符合相关标准"的要求，此项占 25 分。其中，"全域引导标识"占 17 分，"公共信息图形符号"占 8 分，具体的评分标准如表 4-7 所示。这就需要按照"标准化、国际化、人性化、系统性、辨识性"等原则，在设置全域旅游指引总览图的基础上，加强旅游交通指引标识牌（指向重点景区、距离标识、方向标识）、旅游区导览标识牌（旅游区全景图、景点解说牌、警示关怀牌）、旅游服务设施标识牌（游客中心标识、集散中心标识、直通车标识等）等设施建设，构建完善的旅游标识系统。

表 4-7 《国家全域旅游示范区验收标准（试行）》中对旅游标识系统评分标准

序号	主要内容		评分标准
1	全域引导标识	全域全景图设置	旅游集散中心位置显著处、重要通景旅游公路入口、核心旅游吸引物入口处配套设置全域全景图；每发现 1 处应设未设或不规范设置扣 2 分，最多扣 6 分
		旅游吸引物全景导览图	旅游景区、旅游度假区或旅游风景道等核心旅游吸引物入口位置显著处须设置全景导览图；每发现 1 处应设未设或不规范设置扣 2 分，最多扣 4 分
		交通标识和介绍牌	在通往重要旅游景区的公路沿线适当设置旅游交通标识，重要景点景物须设置介绍牌；每发现 1 处应设未设或不规范设置扣 1 分，最多扣 7 分
2	公共信息图形符号		游客集中场所须设置旅游公共信息图形符号，标识内容、位置与范围参照 GB 10001 标准；每发现 1 处应设未设或不符合规范扣 1 分，最多扣 8 分

（一）全域全景图设置

旅游集散中心位置显著处、重要通景旅游公路入口、核心旅游吸引物入口处配套设置全域全景图。按照相关标准要求，景区入口设置导游全景图，正确标注主要景点和游客中心、厕所、出入口、医务室、公用电话、停车场等服务设施的位置，明示咨询、投诉、救援电话。全景图整体幅面比较大，一般分为三大部分——醒目的中英文景区名称和LOGO、景区全景游览图、中外文翻译的景区介绍内容，有些景区的全景图上还设有"游览须知"一项。细节内容包括：各景点、各项服务设施的位置，景区自设的三类电话（咨询、投诉、救援），各项服务设施的标准图形符号图例。

（二）旅游吸引物全景导览图

旅游景区、旅游度假区或旅游风景道等核心旅游吸引物入口位置显著处须设置全景导览图。按照相关标准，应在景区内交叉路口设置导览图，标明当前位置及周边景点和服务设施。导览图一般一个版面就可以放置全部内容，根据实际情况，也可分为两个或多个版面。必须具备四大项内容——景区某个区域的中英文翻译名称、区域性游览图、游客当前所在位置、周边景点和服务设施的位置。

（三）交通标识和介绍牌

旅游景区标识标牌包括五大类型：景区综合介绍牌、景区景点介绍牌、景区指示牌、景区警示关怀牌，以及景区公共设施符号牌。

指示牌。指景区内引导方向或方位的标志标识。较为完善的指示牌内容为：中英文景区名称和LOGO+中外文翻译的景点或服务设施名称＋指向箭头＋距离，有些景区的标识牌上还附有自设的景点图形符号和标准的服务设施图形符号，未为不可。

景物介绍牌。按照标准要求其应为："介绍主要景点、景观或相关展示内容的介绍说明牌。"主要内容包括：中英文景区名称和LOGO+中外文对照的景点、景观或相关展示内容的介绍文字，加上咨询、投诉、救援三类电话也不为过。

警示牌。一般分为安全警示牌、禁止性警示牌、公德提醒牌，如"请勿戏水""禁止翻越""少一串脚印，多一份绿意"等，安全警示和禁止性警示一般都有标准的图形符号和标准的语言，公德提醒牌内容则多为自撰，语言忌讳生硬。

温馨提示牌和公告牌。一般为对游客的友好建议或景区游览项目的公示内容，如漂流体验项目、缆车服务项目等特种游览项目，需在项目起始处设置此类标识标牌。

公共信息符号牌。分为大小两类，大公共信息符号牌有停车场、旅游厕所、游客中心、景区出入口等，一般为立式；小公共信息符号牌有导游服务、票务、邮政、医务室、影音室、监控室、餐饮服务等，一般设在各相应功能室的门头上或外墙上。此类标识标牌的大小，根据设施和场地的大小而定。需要说明的是，《标志用公共信息图形符号》系列国标近几年有几项更新，新设的标识标牌中的图形符号应参照最新标准要求设置。

路牌。一般设置于交叉路口，多用于道路较多且各条道路均有一定长度的景区内。需要在 3A 级以上景区在高速公路等主要公路沿线标识设置，完成乡村旅游点等在公路沿线标识设置。

（四）规范完善旅游引导标识系统

各地应按照 GB 10001 标准，在全域范围内建立使用规范、位置科学、布局合理、指向清晰、内容完整的旅游引导标识体系，重点涉旅场所及游客集中场所应规范使用符合国家标准的公共信息图形符号。在进行景区标识系统设计时应根据不同类型和服务方式的差异，确定标识的设置、风格和数量，创建一个与周围环境相协调、结构完整、功能齐全、区域功能相互呼应的标识系统。

自然类景区标识系统。当服务对象是自然类景区时，在设计时应尽量保持原有地貌、水体、气候、动植物等自然地理要素，并从中提取主要元素作为系统主线。

人文类景区标识系统。在设计人文类景区标识系统时，要突出其多功能综合性和文化性特征，以此作为标识系统设计和设置的依据，并在创意构思、具体形式、装饰风格上给予充分体现。被列入各级文物保护单位的景区，建立标识系统时，还应同时遵循相关法规。

复合型景区标识系统。复合型景区是指既有自然风光又有文化特色，这类型的景区标识系统要与景区整体宏观规划相统一，符合景区人文及自然特色，并视其所处具体位置，根据实际情况及特色，合理设计和设置标识标牌。

四十九、创建全域旅游示范区在游客服务中心上
应该怎么做？

"旅游咨询"是指为游客和企业提供旅游相关信息的服务。包括旅游景区信息、旅游交通信息、旅游住宿信息、旅游购物信息、旅游安全信息、旅游健康信息等方面的服务，以及线路设计、投诉、维权、救援等服务。在 2019 年发布的《国家全域旅游示范区验收标准（试行）》中规定，国家全域旅游示范区在"游客服务中心"方面应达到"咨询服务中心和游客服务点设置科学合理，运行有效，服务质量好"的标准要求，此项占 25 分，而后在 2020 年文化和旅游部办公厅修订印发的《国家全域旅游示范区验收、认定和管理实施办法（试行）》和《国家全域旅游示范区验收标准（试行）》（办资源发〔2020〕30 号）将"游客服务中心"项分值由 25 分修订为 20 分。另外，在"创新加分项"中，规定如果能够在旅游咨询服务方面实现创新，可以获得 8 分的附加分。

（一）科学规划布局游客服务中心

旅游咨询中心又称"旅游问讯中心"，指城市中为游客（特别是散客）、市民提供诸如信息咨询、投诉、救援等服务的一种旅游设施，具有较强的公益性。《标准》规定，主要交通集散点，如机场、火车站、客运站、码头等位置显著处设置旅游咨询服务中心，并保持有效运营。因此就需要各地加快完善旅游咨询中心体系，实现旅游咨询中心覆盖城市主要旅游中心区、3A 级以上景区、重点乡村旅游区以及机场、车站、码头、高速公路服务区、商业步行街区等目标。重点加强四大类旅游信息咨询中心建设，一是依附旅游集散中心（一级、二级、三级旅游集散中心），二是依托窗口服务单位（景区景点、旅行社沿街门店、星级饭店等窗口服务单位），三是独立建设的信息咨询中心（在集散中心未能覆盖且人流密集处建设，如城市主要商业区等），四是展示地方文化特色的旅游志愿服务站（在旅游景区、特色民居社区等区域，打造具有地方文化特色的服务亭）。多措并举，形成旅游集散中心、咨询服务中心、游客服务点、旅游志愿服务站等四位一体的旅游咨询服务体系。

（二）丰富完善游客服务点的功能

《标准》规定，城市商业街区、主要旅游区（点）、乡村旅游点等游客集

中场所位置显著处须设置咨询服务点，并保持有效运营。需要各地在全域旅游的大背景下，把旅游咨询服务体系"多规合一"作为旅游产业发展的顶层设计，以高标准高要求建设咨询服务站点，满足旅游咨询服务体系建设及全域旅游示范区创建多项要求；丰富旅游咨询服务站点功能，提供民宿酒店预订、短途汽车运输、自行车驿站租赁、旅游休闲渔家乐产品预订等服务功能；完善服务设施。添置资料展架、电子触摸屏、伞架、轮椅等基础硬件设施，进一步加强景区游客中心、旅游厕所、旅游标识系统等公共设施建设，使导览指示更加明确；提升人员素质，加强各咨询点服务管理工作，配备工作证、工作登记手册、宣传资料等，同时开展业务培训，让员工熟悉咨询服务内容，提升咨询服务人员综合素质。

五十、创建全域旅游示范区在旅游厕所上应该怎么做？

为贯彻习近平总书记关于"厕所革命"的系列重要指示精神，我国连续实施"厕所革命"两个三年行动计划，将完成总量超过 15 万座的旅游厕所新建、改建和扩建任务，一方面解决旅游厕所有效供给不足的数量问题，另一方面解决档次低、管理差、服务不规范的质量问题。同时，通过科技攻关和研发，解决高寒、缺水等特殊地理环境下厕所建设、管理和服务过程中的技术难题，让厕所分布在城市和乡村、景区内和景区外，真正实现空间布局的全域化和使用的便捷化，服务功能、服务水平的标准化和人性化，让厕所这个公共服务领域的短板，变成具有示范意义和引领作用的模范样板。在《国家全域旅游示范区验收标准（试行）》中规定，国家全域旅游示范区在"旅游厕所"方面应达到"'厕所革命'覆盖城乡全域，厕所分布合理，管理规范，比例适当，免费开放"的要求，此项占 30 分。另外，在"创新加分项"中规定，如果当地的"厕所革命"能够实现建设、管理、运营、维护等方面的创新，可以获得 8 分的附加分，具体的评分标准如表 4-8 所示。因此，各地应着力深入推动厕所革命建设提升行动、厕所革命管理服务提升行动、厕所革命科技提升行动、厕所免费开放、"以商养厕"新模式推广等工作再上新台阶。

表4-8　《国家全域旅游示范区验收标准（试行）》中对旅游厕所评分标准

序号	主要内容	评分标准
1	分布合理	主要游客集中场所步行10分钟，或旅游公路沿线车程30分钟内须设置旅游厕所或市政公厕；每发现1处不达标扣2分，最多扣10分
2	管理规范	主要游客集中场所厕所设备须无损毁、无污垢、无堵塞；厕所无异味、无秽物；每发现1处不达标扣2分，最多扣10分
3	比例适当	主要游客集中场所已建的A级、AA级旅游厕所男女厕位至少有8个以上比例达到1∶2或2∶3；每少1个扣1分，最多扣3分
4	文明宣传	主要游客集中场所厕所内须有爱护设施、文明如厕的宣传；每发现1处未达标扣1分，最多扣3分
5	免费开放	主要游客集中场所对外服务临街单位厕所至少有3处免费向游客开放；每少1处或者标志标识不清晰不规范扣2分，最多扣4分

各地要聚焦主攻方向，持之以恒地推进"厕所革命"，努力提高城乡公厕管理维护水平，重点推进乡村旅游、农家乐厕所整体改造，继续加大中央预算内资金、旅游发展基金和地方各级政府投资对"厕所革命"的支持力度。

（一）深入厕所革命建设提升行动

各地应加快厕所建设步伐，重点抓好乡村旅游厕所整体改造工作，着力推进高寒、缺水地区厕所技术革新，一些贫困地区出台相关政策鼓励和支持大中型环保企业、社会组织援建旅游厕所，加强推动厕所建设向旅游资源较为丰富的建档立卡贫困村倾斜，倡导和复制推广"以商建厕、以商管厕、以商养厕"的创新模式。实现主要旅游景区、旅游场所、旅游线路和乡村旅游点的厕所全部达到A级标准，实现数量充足、干净无味、实用免费、管理有效的目标。

（二）开展厕所革命管理服务提升行动

各地应鼓励引进专业化、集团化、连锁经营的厕所管理公司管理厕所，建立健全科学有效的管养机制，签订旅游厕所目标管理责任状，将管理责任落实到人头，定岗定人定时进行卫生保洁和设备养护、维修，确保厕所干净、整洁、无异味。创新应用"互联网＋"信息技术，实现智能化管理，推广厕所数字地图、找厕App和小程序等管理服务创新手段，解决"找厕难""如厕难""管厕难"等问题；加快第三卫生间建设步伐，力争在国家级、省级旅游度假区、4A级以上旅游景区逐步实现全覆盖，鼓励、倡导A级旅游景区和其他旅游场所建设第三卫生间；不断提高女性厕位比例，女厕位与男厕位的比例不小于3:2（含男用小便位），鼓励设置男女厕位转换，鼓励开设女性专用厕所，着力体现人文关怀；在旅游旺季、重大节假日、大型节庆活动期间，鼓励设置移动厕所。

（三）开展厕所革命科技提升行动

各地应按照"因地制宜、绿色环保、生态卫生"的原则，根据不同地区气候环境特征，在保证实用性的基础上，积极引进推广厕所先进技术。积极落实《厕所革命技术与设备指南》要求，不断创新循环水冲、微水冲、真空气冲、无水冲、可生物降解泡沫等技术；在气候寒冷、无上下水系统的区域，推广"源分离免水冲生物技术""发泡式微生物降解节水技术"等生物处理技术，避免造成环境污染；在除臭杀菌技术方面，要推广电子分解技术、光触媒技术、射线杀菌技术等，从源头上分解胺类化合物，消除异味，杀毒灭菌；在厕所建设材料方面，要推广使用生态木、竹钢、彩色混凝土、玻璃钢、复合仿生材料等绿色环保材料；使新建、改扩建旅游厕所符合节水、节能、环保等技术要求。

（四）开展厕所文明提升行动

各地应全面整合传统媒体和新兴媒体资源，将"文明如厕""以商养厕""免费开放"等视频宣传片在广播电视台、网站、微信公众号等媒体上宣传播放。深入开展游客、群众文明如厕教育，推动文明如厕"进乡村、进社区、进机关、进企业、进家庭、进学校"的"六进"宣传教育，利用各单位政务网、LED屏等载体播放"文明如厕""以商养厕""免费开放"视频宣传片，逐步提升干部群众的知晓率、关注度和参与度。强化特色宣传。引导广大游客、群众养成自觉爱护厕所设备、保持厕所卫生，培育文明如厕的良好习惯，坚决抵制粗鄙丑陋的如厕行为。积极组织开展厕所革命公益宣传活动，深入开展"百城万众厕所文明大行动"，在"世界厕所日""中国旅游日""五一""十一"等重点时间节点，制作文明如厕宣传材料和宣传片在游客集中场所发放播放。严格按照要求设置主题宣传活动宣传画，在公厕外部悬挂宣传标识牌，在公厕内部悬挂宣传挂图，并突出图片制作的精美和与环境协调，着力打造美观大方、温馨怡人的厕所环境。充分发挥厕所革命志愿者的作用，深入景区、乡村旅游点、旅游街区等游客集中场所宣传文明如厕，带动全社会形成积极、健康、向上的厕所文化。

（五）推动厕所免费开放

推进建立"厕所开放联盟"，鼓励和支持除涉密和安全保卫需要外的各级机关、事业单位内部厕所率先免费对外开放；医院、商场、宾馆、饭店等公共服务单位内部厕所应当免费对外开放；鼓励城镇街道周边其他单位内部厕所免费对外开放；内厕开放时间不得少于营业时间。

（六）加快推广"以商养厕"新模式

"以商养厕"模式是较早提出并经过实践检验的一种理念，通过广告、铺位出租或其他商业形式获得收入，旨在以商业运营获得的利润完全覆盖运营成本。市场化托管大幅提高了公厕的服务质量，改善了如厕体验并满足多样化需求。公厕是公益性服务，本身不创造任何价值，完全由政府财政承担，不菲的托管费用无疑加重了政府的财政负担。为减轻政府的财政压力，在公厕运营过程中引入商业化运营成为共识。因此，要积极探索以商养厕、以商管厕的新办法；在规划上应该合理布局，改造老旧公厕，适当补充移动公厕；通过互联网实现线上"厕所革命"为市民和游客提供找厕所的便利。鼓励以承包经营、大中型企业挂名赞助、商业广告特许经营权等方式进行厕所管理，景区内的厕所与经营服务项目结合，休闲步行区的厕所与商铺挂钩，加快引进专业化、集团化、连锁经营的厕所管理公司。厕所还应该体现科技创新和生态环保的理念，鼓励各地、各部门和相关企业广泛推广新科技新技术，实际应用到厕所建设管理中。

各地应持续探索旅游厕所社会化、市场化管理新模式，推广以 PPP 模式、提供特许经营权、承包经营、大中型企业冠名赞助、商业广告特许经营权、企业出资政府回购等"以商管厕、以商养厕"模式，探索建立厕所"所长制"，鼓励社会各界和机关企事业单位认养厕所，创新"一厕多用"机制；鼓励拓展延伸厕所功能，提供 Wi-Fi、便利店、线路查询、取款机、废品回收等服务。此外，探索景区内的厕所与经营服务项目结合，休闲步行街区的厕所与商铺挂钩，加快引进专业化、集团化、连锁经营的厕所管理公司。

五十一、创建全域旅游示范区在智慧旅游上应该怎么做?

随着互联网、物联网、5G 信息技术等现代科技的飞速发展，科技融入文化旅游产业、赋能文化旅游产业的优势与效能更加凸显，"智慧旅游"受到更加广泛的关注。因此，2020 年文化和旅游部办公厅修订印发的《国家全域旅游示范区验收、认定和管理实施办法（试行）》和《国家全域旅游示范区验收标准（试行）》（办资源发〔2020〕30 号）也将"智慧旅游"项分值由 30 分修订为 35 分。而全面推进智慧旅游发展，主要应从完善智慧设施网络、推进智慧服务、建设运营监测中心平台等方面寻找突破口与着力点。

（一）完善智慧设施网络

在《国家全域旅游示范区验收标准（试行）》中规定，国家全域旅游示范区在"智慧设施"方面，达到"游客集中场所实现免费 Wi-Fi、通信信号畅通、视频监控全覆盖"的要求。

（1）建立互联互通的旅游大数据中心，推进旅游互联网基础设施建设，加快机场、车站、码头、宾馆饭店、景区景点、乡村旅游点等重点涉旅区域无线网络建设，实现 Wi-Fi、通信讯号、视频监控覆盖。

（2）各地应加快推动游客集中区、环境敏感区、高风险地区物联网设施建设。

（3）鼓励和支持旅游景区智慧旅游建设，旅游景区应建立健全流量实时监控、发布机制。

（4）各地应建立健全旅游官方网站、官方微信公众号和旅游微博等自媒体发布平台。

（5）各地应建立健全旅游信息公共服务与咨询网上平台，具备线上导览、在线预订、信息推送、在线投诉等功能。

（二）推进智慧服务

在《国家全域旅游示范区验收标准（试行）》中规定，国家全域旅游示范区在"智慧服务"方面，主要对"导游、导览"和"个性化服务"进行了规定和要求。另外，在"智慧服务创新"方面，如果采用智慧化手段为游客和旅游企业提供个性化服务的，最多加 10 分，具体的评分标准如表 4-9 所示。现场检查发现创新程度不高和服务品质不好则酌情扣分。

需要各地根据自身实际，建立地区旅游服务线上"总入口"和旅游大数据中心，形成集交通、气象、治安、客流信息等为一体的综合信息服务平台。涉旅场所实现免费 Wi-Fi、通信信号、视频监控全覆盖；主要旅游消费场所实现在线预订、网上支付，主要旅游区实现智能导游、电子讲解、实时信息推送；与智慧旅游服务商合作推出以"一部手机游某地"为代表的智慧旅游服务系统；开发建设游客行前、行中和行后各类咨询、导览、导游、导购、导航和分享评价等智能化旅游服务系统。

表 4-9　《国家全域旅游示范区验收标准（试行）》中对智慧服务的要求

序号	主要内容	评分标准
1	导游、导览	国家 4A 级以上旅游景区须提供智能导游、电子讲解、实时信息推送、在线预订、网上支付等服务；主要乡村旅游点或民宿须提供在线预订、网上支付等服务
2	个性化服务	有针对自助旅游者的咨询、导览、导游、导航、分享评价、实时信息推送等智能化旅游服务系统

（三）建设运营监测中心平台

在《国家全域旅游示范区验收标准（试行）》中规定，国家全域旅游示范区在"运营监测中心"方面，主要对"大数据中心""展示平台""功能完善""上下联通""数据应用"等方面进行了规定，具体的评分标准如表 4-10 所示。

表 4-10　《国家全域旅游示范区验收标准（试行）》中对运营监测的规定要求

序号	主要内容	评分标准
1	大数据中心	建立旅游大数据中心，具有交通、气象、治安、客流信息等全数据信息采集功能，有专人负责数据采集与运维工作
2	展示平台	建立全域旅游监测指挥平台和专门展示中心
3	功能完善	具有行业监管、产业数据统计分析、应急指挥执法平台、舆情监测、视频监控、旅游项目管理和营销系统等功能

序号	主要内容	评分标准
4	上下联通	有与省、市连接的旅游服务线上"总入口",并实现省、市、县互联互通
5	数据应用	在景区集疏运监测预警或旅游交通精准信息服务等方面至少有 2 项突破

国家旅游产业运行监测与应急指挥平台是我国旅游信息化建设的龙头项目,是旅游产业运行监测的核心平台,是旅游应急处置的指挥中心,是假日旅游的对外窗口。国家旅游产业运行监测与应急指挥平台是提升旅游业现代化水平、贯彻落实全域旅游发展理念的重要举措,肩负着旅游产业运行监测、旅游应急处置指挥等多项职责。国家旅游产业运行监测与应急指挥平台下一步将逐步完善纵向贯穿各级旅游部门及旅游企业,横向与交通、公安、气象、环保等部门数据交换和共享,外围可扩展整合各在线企业平台和搜索引擎等数据,整体可无缝对接到国务院应急办等层次更高的智慧化体系或相关单位。各地应根据国家旅游产业运行监测与应急指挥平台建设情况,重点做好以下工作:

1. 建立旅游大数据中心

各地应尽快按照全域旅游创建要求建立健全旅游大数据中心,纵向对接旅游管理部门的信息化体系和数据;横向对接各地的客运站、气象局等部门数据,整合包括 OTA 及生活类网站评论等互联网数据资源的数据台,为全域智慧旅游的发展奠定信息化基础框架。对景区实行安全管控、人流密度监控,发布权威信息,提升旅游信息汇聚和精准分析能力,有针对性地实施旅游宣传推介。

2. 建立全域旅游综合监测智慧平台

(1)设有专门展示中心。全方位动态监测旅游产业数据,进行景区车流监测、景区游客监测、宾馆住宿监测、自驾游监测等,提供基于大数据分析的旅游产业信息服务以及基于大数据的信息发布服务。

(2)建设"12301"智慧旅游公共服务平台。建立面向游客和企业的旅游公共服务平台,完善旅游公共信息发布及资讯平台、旅游产业运行监管平台、景区门票预约与客流预警平台、旅游大数据集成平台。

（3）建设旅游行业监管综合平台。构建旅游产业运行监测平台，建立旅游与公安、交通、统计等部门数据共享机制，形成旅游产业大数据平台。完善旅游团队服务管理系统、导游公共服务监管平台、旅游质监执法平台、旅游住宿业标准化管理信息系统、旅行社网上审批系统、旅游志愿者服务管理信息平台、旅游诚信网等。

3.完善监测中心和平台功能

完善行业监管、产业数据统计分析、应急指挥执法平台、舆情监测、视频监控、旅游项目管理和营销系统等功能。

4.加快实现上下联通的网络体系

构建与省、市连接的旅游服务线上"总入口"，实现省、市、县互联互通。实现信息资源集中管理和部门之间的大规模业务协同和联合服务，降低信息共享和流程互通的障碍，遏制"信息孤岛"和"业务割据"难题，形成旅游数据"全覆盖"。

5.加快数据应用开发

第一，根据采集数据，加快建设旅游应急指挥体系。建立覆盖主要旅游目的地的实时数据和影像采集系统，建立上下联通、横向贯通的旅游网络数据热线，实现对景区、旅游集散地、线路和区域的突发事件应急处理及客流预测预警。第二，根据采集数据，建设旅游信息化标准体系。建成涵盖旅游服务业态、信息数据、技术体系等在内的旅游信息化标准体系。

全域旅游本身就是供给侧结构性改革的有机组成部分，加强旅游吸引物体系完善、旅游要素提升、旅游业态创新、旅游产业融合能够为游客提供丰富的消费供给体系，加速全域旅游高质量发展。此部分重点论述了旅游吸引物的构建和完善、A级景区和度假区的创建要求、城市与特色村镇的创建要求、创建和发展全域旅游对"食、住、行、游、购、娱"的标准要求和发展路径，以及旅游与文化、医疗、农业、林业、商业会奖、教育研学、体育、工业、婚庆婚恋、科技、国土、气象、生态环保等方面的融合创新路径。

"供给体系"结构导图如图5-1所示。

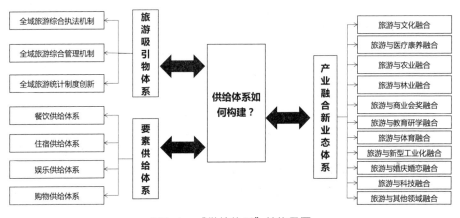

图5-1　"供给体系"结构导图

五十二、创建全域旅游示范区对供给体系的要求是什么？

在2020年文化和旅游部办公厅关于修订印发《国家全域旅游示范区验

收、认定和管理实施办法（试行）》和《国家全域旅游示范区验收标准（试行）》（办资源发〔2020〕30号），对"供给体系"进行了修订，规定国家全域旅游示范区应旅游供给要素齐全，布局合理，结构良好，假日高峰弹性供给组织调控有效。旅游业带动性强，与文化等相关产业深度融合发展，业态丰富，形成观光、休闲、度假业态协调发展的产业结构，综合效益显著。具有不少于1个国家5A级旅游景区，或国家级旅游度假区，或国家级生态旅游示范区；或具有2个以上国家4A级旅游景区，或具有2个以上省级旅游度假区；或具有1个国家4A级旅游景区和1个省级旅游度假区，总计240分。其中，旅游吸引物应满足：具有品牌突出、数量充足的旅游吸引物。城乡建有功能完善、业态丰富、设施配套的旅游功能区，此项占50分；旅游餐饮应满足：餐饮服务便捷多样，有特色餐饮街区、快餐和特色小吃等业态，地方餐饮（店）品牌突出，管理规范，此项占35分；旅游住宿应满足：星级饭店、文化主题旅游饭店、民宿等各类住宿设施齐全，管理规范，此项占35分；旅游娱乐应满足：举办富有地方文化特色的旅游演艺、休闲娱乐和节事节庆活动，此项占35分；旅游购物应满足：地方旅游商品特色鲜明、知名度高，旅游购物场所经营规范，此项占35分；融合产业应满足：大力实施"旅游+"战略，实现多业态融合发展，此项占50分。此外，在"创新加分项"中，业态融合创新中，有旅游发展模式创新可加10分；有产业融合业态创新可加10分；有旅游经营模式创新可加10分。

五十三、创建全域旅游示范区如何丰富和完善旅游吸引物体系？

旅游吸引物是指旅游地吸引旅游者前往的所有因素的总和，旅游吸引物是国外旅游界通用语，其意义相当于我国旅游界常用术语旅游资源。在《国家全域旅游示范区验收标准（试行）》中规定，国家全域旅游示范区应具有品牌突出、数量充足的旅游吸引物；城乡建有功能完善、业态丰富、设施配套的旅游功能区，此项分数占50分。

（一）形成多层次、立体化的旅游产品体系

在旅游产品类型方面，根据各地实际，加快规划形成涵盖自然观光、休闲度假、户外运动、康体养生等类型，涵盖A级景区、旅游度假区、特色小镇、美丽乡村等业态的旅游产品体系；在旅游产品空间分布方面，打造"海陆空"多栖型旅游产品体系；在旅游产品的消费时间方面，在充分做大做强白天旅游消费的同时，充分做大做强夜间旅游消费业态，形成全天候旅游产品体系；此外，结合地方实际，以一年12个月为时间轴，根据每个月的纪念日、节假日、节气等时间节点，编制《全域旅游日历》，推荐当月特色旅游产品、节庆活动和地方美食，打造全年候的旅游产品体系。

（二）打造一批精品旅游线路

结合各地旅游资源禀赋和文化特色等地方实际，因地制宜地设计各种类型的精品旅游线路，具体可包括：美丽乡村旅游线路、红色旅游线路、生态旅游线路、历史文化旅游线路、自驾车旅居车旅游线路，开发连接旅游景区、运动基地、特色小镇的低空旅游线路，推出一批体育旅游精品赛事和精品线路；同时可以借助地缘优势，因地制宜地设计跨区域精品旅游线路、联合打造国际旅游精品线路、开发具有边境特色和民族特色的旅游景区和线路、开发一程多站旅游线路。

（三）创新旅游业态

大力实施"旅游+"战略，积极开发旅游新产品、新项目、新业态，形成特色吸引物体系。推动旅游与城镇化、新型工业化、农业现代化和现代服务业等领域的融合发展，拓展旅游发展新领域。

五十四、创建全域旅游示范区对A级景区与度假区有什么要求？

在《国家全域旅游示范区验收标准（试行）》中规定，国家全域旅游示范区应在景区和度假区方面达到"品牌突出、数量充足"的要求，此项分数占20分，具体评分标准如表5-1所示。

表 5-1　《国家全域旅游示范区验收标准（试行）》中对 A 级景区和度假区评分标准

序号		评分标准
1	品牌突出	有 1 个国家 5A 级旅游景区或国家级旅游度假区得 15 分，每有 1 个国家 4A 级旅游景区或省级旅游度假区得 5 分，最高得 15 分
2	数量充足	国家 3A 级及以上旅游景区、省级及以上旅游度假区或国家生态旅游示范、国家森林公园、国家水利风景区、全国重点文物保护单位、全国爱国主义教育基地、国家湿地公园、国家地质公园、国家矿山公园等吸引物总数不少于 6 个的，得 5 分；少于 6 个的，不得分

（一）A 级景区的创建

根据《旅游景区质量等级的划分与评定》，旅游景区是指"以旅游及其相关活动为主要功能或主要功能之一的空间或地域。本标准中旅游景区是指具有参观游览、休闲度假、康乐健身等功能，具备相应旅游服务设施并提供相应旅游服务的独立管理区。该管理区应有统一的经营管理机构和明确的地域范围。包括风景区、文博院馆、寺庙观堂、旅游度假、自然保护区、主题公园、森林公园、地质公园、游乐园、动物园、植物园及工业、农业、经贸、科教、军事、体育、文化艺术等各类旅游景区"。按照等级划分的标准要求，可将 A 级景区从高到低划分为 5A 级、4A 级、3A 级、2A 级、A 级五个级别。

专栏 5-1　《旅游景区质量等级的划分与评定》评分概要

旅游景区质量的等级划分与评定主要通过《服务质量与环境质量评分细则》《景观质量评分细则》《游客意见评分细则》等三个细则来进行评定，其中：

（1）《服务质量与环境质量评分细则》满分为 1000 分，主要包括旅游交通、游览、旅游安全、卫生、邮电服务、旅游购物、综合管理、资源和环境保护等方面。5A 级景区应达到 950 分，4A 级景区应达到 850 分，3A 级景区应达到 750 分，2A 级景区应达到 600 分，A 级景区应达到 500 分。

（2）《景观质量评分细则》满分为 100 分，主要对资源吸引力和市场吸引力进行评定。5A 级景区应达到 90 分，4A 级景区应达到 85 分，3A 级景区应达到 75 分，2A 级景区应达到 60 分，A 级景区应达到 50 分。

（3）《游客意见评分细则》满分为 100 分，主要对游客进行抽样满意度调查。5A 级景区应达到 90 分，4A 级景区应达到 80 分，3A 级景区应达到 70 分，2A 级景区应达到 60 分，A 级景区应达到 50 分。

（二）国家级和省级旅游度假区的创建

随着经济的发展和旅游市场的细分，度假旅游已经成为当前旅游业发展的一个重要趋势。根据《旅游度假区等级管理办法》和《旅游度假区等级划分》（GB/T 26358—2010），"旅游度假区"是指具有良好的资源与环境条件，能够满足游客休憩、康体、运动、益智、娱乐等休闲需求的，相对完整的度假设施聚集区。2011 年中华人民共和国国家质量监督检验检疫总局和中国国家标准化管理委员会发布了《旅游度假区等级划分》（GB/T 26358—2010）标准；2015 年，国家旅游局发布《旅游度假区等级划分细则》，细则共分为两个部分：细则一是《旅游度假区等级基础评价评分细则》，细则二是《旅游度假区等级综合评分细则》。

专栏 5-2：《旅游度假区等级划分细则》评分概要

2015 年 4 月，《关于开展国家级旅游度假区评定工作的通知》（旅发〔 2015 〕66 号）要求，依照《旅游度假区等级划分》国家标准，进行国家级旅游度假区评定工作。2015 年 5 月，在《旅游度假区等级划分》（GB/T 26358—2010）的基础上，国家旅游局又发布了《旅游度假区等级划分细则》，进一步细化了旅游度假区的评定与管理体系。《旅游度假区等级划分细则》主要包括细则一《旅游度假区等级基础评价评分细则》和细则二《旅游度假区等级综合评分细则》两部分。其中：

细则一《旅游度假区等级基础评价评分细则》包括两部分，第一部分强制性指标，国家级和省级旅游度假区均须"达标"；第二部分资源环境与度假产品综合评价，国家级旅游度假区须达到 85 分，省级旅游度假区须达到 70 分。

细则二《旅游度假区等级综合评分细则》的满分为 1000 分，按评价主体分为专家组、技术组和游客 3 类，其中专家组指标总计 350 分，技术组指标总计 550 分，游客问卷总计 100 分，在 1000 分指标之外，另设加分指标总计 30 分。国家级旅游度假区总得分需达到 900（含）分以上，其中游客分 85（含）分以上，省级旅游度假区总得分需达到 750（含）分以上，其中游客分 70（含）分以上。

（三）其他品牌的创建

全域旅游示范区创建单位所在地应积极申报和创建省级或省级以上的国家生态旅游示范区、国家森林公园、国家水利风景区、全国重点文物保护单位、全国爱国主义教育基地、国家湿地公园、国家地质公园、国家矿山公园等品牌，达到"品牌引领、数量充足"的目标。

（1）生态旅游示范区。参照《国家生态旅游示范区管理规程》和《国家生态旅游示范区建设与运营规范 (GB/T 26362—2010)》评分实施细则，"国家生态旅游示范区"是指管理规范、具有示范效应的典型，经过相关标准确定的评定程序后，具有明确地域界线的生态旅游区，同时也是全国生态示范区的类型或组成部分之一。

（2）森林公园。参照《中国森林公园风景资源质量等级评定》（GB/T 18005—1999），"森林公园"是指具有一定规模和质量的森林风景资源与环境条件，可以开展森林旅游，并按法定程序申报批准的森林地域。

（3）水利风景区。参照《水利风景区评价标准》，"水利风景区"是指以水域（水体）或水利工程为依托，具有一定规模和质量的风景资源与环境条件，可以开展观光、娱乐、休闲、独家或科学、文化、教育活动的区域。

（4）重点文物保护单位。根据《中华人民共和国文物保护法》第十三条的规定，中国国务院所属的文物行政部门（国家文物局）在省级、市、县级文物保护单位中，选择具有重大历史、艺术、科学价值者确定为全国重点文物保护单位，或者直接确定，并报国务院核定公布。全国重点文物保护单位的保护范围和记录档案，须由省、自治区、直辖市人民政府的文物行政部门报国务院文物行政部门备案。申报原则为：价值优先，突出强调文物在中华文明中的标志性地位和全国性意义；突出重点，以完善全国重点文物保护单位体系结构、填补空白为主；确保质量，坚持真实性和完整性原则。

（5）爱国主义教育基地。爱国主义教育基地作为具有丰富教育内涵，面向社会开展以爱国主义教育为重点的活动场所，主要包括：革命历史纪念类，包括纪念建筑物、爱国名人故居等；文化遗产类，包括博物馆、文物保护单位和尚未核定公布为文物保护单位的不可移动文物等；展示社会主义现代化建设成果类，包括在政治、经济、文化、社会、生态文明建设方面取得丰硕成果的城乡先进单位、重大工程和优秀企业等；体现爱国主义教育内容的风景区（点）类；党史教育类；国防教育类；科普教育类等类型。

（6）湿地公园。参照《国家湿地公园管理办法》，所谓的"湿地公园"是指以保护湿地生态系统、合理利用湿地资源、开展湿地宣传教育和科学研究为目的，经原国家林业局批准设立，按照有关规定予以保护和管理的特定区域。国家湿地公园是自然保护体系的重要组成部分，属社会公益事业。国家鼓励公民、法人和其他组织捐资或者志愿参与国家湿地公园保护和建设工作。

（7）地质公园。参照《国家地质公园规划编制技术要求》，所谓的"地质公园"是指中国国家地质公园是以具有国家级特殊地质科学意义，较高的美学观赏价值的地质遗迹为主体，并融合其他自然景观与人文景观而构成的一种独特的自然区域。

（8）矿山公园。参照《国家矿山公园建设指南》，"矿山公园"是指以展示人类矿业遗迹景观为主体，体现矿业发展历史内涵，具备研究价值和教育功能，可供人们游览观赏、进行科学考察与科学知识普及的特定的空间地域。

五十五、创建全域旅游示范区对城市与特色村镇有什么要求？

在《国家全域旅游示范区验收标准（试行）》中规定，国家全域旅游示范区应在"城市与特色村镇"方面达到要求，共计 30 分，其中，"城市旅游功能区"方面占 4 分，"城市旅游业态"方面占 6 分，"乡村旅游布局"方面占 6 分，"乡村旅游业态"方面占 6 分，"乡村旅游质量"方面占 4 分，"品牌突出"方面占 4 分，具体评分标准如表 5-2 所示。

表 5-2　《国家全域旅游示范区验收标准（试行）》中对城市与特色村镇评分标准

序号	主要内容	评分标准
1	城市旅游功能区	有功能完善、业态丰富的旅游主题功能区、休闲游憩区、特色文化街区等；每有 1 处得 2 分，最高得 4 分；现场检查发现功能不完善、业态不丰富则酌情扣分
2	城市旅游业态	城市公园、主题乐园、博物馆、图书馆、文化馆、科技馆、规划馆、展览馆、纪念馆、动物园、植物园等配套有主客共享的旅游设施，每有 1 处得 1 分，最高得 6 分；现场检查发现业态不丰富则酌情扣分

续表

序号	主要内容	评分标准
3	乡村旅游布局	有自然环境优美、接待设施配套、资源有机整合的乡村旅游集聚带（区），有吃、住、游、娱等要素集聚、设施完善的旅游接待村落或特色小镇，每有一处得2分，最高得6分；现场检查根据品质酌情扣分
4	乡村旅游业态	有田园综合体、田园艺术景观、观光农业、休闲农业、创意农业、定制农业、会展农业、众筹农业、现代农业庄园、家庭农场等多种业态的乡村旅游产品，每有一处得1分，最高得6分；现场检查发现业态不丰富则酌情扣分
5	乡村旅游质量	有政府、企业、协会多元化推动机制，产业链条完整，在建设特色化、管理规范化、服务精细化上有成效，最高得4分；现场检查根据建设情况酌情扣分
6	品牌突出	每获得1个中国旅游休闲示范城市、国家级旅游业改革创新先行区、边境旅游试验区、国家公共文化服务体系示范区、全国旅游综合改革示范县等称号得1分；每获得1个中国特色小镇、中国民间文化艺术之乡、美丽乡村、中国历史文化名村、中国传统村落、特色景观旅游名镇名村、国家公共文化服务体系示范项目等称号得1分；每获得2个相应省级旅游称号得1分；最高得4分

（一）加快特色城镇旅游发展

各地应加快建设旅游小镇、风情县城以及城市绿道、慢行系统，支持旅游综合体、主题功能区、中央游憩区等建设。依托风景名胜区、历史文化名城名镇名村、特色景观旅游名镇、传统村落，探索名胜名城名镇名村"四名一体"全域旅游发展模式。

（二）特色乡村旅游发展

各地应建立乡村旅游重点村名录，开展乡村旅游环境整治，推进"厕所革命"向乡村旅游延伸；实施乡村旅游后备箱行动，推动农副土特产品通过旅游渠道销售，增加农民收入；实施乡村旅游创客行动计划，支持旅游志愿者、艺术和科技工作者驻村帮扶、创业就业，推出一批乡村旅游创客基地和以乡情教育为特色的研学旅行示范基地；创新乡村旅游组织方式，推广乡村旅游合作社模式，持续打造一批"美丽乡村"。

专栏 5-3　"美丽乡村"的界定

根据《美丽乡村建设评价》（GB/T 37072—2018）国家标准，"美丽乡村"是指"经济、正式、社会、生态文明建设协调发展，规划科学、产业兴旺、生态宜居、乡风文明、治理有效、生活富裕的可持续发展乡村（包括建制村和自然村）"。

（三）建设一批特色小镇

各地应大力推进乡村旅游与美丽乡村建设和新型城镇化的有机结合，强化保护与利用和谐统一，按照主客共享、注重品质、彰显特色的总体要求，培育一批以鲜明自然风景、建筑风貌、节会风俗、特产风物、餐饮风味、人物风采为核心要义的、具有深厚历史人文底蕴和浓郁特色旅游风情小镇。国家关于特色小镇相关政策如表 5-3 所示。

表 5-3　国家关于特色小镇相关政策汇总

序号	时间	部门	政策名称
1	2015 年	国务院	《关于积极发挥新消费引领作用加快培育形成新供给新动力的指导意见》
2	2016 年	中共中央 国务院	《关于落实发展新理念加快农业现代化实现全面小康目标的若干意见》
3	2016 年	国务院	《关于深入推进新型城镇化建设的若干意见》
4	2016 年	住房城乡建设部、国家发展改革委、财政部	《关于开展特色小镇培育工作的通知》
5	2016 年	国家发展改革委	《关于加快美丽特色小（城）镇建设的指导意见》
6	2016 年	中华人民共和国住房和城乡建设、中国农业发展银行	《关于推进政策性金融支持小城镇建设的通知》
7	2016 年	国家发展改革委、国家开发银行、中国光大银行、中国企业联合会、中国企业家协会、中国城镇化促进会	《关于实施"千企千镇工程"推进美丽特色小（城）镇建设的通知》
8	2017 年	国家发展改革委、国家开发银行	《关于开发性金融支持特色小（城）镇建设促进脱贫攻坚的意见》

续表

序号	时间	部门	政策名称
9	2017 年	体育总局办公厅	《关于推动运动休闲特色小镇建设工作的通知》
10	2017 年	国家发展改革委、国土资源部、环境保护部、住房城乡建设部	《关于规范推进特色小镇和特色小城镇建设的若干意见》

五十六、创建全域旅游示范区对餐饮有什么要求?

在《国家全域旅游示范区验收标准（试行）》中规定，国家全域旅游示范区在"旅游餐饮"方面应达到"餐饮服务便捷多样，有特色餐饮街区、快餐和特色小吃等业态，地方餐饮（店）品牌突出，管理规范"的标准，此项占 35 分，具体评分标准如表 5-4 所示。

表 5-4　《国家全域旅游示范区验收标准（试行）》中对旅游餐饮评分标准

序号	主要内容	评分标准
1	特色餐饮街区	在中心城区、旅游城镇（街道）有集中提供地方美食的特色餐饮街区、休闲夜市等，每有 1 处得 3 分，最高得 12 分；现场检查发现特色餐饮街区特色不足、服务不好则酌情扣分
2	地方餐饮（店）品牌	每获得 1 个国家级特色餐饮（店）品牌称号得 3 分，1 个省级特色餐饮（店）品牌称号得 1 分，最高得 8 分
3	快餐和特色小吃	在游客主要集散区域能够为游客提供便捷、丰富的快餐和小吃，不能够提供的，最多扣 8 分
4	餐饮管理	餐饮环境整洁卫生，菜品明码标价，服务热情周到；每发现 1 处不合格扣 1 分，最多扣 7 分

（一）打造一批特色餐饮街区

各地应围绕当地的休闲街区、主要交通节点、旅游景区，大力发展美食店、美食园、美食街、美食村、美食城等业态载体，形成一批美食餐饮服务集中区，打造一批美食消费场所，形成具有地方特色的美食旅游线路。

（二）积极申报一批地方餐饮（店）品牌

第一，弘扬中华餐饮文化，开发当地文化型传统菜品，支持文化餐饮"申遗"工作。深入挖掘民间传统小吃，推出金牌小吃，打造特色餐饮品牌，促进民间烹饪技术交流与创新。推动形成有竞争力的餐饮品牌和企业集团，鼓励中餐企业"走出去"。第二，做大做特本地菜品。聘请高级从业人员，挖掘当地特色菜系和菜品，从食材、烹调、习俗、服务、文化等各方面全方位提升，培育具有当地特色和品位的旅游餐饮体系。

（三）为游客提供便捷丰富的快餐和特色小吃

第一，在游客集中的高铁站、汽车站、机场、主要旅游景区、大型旅游综合等场所设置快餐店，积极引进麦当劳、肯德基、华莱士、正新鸡排、德克士、汉堡王、吉野家、真功夫、赛百味、永和豆浆等国际国内知名快餐品牌。第二，培育特色风味小吃。加强各地传统名特小吃的保护和传承，挖掘民间、民族传统小吃，保护有价值的濒危风味小吃，进行适度的口味口感改良创新，以适应现代消费者的口味需求变化。注重小吃与地方文化、民间艺术相结合，把风味小吃打造成为文化、旅游、美食相结合的美食品牌。

（四）切实加强餐饮管理

第一，各地的工商管理部门应着重加强餐饮企业的卫生监督和检查力度，确保餐饮企业的餐饮环境整洁卫生，菜品明码标价；第二，旅游餐饮企业应着重加强对员工的培训和管理，做到服务热情周到，为消费者提供高品质的餐饮服务；第三，引入中央厨房餐饮配送项目。顺应未来餐饮产业发展的重心向大众餐饮转移，以及方便快捷、营养卫生、价格实惠的大众餐饮将会蓬勃发展的趋势，建立中央厨房基地，通过建立食品统一加工配送中心，发展连锁经营，开发中式快餐等形式，进一步提高大众餐饮工业化、规模化水平，为各地餐饮企业提供食品半成品加工、仓储、运输、包装、供应、配送等服务。

（五）加强系列美食品牌活动策划

第一，策划系列美食节庆。各地应根据当地实际因地制宜策划诸如"一带一路美食节""生猛海鲜节""乡村厨神大赛""美食文化节""缤纷美食节"等系列活动，对当地的品牌菜系、菜品进行品牌包装和宣传，形成系列美食品牌节事活动。第二，开展系列评选活动。通过对当地的名菜、名点、小吃等进行全面梳理，形成当地的美食菜品名录，每年组织开展"十大美食名店""十大名菜""十大名汤""十大名点""十大名厨"等系列评选推广活动。绘制当地的《美食餐饮地图》，将当地的美食街、美食村、美食店、美食城等美食餐饮地点在地图上展现出来。第三，加强餐饮行业的交流与宣传推广。通过行业展览、论坛对话、技能比赛、美食展示等多种形式，鼓励和支持各地区结合地方传统节庆和特色餐饮及饮食文化，举办各具特色的餐饮文化活动。借助美食会展、美食论坛、美食表演、美食学术交流、美食文化交流、美食工艺设备技术展会等相关活动，充分运用报刊、广播、电视、网络、印刷品、影像、光盘等多种载体和手段，大力宣传各地的美食品牌。

五十七、创建全域旅游示范区对住宿有什么要求？

在《国家全域旅游示范区验收标准（试行）》中规定，国家全域旅游示范区在"旅游住宿"方面应达到"星级饭店、文化主题旅游饭店、民宿等各类住宿设施齐全、管理规范"的标准要求，此项占35分，具体评分标准如表5-5所示。

表5-5 《国家全域旅游示范区验收标准（试行）》中对旅游住宿评分标准

序号	主要内容	评分标准
1	星级饭店	每有1家五星级饭店或2家四星级饭店得3分，最高得6分
2	文化主题饭店	每有1家金鼎级文化旅游饭店得3分，每有1家银鼎级文化旅游饭店或地方特色的精品酒店得1分，最高得6分；现场检查发现饭店文化主题或特色不足则酌情扣分
3	连锁酒店	每引进1家品牌成熟度高的连锁酒店得2分，最高得6分
4	非标住宿	每有1家5星级旅游民宿得3分，每有1家4星级旅游民宿或非标住宿业态，如特色民宿、共享住宿、旅居车营地、帐篷酒店、森林木屋、沙漠旅馆、水上船坞等得2分，最高得10分
5	管理服务	住宿设施整洁卫生、明码标价、服务精细、绿色环保；发现1处不合格扣1分，最多扣7分

（一）打造一批高等级的星级饭店

根据《旅游饭店星级的划分与评定》（GB/T 14308—2010），"旅游饭店"是指以间（套）夜为单位出租客房，以住宿服务为主，并提供商务、会议、休闲、度假等相应服务的住宿设施，按不同习惯可能也被称为宾馆、酒店、旅馆、旅社、宾舍、度假村、俱乐部、大厦、中心等。按照标准规定，达到相应的等级要求，即可用星的数量和颜色表示旅游饭店的星级，旅游饭店星级分为五个级别，即一星级、二星级、三星级、四星级、五星级（含白金五星级）。星级越高，表示饭店的等级越高。

专栏 5-4　旅游饭店星级的划分与评定（GB/T 14308—2010）主要内容

按照标准，相应的星级饭店应达到相应的标准要求，主要包括"必备项目要求""设施设备要求""饭店运营质量要求"三方面内容。其中，"设施设备"和"饭店运营质量要求"如下：

在"设施设备"方面，总分为 600 分，一星级、二星级饭店不作要求，三星级、四星级、五星级饭店规定最低得分线：三星级 220 分，四星级 320 分，五星级 420 分；

在"饭店运营质量"方面，总分为 600 分，饭店运营质量的评价内容分为总体要求、前厅、客房、餐饮、其他、公共及后台区域等 6 个大项。评分时按"优""良""中""差"打分并计算得分率，一星级、二星级饭店不作要求。三星级、四星级、五星级饭店规定各大项最低得分率，三星级 70%，四星级 80%，五星级 85%。

（二）文化主题旅游饭店

根据《文化主题旅游饭店基本要求与评价》（LB/ T064—2017），"文化主题旅游饭店"是指依托某种地域、历史、民族文化的基本要素，通过创意加工所形成的能够展示某种文化独特魅力的思想内核，以其中某一文化主题为中心思想，在设计、建造、经营管理与服务环节中能够提供独特消费体验的旅游饭店。总体而言，文化主题旅游饭店应具有"文化主题符号"，即依据某一文化主题特点提炼形成的创意性符号；应拥有一定的"文化主题产品"，即围绕某一文化主题特点所提供的服务项目和特色商品；拥有一定的"文化主题活动"，即围绕某一文化主题特点提供的文化性、参与性和体验性的活动项目；拥有特定的"文化主题氛围"，即：依据某一文化主题所营造出的饭店独特情调和气氛。

专栏 5-5　文化主题旅游饭店基本要求与评价（LB/T 064—2017）的主要内容

该标准主要分为基本要求、等级评定基本条件和等级划分条件两大类，文化主题旅游饭店在满足基本等级评定基本条件的基础上才能进行等级划分，按照不同的标准要求，可将文化主题旅游饭店划分为金鼎级和银鼎级两个级别，金鼎级为高等级，银鼎级为普通等级。

1. 基本要求

（1）传承发展要求。应深入挖掘文化主题的丰富内涵，通过体验感受，在饭店中展示中华文化的独特魅力，传承和弘扬优秀文化。

（2）独特创意要求。应本着创新的精神，在饭店设计建设、经营管理与服务等环节突出文化主题，赋予产品更独特的体验价值，满足宾客多元化需求。

（3）舒适安全要求。应遵循饭店建设、服务与管理的基本规律，满足顾客消费舒适性要求，强化安全保障，提升服务品质。

（4）系统协调要求。应关注饭店内外环境及硬软件建设的系统性，风格统一，整体协调，提升饭店及所在区域旅游形象。

2. 等级评定基本条件

（1）饭店建筑、附属设施、服务项目和运行管理在安全、消防、卫生、文物保护、环境保护等方面应符合国家相关要求。

（2）饭店应正式开业一年以上。

（3）客房数应不少于 15 间（套）。

（4）近三年内未发生重大及重大以上安全责任事故。

（5）经营者应定期向旅游主管部门报送统计调查资料，及时向相关部门上报突发事件等信息。

3. 等级评定的主要指标

金鼎级和银鼎级文化主题旅游饭店的等级划分标准和要求主要反映在文化主题构建、文化主题氛围、文化主题产品、文化主题活动、基本功能与服务五个方面。

（三）连锁酒店

"连锁酒店"有"经济型连锁酒店"和"中高档连锁酒店"之分。其中，经济型连锁酒店 (economy/budget hotel chain) 是指提供有限服务 (limited service) 而非全面服务 (full service)，主要面对大众旅行者和中等收入商务顾客，突出性价比，以价格低廉和标准化服务、标准化硬件为主要特点，以客房为唯一或核心产品的酒店业态。随着国内经济型连锁酒店发展和集团化运营，锦江之星、如家、7 天、汉庭和莫泰等品牌成为目前国内市场上具有代表性的经济型连锁酒店品牌。因此，应该在城市商务区、商贸区、大型旅游综合体等场所加快引进成熟度高的连锁酒店。

（四）非标住宿

所谓"非标住宿"是有别于传统酒店，由个人业主、房源承租者或商业机构为旅游度假、商务出行及其他居住需求消费者提供的除床、卫浴外，更多个性化设施及服务的住宿选择，包括客栈、民宿、公寓、精品酒店、度假别墅、小木屋、帐篷、房车、集装箱等。在个性化市场需求极其旺盛的情况下，各地应加快引进和建设特色民宿、共享住宿、旅居车营地、帐篷酒店、森林木屋、沙漠旅馆、水上船坞等各类非标住宿业态，争取培育成为五星级、四星级旅游民宿或非标住宿业态。

1. 精品酒店

根据《精品旅游饭店》（LB/ T066—2017），"精品酒店"（也称"精品饭店"）是指地理位置优越、设计风格独特、文化内涵丰富、品质精良、运营专业的小型精致旅游饭店，具有"精致""独特""高端""专业""绿色"等特征。各地应该按照《精品旅游饭店》相关要求，打造一批区域布局合理、层次类别多样、主题特色鲜明的精品酒店。

专栏 5-6 　《精品旅游饭店》（LB/T 066—2017）内容概要

　　该标准规定了精品旅游饭店的定义、基本特征、必备要求、一般要求和评定要求等内容，该标准适用于要求创建精品饭店的住宿企业，标准主要分"必备要求""一般要求"和"评定要求"三部分内容。

　　在"必备要求"方面，服务质量总体要求、管理要求和安全管理，建筑与环境要求，以及客房设施、餐饮设施、公共设施等方面的设施与设备要求，对服务人员、服务氛围、服务业务等方面的管理与服务要求；

　　在"一般要求"方面，主要包括：环境与建筑要求，客房、餐饮设施、公共设施等方面的设施与设备要求，以及在客房服务、餐饮服务、休闲服务、其他要求等方面的服务要求；

　　在"评定要求"方面，标准规定饭店应正式开业一年以上；饭店内所有区域应达到精品饭店的质量标准和管理要求，评定时不应因为某一区域所有权或经营权的分离，或因为建筑物的分隔而区别对待；评定检查时，饭店应逐项符合必备要求，并同时符合 80% 的一般要求；评定通过的精品饭店在营运中发生重大安全责任事故，其精品饭店资格从事故发生日自行取消；精品饭店标识使用有效期为三年（自颁发标识牌之日起计算）；标志使用有效期满后不继续申请的，视为放弃标识使用。

---

2. 旅游民宿

根据《旅游民宿基本要求与评价》（LB/T 065—2017），"旅游民宿"是指利用当地闲置资源，民宿主人参与接待，为游客提供体验当地自然、文化与生产生活方式的小型住宿设施。需要各地根据当地的实际情况，根据《旅游民宿基本要求与评价》，打造一批彰显地域文化、突出鲜明主题特色、充满温情关怀、融入主客互动的旅游民宿，并积极做好金宿级、银宿级旅游民宿的申报评级工作，引领民宿业健康、快速、可持续发展。

专栏 5-7：《旅游民宿基本要求与评价》（LB/T 065—2017）内容概要

该标准规定了旅游民宿的定义、评价原则、基本要求、管理规范和等级划分条件，该标准适用于正式营业的小型旅游住宿设施，包括但不限于客栈、庄园、宅院、驿站、山庄等。标准主要分为"基本要求""安全管理""环境和设施""卫生和服务""等级划分"等几方面的内容：

在"基本要求"方面，主要包括：旅游民宿在规划建设、用地性质、相关证照、生活用水、食品卫生、建设运用、安全保障、诚信运营、信息统计上报等方面内容；

在"安全管理"方面，主要包括：建立健全各类相关安全管理制度、从业人员定期培训、安全标志要求、易燃易爆物品的储存和管理要求、安全设施等方面的要求；

在"环境和设施"方面，主要包括：绿化美化、建筑与环境协调、功能划分、住宿设施、应急照明、消毒设施、网络设施等方面的要求；

在"卫生和服务"方面，主要包括：客房内部环境及卫生、民宿主人服务规范、接待人员服务态度及技能等方面的要求；

在"等级划分"方面，根据"环境与建筑""设施和服务""特色和其他"等方面的要求，可以将旅游民宿分为二个等级，金宿级、银宿级。金宿级为高等级，银宿级为普通等级。等级越高表示接待设施与服务品质越高。

（五）管理服务

各地应在保证住宿设施整洁卫生、明码标价、服务精细、绿色环保的基础上，切实改善住宿设施内外部环境，增加服务项目，完善服务质量管理体系，保证顾客住宿消费安全、卫生、便利、舒适。以顾客满意度为基准，以个性化服务为方向，进一步开发服务项目，创新服务方式，针对不同地区、不同季节采取差异化促销措施，实现淡旺时段协调发展。积极发展在线服务、网络预订、网上支付、自助订房结算等网络营销方式，逐步扩大网络预订、手机预订，降低交易成本，引导市场不同层次的消费选择，密切供需对接，便利居民消费。

五十八、创建全域旅游示范区对娱乐有什么要求？

在《国家全域旅游示范区验收标准（试行）》中规定，国家全域旅游示范区在"旅游娱乐"方面应达到"举办富有地方文化特色的旅游演艺、休闲娱乐和节事节庆活动"的标准要求，此项占 35 分，具体评分标准如表 5-6 所示。

表 5-6 《国家全域旅游示范区验收标准（试行）》中对旅游娱乐评分标准

序号	主要内容	评分标准
1	演艺活动	常规性举行具有浓郁地方文化特色、规模满足市场需求的旅游演艺活动，包括室内剧场、巡回演出、实景演出等；每有 1 项得 5 分，最高得 15 分；现场检查发现演艺活动品质不好则酌情扣分
2	休闲娱乐	有休闲集聚区，提供康体疗养、夜游休闲、文化体验等多种常态化的休闲娱乐活动和场所；根据业态丰富度和体验效果酌情扣分，最多扣 14 分
3	品牌节事	至少连续三年举办具有地方特色、形成品牌影响的节事节庆活动；每有 1 项得 2 分，最高得 6 分

（一）打造一批文化旅游娱乐载体

各地应重点建设以各地中心城区为核心的文化娱乐产业聚集区，新建或改扩建一些中高档次、类型与风格多样的娱乐设施；建设一批具有度假休闲和旅游功能的、不同规模的大剧院、影剧场、音乐中心、演艺中心和其他各类文化娱乐设施；改造、提升和开发多种形式旅游文化载体，建设一批文化厚重、个性突出、民族风情浓郁的旅游城市和旅游休闲小镇；以游乐园、剧院、演艺厅、茶楼、音乐茶座、咖啡吧、酒吧、康体健身室等为载体，不断开发娱乐新业态，鼓励文化进社区、进园区、进景区，丰富游客文娱生活。

（二）策划推出大型演艺娱乐项目

各地应根据自身实际情况，因地制宜打造具有地域特色和广泛市场吸引力的文娱演出精品，并定期演出，加强专业艺术院团与各地重点旅游景区（点）合作；鼓励有条件的景区策划推出旅游文娱演出，打造独具特色的 IP 演艺产品；增强夜间文化消费内容，形成以休闲、娱乐、旅游接待服务为主体的服务载体，丰富游客夜间娱乐，延长度假游客的旅游时间。

（三）加快推动夜间旅游经济发展

各地应加强"声、光、电、气"等高科技手段和"水、陆、空"的多维空间视觉体验在各地旅游业发展中的运用，丰富夜间经济消费业态，繁荣"夜游"经济，打造"夜赏、夜游、夜宴、夜娱、夜购、夜宿、夜展、夜读、夜健"等于一体的夜间旅游产品体系，从而调动游客消费意愿。第一，营造夜间旅游的氛围和环境。开展夜间灯光造景，巧妙运用灯光布景在各地主要交通道路、标志性建筑、重点旅游景区（点）等公共场所营造温馨宜人的夜间观光氛围，做好街景打造、装饰照明、标识指引等工作，营造良好夜间消费氛围。第二，打造一批夜间旅游消费的场所和载体。规划建造和评选一批"最火餐桌""最美深夜食堂""24小时影剧院""酒吧一条街"等载体，同时，依托体育场馆、图书馆、博物馆、电影院、公园、演艺游乐场等载体，规范发展 KTV、洗浴、足疗、电竞、点播影院等一批经营服务场所，大力引进知名连锁经营机构，满足游客多样化需求，建设文体消费型"夜间经济集聚区"或"夜间经济示范街区"。第三，建立夜间经济协调发展制度。各地可根据当地实际，公开招聘具有夜间经济相关行业管理经验的人员，探索建立夜间经济"掌灯人""夜间区长"和"夜生活首席执行官"等制度，负责统筹协调各地夜间经济发展。第四，延长夜间经营时间。各大旅游景区、博物馆、规划馆、科技馆、美术馆、纪念馆、影院、剧院、重点街区、商场、书店、超市、便利店等商贸服务类企业适当调整经营结构和延长营业时间，鼓励发展24小时不打烊餐饮店、便利店和娱乐场所；积极发展国际化连锁品牌便利店，支持企业加快推动购物自助结算、自主结算系统应用，提升顾客购物便利性和店堂效率。第五，开发系列夜间旅游产品和项目。策划组织一批戏曲、杂技、相声、电影、歌剧、音乐、读书等主题鲜明的文化休闲活动，打造夜间消费"文化IP"。第六，策划一批夜间旅游节事活动。在各地的大型公园、广场等地通过音乐喷泉、数码水帘、水幕表演、水秀特效、电子烟花等多种形式，打造夜间梦幻灯光节（灯光秀）、夜间嘉年华、夜间音乐会、露营节、夜市购物节等夜游节事活动，同时积极引进国内外知名夜间体育赛事项目。第七，加强夜间经营环境的打造。各地加快编制《夜间消费指南》和《夜间消费地图》；研究完善夜间经济集聚区及周边动静态交通组织管理，在有条件的周边道路适当增加夜间停车位、出租车候客点、夜班公交线路，根据实际情况延长或完善优化地铁、公交等公共交通设施的夜间运营班次和时间。推动夜间经济集聚区接待场所的公共厕所改造提升，鼓励夜游景区、夜市等沿街店铺对外开放厕所。

五十九、创建全域旅游示范区对购物有什么要求？

在《国家全域旅游示范区验收标准（试行）》中规定，国家全域旅游示范区在"旅游购物"方面应达到"地方旅游商品特色鲜明、知名度高，旅游购物场所经营规范"的标准要求，此项占 35 分，具体评分标准如表 5-7 所示。

表 5-7 《国家全域旅游示范区验收标准（试行）》中对旅游购物评分标准

序号	主要内容	评分标准
1	品牌影响	旅游商品每获得 1 个国家级旅游商品大赛一等奖得 4 分、二等奖得 2 分、三等奖得 1 分；每获得 1 个省级旅游商品大赛一等奖得 2 分，二等奖得 1 分，最高得 10 分
2	特色与质量	形成系列农副土特产品、文创产品、实用产品等，设计精细，包装时尚，销售专业；每有一个系列得 3 分，最高得 15 分；现场检查发现商品特色不足、质量不好则酌情扣分
3	购物场所	在游客主要聚集场所，如游客服务中心、车站、景区、旅游街区等有经营规范的旅游商品精品店、特色店等；每发现 1 处不符合条件扣 1 分，最多扣 10 分

（一）积极参加并争取获得旅游商品大赛奖项

各地应出台相关政策，鼓励和支持旅游商品相关企业积极参加"中国旅游商品大赛"，举办旅游商品企业的旅游商品设计大赛培训班；大力开展具有各地文化特色的兼具地域性、文化品牌性、商品实用性、价值创新性、市场性、工艺性、示范性的包括旅游食品类、旅游茶品类、旅游饮品类、旅游酒类、旅游日用竹木品类、旅游化妆品和洗护用品类、旅游个人装备品类、旅游玩具类、旅游工艺品类、旅游纪念品类等旅游商品设计与研发，争取获得国家级、省级旅游商品大赛奖项，提升旅游商品的品牌知名度和影响力。

（二）实施中国旅游商品品牌提升工程

第一，加强对老字号商品、民族旅游商品的宣传，加大对旅游商品商标、专利的保护力度，构建旅游商品生产标准和认证体系，规范旅游商品流通体系。第二，各地应通过整合包装、研发创新一批独具地方文化及地域特色的旅游商品，举办特色商品评选活动，选出最能代表各地特色的"十大手信"，积极推行评选认定极具地方特色的"金牌礼物""名牌礼物""特色礼物"，打造旅游目的地宣传推介的"活名片"。第三，建设"特色礼物"专营店、形象店，建立"地方特色商品手礼网"，加强线上推广服务，全方位拓展购物旅游的宣传渠道和销售渠道，从而形成产、供、销一体化的旅游商品体系。

（三）加快规划建设一批旅游购物场所，完善旅游购物网络

在各地的中心区域设置大型旅游商品购物中心、旅游商品购物街、商业步行街等购物场所，加强大型商业综合体的商业游憩氛围的营造；在各地的重点旅游景区、旅游度假区、汽车站、高铁站、机场、邮轮码头、旅游服务中心等重要旅游景区或游客集散中心设立主题鲜明的旅游购物街、特色商品店（亭），打造由购物中心、购物街（区）、购物点、主题精品店、品牌特产店、售卖亭、体验坊、体验柜等组成的购物服务体系。

（四）加快出台支持旅游商品的相关政策

各地应加快制定支持旅游商品研发销售的优惠政策，打造一批旅游商品创客基地，扶持大型旅游商品生产企业、旅游商品交易中心和旅游商品孵化基地建设；引进阿里巴巴、京东等知名电商，建立旅游购物 B2B、B2C 网络平台。

（五）加强旅游购物规范管理，创建良好购物环境

各地应针对旅游定点商店市场出现的问题，制定旅游购物点质量等级划分与评定标准，加强旅游购物标准化建设，加强整改和建设；制定旅游定点商店销售规范，逐步形成旅游定点商品销售规范体系。促进销售市场机制的完善，加强协调、监督，维护旅游购物店的市场秩序，规范定点商店行为，创造平等竞争的市场环境；全面提高其素质，营造文明经商的大环境，严禁各种欺诈游客行为的发生。

六十、创建全域旅游示范区对旅游产业融合有什么要求？

当前，产业融合已是产业发展的现实选择，而"旅游产业融合"在本质上就是"旅游＋"的过程。"旅游＋"是指充分发挥旅游业的拉动、融合能力及催化、集成作用，大力发展旅游＋农业、工业、交通、体育、卫生、健康、科技、航空等，为相关产业和领域发展提供旅游平台，插上"旅游"翅膀，形成新业态，提升其发展水平和综合价值。原国家旅游局主动协调国务院部际联席会议各单位，联合出台 19 个促进旅游发展的文件推动旅游与农业、交通、航空、教育、卫生、体育等各领域相加相融，既为旅游业转型升级挖掘了潜力，也为其他产业发展提供了动能。

在《国家全域旅游示范区验收标准（试行）》中规定，国家全域旅游示范区在"产业融合"方面应达到"融合面广、成长性好、示范性强"的标准要求，此项占 50 分，其中，"融合面广"占 20 分，"成长性好"占 10 分，"示范性强"占 20 分，具体评分标准如表 5-8 所示。此外，在"创新加分项"中规定，如果能够实现业态融合方面的创新，可以获得 30 分，其中旅游发展模式创新占 10 分，产业融合业态创新占 10 分，旅游经营模式创新占 10 分。

表 5-8　《国家全域旅游示范区验收标准（试行）》中对旅游产业融合评分标准

序号	主要内容	评分标准
1	融合面广	形成以文化、工业、交通、环保、国土、气象、科技、教育、卫生、体育等为基础功能的旅游产业融合业态，每有 1 项得 5 分，最高得 20 分
2	成长性好	旅游融合业态具有较好的市场成长性和可持续性，近三年年均接待游客增速达 20% 以上得 10 分，15% 以上得 6 分，10% 以上得 3 分，10% 以下不得分
3	示范性强	旅游融合业态每得到 1 个国家级称号，如国家体育旅游示范基地、国家中医药旅游示范区（基地）、国家公共文化服务体系示范区等得 10 分；每得到 1 个省级称号得 5 分；最高得 20 分

六十一、推进文化与旅游融合的着力点是什么？

《2019 年全国文化和旅游厅局长会议工作报告》指出，推进文化事业、文化产业和旅游业融合发展，必须坚持以习近平新时代中国特色社会主义思想为指导，坚持"宜融则融、能融尽融"和"以文促旅、以旅彰文"的原则，找准文化和旅游工作的最大公约数、最佳连接点，着力推进"理念融合、职能融合、产业融合、市场融合、服务融合、对外和对港澳台交流融合"六个方面的融合。要把握以下几个着力点。

（一）要着力推进理念融合

思想是行动的先导。要把理念观念融合放在首要位置，从思想深处、从根子上打牢文化和旅游融合发展的基础，推动文化和旅游深融合、真融合。

一是要树立"以文促旅"的理念。文化需求是旅游活动的重要动因，文化资源是旅游发展的核心资源，文化创意是提升旅游产品质量的重要途径，文化的生产、传播和消费与旅游活动密切相关。通过思想道德观念的提升、文化资源的利用、文化创意的引入，能够提升旅游品位、丰富旅游业态、增强产品吸引力，拓展旅游发展的空间。通过公共文化机构、对外文化交流等平台的使用，能够促进旅游推广、为游客提供更加丰富的服务。

二是要树立"以旅彰文"的理念。旅游是文化建设的重要动力，是文化传播的重要载体，是文化交流的重要纽带。发挥旅游的产业化、市场化优势，能够丰富文化产品供给方式、供给渠道、供给类型，带动文化产业发展、文化市场繁荣。发挥旅游公众参与多、传播范围广等优势，能够扩大文化产品和服务的受众群体和覆盖面，对内更好传播中国特色社会主义文化、弘扬社会主义核心价值观，对外增强国家文化软实力、提升中华文化影响力。

三是要树立"和合共生"的理念。文化是旅游的灵魂，旅游是文化的载体，二者相辅相成、互相促进。文化和旅游相互支撑、优势互补、协同共进，才能形成新的发展优势、新的增长点，才能开创文化创造活力持续迸发、旅游发展质量持续提升、优秀文化产品和优质旅游产品持续涌现的新局面，才能更好满足人民美好生活新期待、促进经济社会发展、增强国家文化软实力和中华文化影响力。

（二）要着力推进产业融合

要积极寻找文化和旅游产业链条各环节的对接点，发挥各自优势、形成新增长点。

一是促进业态融合。实施"文化+""旅游+"战略，推动文化、旅游及相关产业融合发展，不断培育新业态。深入实施"互联网+"战略，推动文化、旅游与科技融合发展。统筹推进文化生态保护区和全域旅游发展，推动传统技艺、表演艺术等门类非遗项目进重点旅游景区、旅游度假区。推进红色旅游、旅游演艺、文化遗产旅游、主题公园、文化主题酒店等已有融合发展业态提质升级。

二是促进产品融合。加大文化资源和旅游资源普查、梳理、挖掘力度，以文化创意为依托，推动更多资源转化为旅游产品。推出一批具有文化内涵的旅游商品。建立一批文化主题鲜明、文化要素完善的特色旅游目的地。支持开发集文化创意、度假休闲、康体养生等主题于一体的文化旅游综合体。推出更多研学、寻根、文化遗产等专题文化旅游线路和项目。

三是持续释放大众文化和旅游需求。建立促进文化和旅游消费的长效机制，顺应居民消费升级趋势，积极培育网络消费、定制消费、体验消费、智能消费、时尚消费等消费新热点，完善行业标准体系、服务质量评价体系和消费反馈处理体系。

（三）要着力推进服务融合

协同推进公共文化服务和旅游公共服务、为居民服务和为游客服务，发挥好综合效益，是深化文化和旅游融合发展的重要内容。

一是要统筹公共服务设施建设管理。探索建设、改造一批文化和旅游综合服务设施，推动公共文化设施和旅游景区的厕所同标准规划、建设、管理。

二是统筹公共服务机构功能设置。在旅游公共服务设施修建、改造中，增加文化内涵、彰显地方特色。利用公共文化机构平台，加大文明旅游宣传力度。

三是统筹公共服务资源配置。推动公共服务进旅游景区、旅游度假区。构建主客共享的文化和旅游新空间。在游客聚集区积极引入影院、剧场、书店等文化设施。统筹实施一批文化和旅游服务惠民项目。

（四）要着力推进职能融合

原文化部门和原旅游部门各有各的职能、各有各的业务，机构合并、人员整合只是开始，重头戏还是职能融合到位。

一是要编制好落实好"三定"规定。"三定"规定是部门履行职责的法定依据。已经发布"三定"规定的单位，要将各项职能落到实处，并在工作中进一步细化、完善。尚未完成"三定"规定编制的单位，在编制"三定"规定时要充分体现融合发展要求，打破文化和旅游行业边界，设计好内设部门职能，确保履职到位。

二是要加强顶层设计，规划好方向和目标。"十四五"规划即将开始编制，要以此为契机，提前准备、及早谋划，开展充分、深入的调查研究，总结已有经验，研究融合发展新思路，制定体现融合发展、有前瞻性的发展规划和针对性政策。

三是要整合好已有工作抓手。要加强文化和旅游领域政策、法规、规划、标准的清理、对接、修订等工作，确保相互兼容、不留空白、不余死角。积极推进资源、平台、工程、项目、活动等融合，坚持从实际出发，该清理的清理、该合并的合并、该扩大的扩大，确保其发挥最佳效益。

（五）要着力推进市场融合

统一有序、供给有效、富有活力的市场是文化和旅游融合发展的重要基础。要以文化市场综合执法改革为契机，推动文化和旅游市场培育监管工作一体部署、一体推进。

一是促进市场主体融合。鼓励文化机构和旅游企业对接合作，支持文化和旅游跨业企业做优做强，推动形成一批以文化和旅游为主业、以融合发展为特色、具有较强竞争力的领军企业、骨干企业。优化营商环境，促进创新创业平台和众创空间服务升级，为文化和旅游领域小微企业、民营企业融合发展营造良好政策环境。

二是促进市场监管融合。对融合发展的新业态，要及时加强关注、引导，不断更新监管理念。建设信用体系，实施各类专项整治、专项保障活动，开展重大案件评选、举报投诉受理、证件管理等工作，要将文化市场、旅游市场统一考虑，一并研究。

三是全力推动文化市场综合执法队伍整合组建。要深入推动《关于进一步深化文化市场综合执法改革的意见》《关于深化文化市场综合行政执法改革的指导意见》贯彻落实，抓紧建立文化和旅游市场执法改革制度框架，按照中央确定的时间表、任务书推动执法队伍整合到位。

（六）要着力推进对外和港澳台交流融合

文化和旅游都是推动文明交流互鉴、传播先进文化、增进人民友谊的桥梁，是讲好中国故事、传播好中国声音的重要渠道。文化和旅游融合发展必须在交流融合方面下大力气、做大文章。

一是在工作层面，要进一步整合对外和对港澳台文化和旅游交流工作力量，整合海外文化和旅游工作机构，统筹安排交流项目和活动，同步推进文化传播和旅游推广。

二是在渠道方面，要发挥好博物馆、美术馆等文化机构和旅游景区景点、旅行社、旅游饭店在传播中国特色社会主义文化方面的重要作用，引导各类导游、讲解员和亿万游客成为中国故事的生动讲述者、自觉传播者。

三是在载体方面，要综合发挥文化和旅游各自优势，推动更多优秀文化产品、优质旅游产品走向海外，进入主流市场、影响主流人群，把中华优秀传统文化精神标识展示好，把当代中国发展进步和中国人精彩生活表达好，为提高国家文化软实力和中华文化影响力做出贡献。

六十二、创建全域旅游示范区如何推进旅游与文化的融合？

各地要按照"宜融则融、能融尽融，以文促旅、以旅彰文"的理念，持续推进文化和旅游融合发展再上新台阶。就目前来看，旅游与文化融合发展的路径主要有：

（一）规划建设一批文化产业园区、文化创意园区、文旅产业集聚区

各地应因地制宜，围绕"文化＋旅游"主题，规划建设一批文化产业园区、文化创意园区，以及以工艺美术品生产、文化用品生产、旅游装备、旅游商品等为重点，逐步建成结构合理、门类多样、特色鲜明、效益良好的文旅制造业集聚区，重点发展数字内容、工业设计、文化传媒、动漫游戏、旅游创意策划等高端行业，构建以文化创意产业为重要内容的现代文旅产业体系。

（二）整合提升文博旅游场馆设施及功能

各地应加快整合、改造和升级一批以博物馆、展览馆、纪念馆、图书馆、科技馆、美术馆、天文馆、地质馆、文化公园、演艺中心、影视产业基地、历史文化街区、名人故居、宗族祠堂等相关的文博场所的设施及功能，并且开展主题各异的"科普公益讲座""国学讲堂""历史钩沉公益讲座"等活动，全方位、深层次推动旅游与文化融合发展，构筑文创旅游新高地。

（三）加快非物质文化遗产与旅游的融合进程

各地应积极支持在旅游景区、传统村落、商业街区、居民社区设立各种各样的非物质文化遗产展示场馆、体验中心、传习中心、传习所和传习点，支持区域内传统村落、街区、社区建设，使其成为非物质文化遗产传习和展示的空间。各地应创新发展思路，充分挖掘各地的非物质文化遗产资源，通过设立"非物质文化遗产演播室（厅）"、设立"非物质文化遗产扶贫就业工坊"、开展"非物质文化传承人计划"、开展非物质文化遗产"进社区、进工厂、进校园、进军营、进楼宇"等活动，加强非物质文化遗产普及教育，推动将非物质文化遗产保护知识纳入当地国民教育体系；利用文化和自然遗产日、传统节日等重要节点开展非物质文化遗产主题传播活动，定期举办非物质文化遗产项目区域性展示展演，让非物质文化遗产鲜活起来、流动起来、传承下去。

（四）加快文化旅游产品开发设计

1. 打造一批文化主题展会活动

各地应加强对事件旅游的策划，培育具有稳定周期的大型节庆、民俗活动、会展、赛事、集市、庙会、艺术展演等动态旅游项目，逐步提升活动规格，扩大影响范围。各地应根据地方实际，开展主题各异的"美食文化旅游节""音乐文化节""民俗文化节""书法文化节""艺术博览周""文化旅游（文化遗产）缤纷嘉年华""文化产业博览会""文化旅游产业融合论坛"等文化品牌展会活动，以达到"接地气、拢人气、聚商气"的目的。

2. 创新一批文旅产业融合新业态

各地应根据自身特色，实施系列文化旅游工程，打造形成一批国内知名度较高的文化旅游品牌景区；打造一批文化主题酒店；鼓励有条件的景区策划推出具有较大影响力的特色文化演艺节目；打造文化主题公园、建设一批文化旅游古镇（村）、文化特色小镇；制作 1~2 档以文化旅游资源为题材的广播电视娱乐栏目；拍摄 3~5 部文化旅游题材的电影、电视剧或者动漫；打造具有国际品牌影响力的文化旅游全媒体传播平台，从而全方位构筑文旅融合新业态、新载体。

3.借助科技手段打造一批体验性强的文化旅游产品

各地应依托非物质文化遗产、传统村落、文物遗产遗迹及美术馆、艺术馆、动漫馆、文化馆等文化场所，推进剧场、演艺、游乐、动漫等产业与旅游业的充分有机融合。积极迎合当前游客体验度高的市场需求，借助虚拟现实技术（VR）、增强现实技术（AR）、人工智能技术（AI）、物联网技术、大数据技术等科技手段，利用"声、光、电、气"等手段营造沉浸式氛围环境，开发一批受众面广、体验度高、参与性强的文化旅游产品。

文化与旅游融合的相关政策如表 5-9 所示。

表 5-9　文化与旅游融合相关政策

序号	时间	部门	政策名称
1	2009 年	文化部、国家旅游局	《文化部、国家旅游局关于促进文化和旅游结合发展的指导意见》
2	2014 年	国务院	《国务院关于促进旅游业改革发展的若干意见》
3	2015 年	国务院办公厅	《国务院办公厅关于进一步促进旅游投资和消费的若干意见》
4	2016 年	国务院	《"十三五"旅游业发展规划》
5	2017 年	国家发展改革委、国土资源部、住房城乡建设部、文化部、新闻出版广电总局、国家林业局、国家旅游局、国家文物局	《"十三五"时期文化旅游提升工程实施方案》
6	2021 年	文化和旅游部	《"十四五"文化和旅游发展规划》
7	2021 年	文化和旅游部	《"十四五"文化和旅游科技创新规划》
8	2021 年	文化和旅游部	《"十四五"文化产业发展规划》

六十三、创建全域旅游示范区如何推进旅游 与医疗康养的融合？

随着工业化、城镇化、老龄化进程加快，现代工作节奏快、压力大，使得亚健康、慢性病、精神疾病等问题日益突出。因此，追求健康生活方式、向往休闲度假状态、渴求身体与心理协调发展成为当前旅游市场的发展趋势之一。

（一）打造一批康养旅游载体

各地应根据自身实际，打造一批山地康养、滨水康养、文化康养、乡村田园康养等不同类型的，涵盖康养度假小镇、医疗旅游综合体、通过着力打造以大健康产业重大项目为载体，推动构建康养、文化、旅游"三位一体"的立体化空间载体，促进"生产、生活、生态"三者融合发展的大健康产业发展集聚区。

（二）培育康养旅游产业体系

各地应根据自身的康体养生旅游载体及资源，以健康产业为核心，延伸休闲农业、乡村度假、健康食品、户外运动等产业，开发医疗健康旅游、中医药旅游、养生养老旅游等健康旅游业态，加快培育健康养生基地，打造一批康养度假社区，形成以健康产业为核心，集旅游、养老、养生等多种功能于一体，结合健康疗养、医疗美容、生态旅游、健康餐饮、文化休闲、体育运动等多种业态于一体的康养旅游产业体系。

（三）申报一批康养旅游品牌

各地应积极利用优势康养资源和特色资源，打造和申报创建一批"中国康养旅游示范基地""中国康养休闲度假示范基地""健康旅游示范基地""中医药健康旅游示范区""中医药健康旅游示范基地""中医药健康旅游示范项目""国家级森林康养基地"等康养旅游品牌。

（四）丰富完善康养旅游产品体系

各地应根据当地实际，借助森林、温泉、海岛、山地等为代表的优越生态条件，利用自然资源中的空气、水、植物或综合生态环境要素等来设计温泉、SPA、森林浴、药膳、茶道等产品；利用中医理疗、冥想、瑜伽、禅修、武术等人文资源来设计产品，分层次和成体系科学地打造高、中、低端旅游产品：低端产品以环境美化、自然观光、美丽乡村为主，打造"养眼"的观光系列基础产品；中端产品以健康养生、运动康体等为主，打造"养身"的休闲系列重点产品；高端产品以历史文化、宗教文化等为主，打造"养心"的文化系列特色产品，从而打造集"养眼""养身""养心"于一体的高、中、低端立体化、层次化康养旅游产品体系。

（五）举办一批康养旅游活动

各地应结合自身实际，积极举办形式多样、内容丰富、特色主题彰显的"康养产业博览会""清凉避暑节""清凉产业博览会""康养旅游产业论坛"等展会论坛活动。

康养与旅游融合的相关政策如表 5-10 所示。

表 5-10　康养旅游融合相关政策

序号	时间	部门	政策名称
1	2013 年	国务院	《关于促进健康服务业发展的若干意见》
2	2014 年	中共中央 国务院	《关于促进旅游业改革发展的若干意见》
3	2015 年	国务院办公厅	《关于进一步促进旅游投资和消费的若干意见》
4	2016 年	国家林业局	《关于启动全国森林体验基地和全国森林养生基地建设试点的通知》
5	2016 年	中共中央 国务院	《中国生态文化发展纲要（2016—2020 年）》
6	2016 年	国家林业局	《林业发展"十三五"规划》
7	2016 年	中共中央 国务院	《"健康中国 2030"规划纲要》
8	2017 年	国家卫生计生委、国家发展改革委、财政部、国家旅游局、国家中医药局	《关于促进健康旅游发展的指导意见》
9	2017 年	中共中央 国务院	2017 年中央一号文件
10	2018 年	中共中央 国务院	2018 年中央一号文件
11	2019 年	国家林业和草原局、民政部、国家卫生健康委员会、国家中医药管理局	《关于促进森林康养产业发展的意见》

六十四、创建全域旅游示范区如何推进旅游与农业的融合?

"农业旅游"是指以农业资源、环境以及与农业相关的文化、生活等为主要吸引物,以都市居民为主要客源市场,为满足游客食、住、行、游、购、娱的各项需求而开展的观光、休闲、体验等新兴旅游活动。

(一)打造一批农业旅游载体

各地应根据自身实际,着力推进农业与旅游资源的深度融合,打造一批融现代农业、生态景观、品牌宣传、乡土风情、休闲度假、文化娱乐、科普教育、农事体验和食住购物于一体的农业综合体和农业旅游示范区,建设文化特色的休闲农业与乡村旅游示范区,大力发展观光农业、休闲农业和现代农业庄园,鼓励发展田园艺术景观、阳台农艺等创意农业和具备旅游功能的定制农业、会展农业、园区农业、创意农业、众筹农业、家庭农场、家庭牧场、共享农庄等新型农业业态和载体。

(二)申报一批农业旅游品牌

各地应充分挖掘和利用当地的农业资源优势,积极申报一批全国农业旅游示范点、国家现代农业庄园、国家农业公园、全国休闲农业和乡村旅游示范县(市、区)等农业旅游品牌,将其打造成为引领农旅融合发展的新名片。

专栏 5-8　全国休闲农业和乡村旅游示范县(市、区)的创建要求及条件

示范创建对象以示范县(含县级市、区)为主体,全区域发展休闲农业和乡村旅游资源优势明显、整体发展水平高的地级市(州),可视情况进行整体创建。创建的示范县(市、区)应具有以下基本条件:

①规划编制科学。编制了休闲农业和乡村旅游发展规划,发展思路清晰,功能定位准确,布局结构合理,工作措施有力。示范县(市、区)探索了有效的农民利益链接机制,有成熟的农村一二三产业融合发展典范和模式。

②优势特色突出。具有发展休闲农业和乡村旅游的资源禀赋、区位优势、产业特色和人文历史,形成一定规模的产业带或集聚区;主要休闲农业和乡村旅游点有地域、民俗和文化特色,体验项目和餐饮服务有较强的吸引力;能够依托当地特色种植业、养殖业和农产品加工业开发设计休闲农业和乡村旅游产品,农业与加工、文化、科技、生态、旅游等产业有机融合。

③扶持政策完善。当地政府认真贯彻党中央、国务院关于"三农"工作的方针政策,能够根据本县(市、区)休闲农业和乡村旅游发展的实际需求,创设完善扶持政策并落实为具体工作措施。

---

④工作体系健全。具有明确的休闲农业和乡村旅游管理职能和主管部门，有健全的管理制度，已建立休闲农业和乡村旅游行业协会等行业自律组织。重视公共服务，能为经营点提供信息咨询、宣传推介、教育培训等服务。

⑤行业管理规范。围绕农家乐、休闲农庄、休闲农业园、民俗村等类型建立管理制度和行业标准。近3年内无安全生产和食品质量安全事故发生，无擅自占用耕地和基本农田行为，无以破坏农业生产为代价发展休闲农业和乡村旅游现象，没有发生污染和破坏生态环境的事件。

⑥基础条件完备。县域范围内的休闲农业和乡村旅游点要做到通路、通水、通电，网络通信畅通，能够借助互联网等新技术，设置电子商务推介平台。住宿、餐饮、娱乐、卫生、路标、停车场等基础设施要达到相应的建设规范和公共安全卫生标准，生产生活垃圾实行无害化处理。

⑦发展成效显著。休闲农业和乡村旅游是县域经济发展的主导产业，主要指标在全省处于领先水平；休闲农业和乡村旅游点总数须超过100个，精品线路10条以上，其中要有10个以上精品点在省内有一定的知名度；年接待游客100万人次以上，从业人员中农民就业比例达到60%以上，近三年游客接待数和营业收入年均增速均超10%。

资料来源：农业部办公厅关于开展全国休闲农业和乡村旅游示范县（市、区）创建工作的通知（农办加〔2017〕11号）。

（三）丰富完善农业旅游产品体系

各地应充分挖掘和利用当地的农业资源及农业文化，打造形式多样、特色鲜明的乡村旅游休闲产品，推进现代农业庄园发展，开展农耕、采摘、饲养等农事活动，形成层次分明、类型多样的旅游产品体系，促进农业综合开发利用，提高农业附加值。

（四）举办一批农业旅游活动

各地应结合自身实际，积极举办一批"农业嘉年华""农民丰收节""休闲农业旅游活动月""瓜果采摘节""农产品博览会""农业旅游（农业与旅游融合）高端论坛"等节事、展会及会议论坛等活动。

六十五、创建全域旅游示范区如何推进旅游与林业的融合？

"森林旅游"是一种在特定的森林区域内为旅游者提供游览观光、休闲度假、探险健身、商务会议的产品与服务的特色旅游，是满足人们回归大自然愿望的一种方式。森林旅游产品可以从供给和需求两个不同的角度来理解。从旅游经营者的角度看，是指以森林景观资源或以森林为依托而存在的自然旅游资源开发而成的旅游产品，强调该旅游产品必须由森林景观资源或以森林为环境的自然景观资源构成；从旅游需求者的角度来看，是指森林旅游者为了获得物质和精神上的满足，通过花费一定的金钱、时间和精力实现一次森林旅游的经历。根据该旅游产品的不同使用功能可以分为四种类型：观光旅游产品、度假旅游产品、专项旅游产品、生态旅游产品。

（一）理顺并健全管理体制

森林旅游的开发涉及林业、旅游、环保、国土、建设等多个部门，在资源利用、项目建设、产品开发、运营管理等方面存在多头管理等问题。需要各地根据当地的实际情况，在分类管理的基础上建立起由上级统一整合和领导的机制，加强林业与旅游、环保、国土等部门的沟通与协作，健全管理机制，推进森林旅游景区的健康快速可持续发展。

（二）打造一批森林旅游载体

各地应根据自身实际，拓展森林旅游发展空间，以森林公园、湿地公园、沙漠公园、国有林场等为重点，完善森林旅游产品和设施，推出一批具备森林游憩、疗养、教育等功能的森林体验基地和森林养生基地。

（三）申报一批森林旅游品牌

各地应充分挖掘和利用当地的林业资源优势，积极申报创建一批"全国森林康养基地""全国森林体验基地""全国森林养生基地""国家（省级）森林公园""国家（省级）森林城市""森林乡镇""森林村庄"等品牌。

（四）丰富完善森林旅游产品体系

各地应充分挖掘和利用当地的林业旅游资源，打造一批"森林人家""森林小镇"，开发一批"森林观光游""森林养生游""生态休闲游""森林山地运动游""森林探险游""森林科普游""森林科考游""林区生活深度游""森林游艺体验游""生态文化体验游"等森林旅游产品，逐步丰富完善各地的森林旅游产品体系。

（五）举办一批森林旅游活动

各地应结合自身实际，积极举办一批"森林旅游嘉年华""森林音乐节""森林旅游节""森林养生节""森林运动会""森林旅游（森林与旅游融合）高端论坛"等节事、展会及会议论坛等活动。

六十六、创建全域旅游示范区如何推进旅游与商务会奖的融合？

"商务旅游"是指商务游客在商务活动过程中产生的与旅游相关的一系列活动的总和：通常包括商务贸易、会议、展览博览、公务考察、奖励旅游等商务活动以及与之相关的餐饮、住宿、交通、游览、购物、娱乐等旅游活动。在商务旅游过程中以商务为主要目的，旅游为其手段，游览和娱乐为辅助的活动。传统的商务旅游指业务洽谈、投资、交往、会见、签约、交流信息等活动。在现代的商务旅游市场中，传统的商务旅游、奖励旅游和会展旅游三者往往交织在一起。"会奖旅游"是指旅行社接受企业委托，围绕会议、展览活动的举办或激励成绩优秀的员工、经销商或代理商的目的而设计、组织旅游活动的业务。可分为公司会议（meeting）、奖励（incentive）、大型企业会议（convention）或活动展览（exhibition）等项目。

（一）打造一批商务会奖旅游载体

各地应根据自身实际，打造一批打造集会议展览、商贸洽谈、信息交流、旅游餐饮、娱乐体验等多功能于一体的综合性国际会展中心，加快各级各类会展场馆配套建设，重点依托各级各类酒店群、商务区、大型文化综合体等综合商务和文化设施，构筑商务会展中央核心圈，通过对会议接待设施的改造和完善，构筑多层次的会奖接待体系，为加快发展国际化、专业化的商务会议会展旅游业奠定基础，从而加快支撑各地商务会展旅游目的地建设。

（二）培育商务会奖旅游产业体系

各地应根据自身实际，以促进创建城市品牌、地方特色品牌及企业知名商标为目标，抓住地方品牌产品、地方文化特色、商务会展设施建设、商务会展企业培育、商务会展服务外包等关键环节。同时，将旅游景点，酒店，商场等不同行业进行整合，形成具有规模的会奖旅游行业，并适当对利润在不同行业间进行二次分配，鼓励中小企业进入会奖旅游行业中来，加大会奖旅游业对本地企业的影响，培育一批会奖旅游经营企业，培育商务会奖旅游产业体系。

（三）打造知名的商务会展旅游品牌

各地应根据当地的资源和优势，积极举办一批具有产业优势和地方特色的常设性展会和论坛，积极申报培育具有国际影响力的会议会展品牌，提高会展旅游专业化水平，打响旅游会展、会议会展、生态绿色会展品牌，塑造以常年展览、季节展览、节庆展览和大型会议论坛为主体的新型知名会展品牌。此外，各地应根据自身实际情况，积极申报和创建国家商务旅游示范区。

专栏 5-9　国家商务旅游示范区建设与管理规范（LB/T 038—2014）

该标准规定了国家商务旅游示范区建设与管理的基本要求、城市基础、服务设施、市场营销、综合管理等方面的内容。

（1）在"基本要求"方面，主要对商务旅游示范区的"区位面积""商务旅游发展水平"（全年游客接待量达到 100 万人次及以上，其中商务游客年接待量达 30 万人次及以上）、"基础设施""综合环境""规划建设"等进行了要求。

（2）在"城市基础"方面，主要对"城市品牌"（所属城市宜拥有全国文明城市、优秀旅游城市、国家卫生城市、国家园林城市、国家生态城市等城市品牌称号；所属城市宜拥有国家 5A 级旅游景区或国家级旅游度假区）、"社会经济""交通条件""服务设施"等方面进行了要求。

（3）在"市场促销"方面，对"节庆活动"（每年应至少举办或组织 1 个具有较高影响力的、连续性的商务旅游节庆活动）、"视觉形象""媒体推广"等进行了规定和要求。

（4）在"综合管理"方面，对"管理机构设置""规章制度建设""统计体系构建""安全管理规定""服务质量要求""投诉处理程序"等都进行了规定。

（四）举办一批商务会奖旅游活动

各地应结合自身实际，积极举办一批"旅游购物节"和"商务及会奖旅游展览会"等活动，开展商业旅游融合发展示范区评选等活动，积极鼓励和支持会奖旅游企业开展旅游促销活动。

六十七、创建全域旅游示范区如何推进旅游与教育研学的融合？

"研学旅行"是由学校根据区域特色、学生年龄特点和各学科教学内容需要，组织学生通过集体旅行、集中食宿的方式走出校园，在与平常不同的生活中拓宽视野、丰富知识，加深与自然和文化的亲近感，增加对集体生活方式和社会公共道德的体验，提高中小学生的自理能力、创新精神和实践能力的实践活动。推进旅游与教育研学的融合，应着重开展以下几方面工作。

（一）纳入中小学教育教学计划

各地教育行政部门应加强对中小学开展研学旅行的指导和帮助，引导各中小学要结合当地实际，把研学旅行纳入学校教育教学计划，根据教育教学计划灵活安排研学旅行时间，与综合实践活动课程统筹考虑，根据学段特点和地域特色，逐步建立小学阶段以乡土乡情为主、初中阶段以县情市情为主、高中阶段以省情国情为主的研学旅行活动课程体系。促进研学旅行和学校课程有机融合，要精心设计研学旅行活动课程，各地根据小学、初中、高中不同学段的研学旅行目标，有针对性地开发自然类、历史类、地理类、科技类、人文类、体验类等多种类型的活动课程，避免"只旅不学"或"只学不旅"现象。

（二）加强研学旅行基地建设

各地教育、文化、旅游、共青团、关工委等部门和组织应密切合作，根据研学旅行育人目标，结合国情、域情、校情、生情，依托自然和文化遗产资源、红色教育资源和综合实践基地、大型公共设施、知名院校、工矿企业、科研机构等，遴选建设一批安全适宜的中小学生研学旅行基地，探索建立基地的准入标准、退出机制和评价体系；要以基地为重要依托，积极推动资源共享和区域合作，打造一批示范性研学旅行精品线路和研学旅游产品，逐步形成布局合理、互联互通的研学旅行网络体系。

（三）积极申报创建研学旅游基地

各地应根据自身实际，依托文化馆、科技馆、纪念馆、名人博物馆（展览馆）、名人故居、历史遗迹、风景名胜、历史遗存、爱国主义教育基地、公园场馆、美丽乡村、特色小镇等，建设以"科学、科普、研学、旅游"为主题，管理规范、安全适宜、体验丰富的研学旅行基地。各地应积极开展"全国研学旅游示范基地""中国研学旅游目的地""全国科普教育基地"和"港澳青少年内地游学基地"申报创建工作。

（四）丰富完善研学旅游产品体系

各地应根据当地实际，借助当地的文化底蕴和旅游资源优势，深入挖掘研学旅行资源，丰富研学旅行内容，深入挖掘和整理生态、文化、历史、地理、红色、农耕等特色资源，形成类型多样、错位发展的研学旅行产品体系。精准对接研学旅行市场，突出研学旅行课程开发，有效地结合学段特点、课程体系及地域特色，逐步开发多层次、系统化的研学旅行教材产品，推进研学与旅行有机结合；顺应研学旅行消费多元化以及提质升级需求，针对科研院所、社会团体、机关事业单位、企业、文艺工作者等不同群体需求，分类设计开发小众化研学旅行产品；建立内容丰富、门类清晰、衔接紧密的研学旅行产品数据库，不断创新、动态调整。

（五）成立一批研学旅游联盟或协会

各地应加快建立研学旅行联盟或协会，搭建研学旅行市场共拓、品牌共创、价值共享、协作发展的共建共享平台，推动研学机构、研学基地、旅行社等各市场主体各司其职，各专其业，形成研学课程开发、研学基地建设、研学线路设计与组织实施、研学导师培养等专业化、精品化模块。

（六）规范研学旅行组织管理

各地教育行政部门和中小学要探索制定中小学生研学旅行工作规程，做到"活动有方案，行前有备案，应急有预案"。学校组织开展研学旅行可采取自行开展或委托开展的形式，提前拟订活动计划并按管理权限报教育行政部门备案，通过家长委员会、致家长的一封信或召开家长会等形式告知家长活动意义、时间安排、出行线路、费用收支、注意事项等信息，加强学生和教师的研学旅行事前培训和事后考核。学校自行开展研学旅行，要根据需要配备一定比例的学校领导、教师和安全员，也可吸收少数家长作为志愿者，负责学生活动管理和安全保障，与家长签订协议书，明确学校、家长、学生的责任权利。学校委托开展研学旅行，要与有资质、信誉好的委托企业或机构签订协议书，明确委托企业或机构承担学生研学旅行安全责任。

（七）建立安全责任体系

各地要制订科学有效的中小学生研学旅行安全保障方案，探索建立行之有效的安全责任落实、事故处理、责任界定及纠纷处理机制，实施分级备案制度，做到层层落实，责任到人。教育行政部门负责督促学校落实安全责任，审核学校报送的活动方案（含保单信息）和应急预案。学校要做好行前安全教育工作，负责确认出行师生购买意外险，必须投保校方责任险，与家长签订安全责任书，与委托开展研学旅行的企业或机构签订安全责任书，明确各方安全责任。旅游部门负责审核开展研学旅行的企业或机构的准入条件和服务标准。交通部门负责督促有关运输企业检查学生出行的车、船等交通工具。公安、食品药品监管等部门加强对研学旅行涉及的住宿、餐饮等公共经营场所的安全监督，依法查处运送学生车辆的交通违法行为。保险监督管理机构负责指导保险行业提供并优化校方责任险、旅行社责任险等相关产品。

六十八、创建全域旅游示范区如何推进旅游与体育的融合？

体育是发展旅游产业的重要资源，旅游是推进体育产业的重要动力。"体育旅游"作为旅游产业和体育产业深度融合的新兴产业形态，是旅游者在旅游活动中以各种体育资源为依托和一定体育设施为条件，以体育运动为核心，以现场观赛、参与体验及参观游览为主要形式，以满足健康娱乐、旅游休闲为目的，向大众提供相关产品和服务的系列经济活动和社会文化活动的总和，涉及健身休闲、竞赛表演、装备制造、设施建设等业态。

（一）打造一批体育运动空间载体

各地应根据自身实际，积极推动各类体育场馆设施、运动训练基地提供体育旅游服务。重点加快体育中心（体育场/体育馆）、体育运动公园、体育特色小镇、户外体育健身步道等各类体育场馆及体育公共服务建设；加快建设一批运动俱乐部和运动培训中心，各地鼓励发展海上运动俱乐部、攀岩俱乐部、徒步俱乐部、户外探险俱乐部、登山俱乐部等高端运动俱乐部；打造一批生态体育公园、水上运动公园、足球主题公园、极限运动公园、定向主题公园、自行车主题公园、蹦床主题公园等各类"体育运动公园"，打造一批体育特色鲜明、体育产业集聚明显、体育文化氛围浓厚、惠及人民健康的"体育特色小镇"和"体育综合体"。

（二）培育体育旅游产业体系

各地应根据自身实际，鼓励体育装备制造企业以满足大众体育旅游消费需求为主导，以冰雪运动、山地户外运动、水上运动、汽车摩托车运动、自行车运动、航空运动等户外运动为重点，着力开发市场需求大、适应性强的体育旅游、体育竞技、健身休闲等器材装备，不断加强自主研发设计能力和科技创新能力；各地应根据自身实际条件鼓励发展邮轮、游艇、房车等配套材料、设备及零部件制造，形成较为完善的体育产业配套产业体系；支持国内优势企业开展国内外并购与合资合作，提升产业集中度，鼓励和引导地方发展一批以装备制造为主的国家体育旅游产业集聚区；鼓励器材装备制造企业向服务业延伸发展，培育形成一批体育旅游自主品牌和骨干企业。

（三）丰富完善体育旅游产品体系

各地应根据当地实际，以群众基础、市场发育较好的户外运动旅游为突破口，充分借助各地丰富的山地、湖泊、海洋、森林、冰川、峡谷等资源和载体，因地制宜重点发展冰雪运动旅游、山地户外旅游、水上运动旅游、汽车摩托车旅游、航空运动旅游、健身气功养生旅游等体育旅游新产品、新业态。加强体育旅游与文化、教育、健康、养老、农业、水利、林业、通用航空等产业的融合发展，培育一批复合型、特色化体育旅游产品。

（四）举办一批体育赛事活动

各地应结合自身实际，大力发展赛事经济，策划举办一批精品体育赛事活动，采取冠名、赞助、广告、合作伙伴、门票等市场化运作方式，做大做强赛事衍生经济。一是各地应支持举办各级各类群众性体育赛事，重点发展足球、篮球、排球、乒乓球、羽毛球等市场化程度高的职业体育赛事和滑雪、马拉松、自行车、山地户外、武术等市场基础好的群众性体育赛事活动，促进体育赛事与旅游活动紧密结合。二是打造系列体育重大赛事IP，各地应根据实际情况，策划一批山地、滨海、环岛等运动赛事活动。建设野外拓展、山地运动、极限运动等基地，开发山地徒步、环山自行车、定向越野等具有山地休闲户外运动特色的文体旅游项目；策划开展自行车骑行赛、马拉松赛、沙滩排球赛、游艇赛等一系列滨海、水上、环岛品牌体育运动项目。三是大力发展体育竞赛表演市场。各地应充分借助当地的优势，举办系列足球嘉年华、汽车越野巡回赛、汽车摩托车拉力赛、自行车赛等国际国内顶级赛事，做大体育运动赛事经济。

（五）加强体育旅游公共服务设施建设

各地应在体育产业和旅游产业基础设施建设方面向体育旅游倾斜，加大对体育旅游公共服务设施的投入力度。鼓励各地将体育旅游与市民休闲结合起来，建设一批休闲绿道、自行车道、登山步道等体育旅游公共设施。鼓励和引导旅游景区、旅游度假区、乡村旅游区等根据自身特点，以冰雪乐园、运动训练基地、山地户外营地、体育休闲小镇、自驾车房车营地、运动船艇码头、航空飞行营地为重点，建设特色健身休闲设施。加快体育旅游景区的游客集散中心、公厕、标示标牌、停车场等公共服务设施建设。推进体育旅游公共服务平台建设，充分利用旅游咨询、集散等体系为体育旅游项目提供信息咨询、线路设计、交通集散、赛事订票等服务。

六十九、创建全域旅游示范区如何推进旅游 与新型工业化的融合？

根据《国家工业旅游示范基地规范与评价》（LB/T 067—2017），可将"工业旅游"定义为："以运营中的工厂、企业、工程等为主要吸引物，开展参观、游览、体验、购物等活动的旅游"。工业旅游狭义上包括以工业遗产、工业场所、生产场景、工业生产过程和工业企业文化等工业相关要素为旅游吸引物的一种专项旅游，广义上包括工业遗产旅游和现代工业观光旅游。

（一）打造一批工业旅游载体

各地应根据自身实际，鼓励工业企业因地制宜地发展工业旅游，促进转型升级。以文化装备产业产品制造、旅游用品生产、户外休闲用品生产、特色旅游商品制造、工艺美术品生产等为重点，推进文化产品制造业与科技的深度融合，逐步建成结构合理、门类多样、特色鲜明、效益良好的文化及相关产品制造业集聚区，打造一批工业旅游载体。

（二）培育工业旅游产业体系

各地应充分利用各自的区位、资源和工业基础雄厚的优势，充分利用工业园区、工业展示区、工业历史遗迹等因地制宜开展工业旅游，大力发展旅游用品、户外休闲用品、特色旅游商品制造业，培育发展一批包括各类游艇、游船、游览车辆、游乐设施等在内的旅游装备制造业企业。通过鼓励装备企业参加博览会、专业展会，举办相关活动、加大媒体宣传力度等方式，积极对旅游装备企业进行宣传推广，打造企业品牌，提高企业和产品的知名度，同时引导旅游装备企业加强与高等科研院所等机构的联合，加快产品研发，提升产品质量。

（三）积极申报创建工业旅游基地品牌

各地应充分挖掘和利用当地的资源优势，支持老工业城市和资源型城市通过发展工业遗产旅游助力城市转型发展，积极申报创建一批工业旅游城市（以传统老工业基地为依托），积极引导有条件的工业企业申报和创建国家工业旅游基地（以专业工业城镇和产业园区为依托）、国家工业旅游示范点（以企业为依托）、国家工业遗产旅游示范基地，以及省级工业旅游示范基地、省级工业旅游示范点；同时，引导一批工业旅游景区、景点创建国家A级景区。

专栏5-10　《国家工业旅游示范基地规范与评价》（LB/T 067—2017）内容概要

该标准明确"工业旅游""工业旅游示范基地""国家工业旅游示范基地""工业遗产以及国家工业遗产"基本概念，从资质、旅游以及环境方面指出符合工业旅游示范区申报的基本条件，在基础设施与服务、配套设施与服务、旅游安全、旅游信息化、综合管理方面提出详细指示。在国家工业旅游示范区评定方面总分为100分，其中附加项目分值为5分，除了附加项目，各部分合计应不低于85分。

（四）丰富完善工业旅游产品体系

各地应根据当地实际，借助各地的食品工业、家具产业、摩托车及游艇制造业等优势特色产业与旅游业的有机融合，增加工业企业的游客观光、体验和参与功能，扶持一批"旅游装备制造明星企业"。以各地的工业遗产带为基础，通过保护、维持现状、恢复原貌等手段，展示工业遗产具有特色的建筑空间及具有代表性的生产流程。各工业企业应建设便捷购物通道，开通旅游者异地订单送货服务。

（五）加强体验型工业旅游产品设计

不断强化对工业旅游资源开发深度，加强产业链延伸，打造不同层次的工业旅游产品，鼓励由初级的流程性参观向互动参与型和主题体验型旅游产品发展，开发体现企业文化与高科技的旅游纪念品。在工业旅游产品设计、活动策划、节庆举办等各个环节融入当地企业的品牌文化，通过"制造—展销—体验"一体化，提高游客的参与度，实现游客探秘工业、品味文化与企业展示形象、提升品牌相统一。

七十、创建全域旅游示范区如何推进旅游
与婚庆婚恋的融合？

各地应充分挖掘当地的传统婚俗文化与爱情故事传说，加快开发利用当地的山地、花田、海岛等婚纱摄影及婚恋度假旅游地，积极扶持当地的婚庆企业及婚恋相关用品制造商企业，策划系列独具特色的婚礼婚庆、婚纱摄影、婚恋相亲活动，放大婚恋爱情效应，实现从"相识相恋、结婚、庆生、满月、周岁、庆寿、结婚纪念、银婚、金婚、钻石婚"一站式全方位服务，加快推进旅游与婚庆婚恋的融合。

（一）策划大型相亲主题活动

各地应根据当地的实际情况，以"海誓山盟"为主题，与婚庆公司、婚纱摄影企业、当地的酒店等企业展开合作，串联当地的山地、海洋、特色农庄等旅游景区（点），每年策划开展"海誓山盟·万人相亲活动"。

（二）举办婚庆产业博览会

各地可围绕"婚庆婚恋"等主题，举办"婚庆（婚恋）产业博览会"，邀请全国乃至全球知名的摄影、婚纱礼服、婚庆公司、婚宴、结婚钻戒、婚庆用品、婚房装修、婚车、新娘美容等核心婚庆消费行业知名品牌企业参加，打造"婚博会＋旅游"的会展旅游模式，从而拉长产业链条。

（三）打造海陆空立体化婚礼产品体系

各地可根据当地的资源条件，因地制宜打造海陆空立体化婚礼产品体系。一是打造陆上婚礼产品体系。可在酒店、主题农庄、特色酒庄等地开展形式各样的中式婚礼、西式婚礼；二是可在邮轮、游船、滨海湾区、特色游船码头、海岛旅游度假区等地，打造特色的海上（滨海）婚礼；三是可以通过热气球、直升机等载体打造空中婚纱摄影及婚庆纪念产品。

（四）打造婚恋旅游产业配套集聚区

各地可积极招引婚庆企业总部、特色文博场馆、婚纱摄影基地、一站式婚礼堂等复合型产品或项目，积极引入外部优质资源和项目，整合婚纱拍摄、蜜月旅行、目的地婚礼、一站式婚礼服务及婚后庆生、纪念日活动策划等内容，打造婚恋旅游产业集聚区。

（五）开展婚恋旅游目的地及产品评选活动

各地可以通过微信、微博等网络评选，再经过院校专家、婚庆行业协会、社会媒体等业界人士成立的评审专家团进行评审相结合的方式，向全球征求评选当地 10 个最值得推荐的蜜月度假景区、最值得推荐的 10 个婚纱外景地、10 个蜜月酒店、10 个爱情礼物和 10 个约会餐厅（茶楼），对入选单位或产品进行授牌表彰，并制作爱情手绘地图，将所有入选的单位地点纳入其中。

（六）打造爱情影视剧拍摄基地

积极向全球影视界宣传推介各地的爱情旅游目的地的资源，力邀知名导演前来拍摄婚恋主题的系列电影、电视剧，为各地打造成为"蜜月胜地""婚庆殿堂""婚恋首选地"奠定基础。

七十一、创建全域旅游示范区如何推进旅游与科技的融合？

"科技旅游"主要以游览科技景观、获取科技知识为目的，以科技资源、科技过程或科技含量作为旅游吸引点，通过游客喜闻乐见的方式进行科学教育，宣传科学精神、科学知识，普及、传播科学思想。按照科技旅游的内容和构成的不同，可将科技旅游分为现代科技园区旅游、人工科技场馆旅游、自然现象景观旅游、古建文物遗迹旅游四种类型。推进旅游与科技融合的路径主要有：

（一）开发设计主题鲜明的科技旅游产品

各地应根据自身实际情况将工业厂区、农业园区、科研院所、高等院校、科技观测场所、科技工程、专题科技馆及科技主题公园等资源进行整合，针对不同游客的特点设计不同主题的产品和线路。提升天文台、科技馆、气象站、科研所、博物馆等场所的功能配置，打造一批"科技旅游示范基地""科技旅游试验区""科普教育基地"；举办主题各异的"科技交易会"和"科技博览会"，开展"科教之旅""探秘宇宙""科技夏令营""科技养身游"等专项旅游活动。

（二）整合打造科技旅游产业链

各地应加快推进以学科或专业领域为主线，以科研人员、科研机构、科技园区、科技产品、科技场馆、科技会展等为节点的资源链式整合开发，围绕科技旅游市场需求进行产品和项目的开发，加快与旅游过程中的"食、住、行、游、购、娱"各环节相融合，真正实现旅游过程的全科技化模式（见图5-2）。

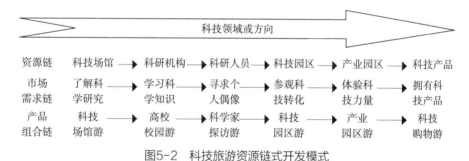

图5-2　科技旅游资源链式开发模式

资料来源：路科，李福生，魏丽英，孟祥霞，王丽莉，王南.科技旅游资源及开发模式研究 [J]. 中国经贸导刊，2012(10):57-58.

（三）注重旅游活动的体验性和参与性

各地应充分借助互联网、物联网、虚拟现实技术、5G 信息技术、全息投影技术等科技手段融入文化旅游资源开发、文化旅游产品设计、文化旅游场景氛围营造、文化旅游多元服务当中，提升文化旅游活动的神秘性、互动性、参与性、体验性，让游客能够在体验与参与中学到知识，达到科普与旅游、娱乐与学习完美结合的效果。

（四）加强科技旅游从业人员队伍建设

旅游目的地管理部门或旅游企业应加强与高等院校、科研机构的合作，成立科普旅游专业培训教育机构，并邀请一些行业专家和教授开展实地讲学培训，使科普旅游的导游员和讲解员具备较高的专业知识，更好地为广大科普旅游者传播科学知识，提高科普教育的效果。此外，各地应充分发挥专业科普人才的作用，形成由科技工作者和旅游工作者等群体构成的兼职科普服务队伍。

（五）加快开发科技旅游纪念品

各地应加快制作和销售包括诸如高科技实物产品、绿色产品、科普纪念品、科学仪器和技术设备的复制品和仿制品、化石标本等，并附上真品图片和说明材料，揭示其所负载和反映的科学内涵与价值。

七十二、创建全域旅游示范区如何推进旅游与国土、气象、生态环保等的融合？

发展全域旅游，需要运用全新的"资源观""产品观""产业观""市场观"来审视地方旅游业发展，尤其是要注重旅游业发展在国土、气象、生态环保等方面的内涵挖掘和资源开发利用。

（一）旅游与国土融合

推进旅游与国土融合，一是要积极开发建设地质公园、矿山公园及山地旅游等产品，创新产品供给；二是要指导各地将全域旅游发展用地纳入土地利用总体规划，为全域旅游发展提供用地空间保障；三是合理安排全域旅游项目用地指标，助推项目落地建设；四是大胆突破创新，不断完善旅游用地支持政策。

（二）旅游与气象融合

"旅游＋气象"模式的产业延伸融合，是利用旅游与气象产业间的优势互补，将旅游气象推向社会化、市场化，赋予旅游气象产业新的附加功能和更强的竞争力，形成新的产业体系，从而实现产业间的融合，就催生了气象气候旅游景观的出现。"气象气候旅游景观"是指出现于大气圈的各种具有旅游审美价值的大气物理现象、过程与综合特征的景观总称，一般包括云雾、雨雪、雾凇、海市蜃楼、佛光、彩虹、避暑气候、避寒气候、极端与特殊气候等景观类型。此外，天象旅游景观还包括眼睛能够观察到的天体运行所具有的审美价值的天文景观，天象旅游景观一般指日出、晚霞、月色、日食、月食现象、流星与彗星景观、极光等。

专栏 5-11　天象与气候旅游资源

"天象与气候旅游资源"是指能对旅游者产生吸引力、可以为旅游业开发利用的天文现象和天气的时间变化与空间表现。其类型主要有光现象和天气与气候现象。光现象是由于光传播介质异常而引起光线折射的奇特现象，如日月星辰、光环现象、海市蜃楼现象等；天气与气候现象包括云雾、极端与特殊气候等。将这些自然界天然存在的客观现象作为旅游资源类型，有的是依据它们的壮美景观，为开辟自然观光旅游提供条件，有的是依据它本身的性质，为开展休闲度假旅游提供资料。天象与气候旅游资源具有地域性、速变性、季节性、层次性、配景性等特点。

资料来源：邵琪伟.中国旅游大辞典[M].上海：上海辞书出版社，2012.

---

1. 打造一批气象气候旅游载体

开发出一系列"气象公园""星空部落""星空小镇""暗夜公园""日出日落观赏地"等气象气候旅游载体。建设绿色避暑居所，在山地、林地、滨海旅游度假地等地重点建设以避暑为核心功能和核心卖点的旅游地产、第二居所、分时度假等为代表的地产业态，打造一批高端、低密度的旅游房地产，为游客提供避暑、度假的居所。

2. 开发一批气象气候旅游产品

大力开发避暑避寒旅游产品，推动建设一批避暑避寒度假目的地；打造系列避暑经济活动，重点策划"气候经济峰会""避暑经济论坛""避暑食品博览会""避暑温泉养生节""避暑民俗节庆游""避暑清凉狂欢节"等系列活动；策划"清凉博览会"，在展示各类避暑产品的同时，集中展示避暑相关特色产品的现场制作；打造"避暑文化节"，从立夏前夕至金秋十月，推出系列避暑文化节主题活动。

3. 借助技术手段实现旅游气象服务最大化发展

首先，加强科学技术在旅游 App、手机旅游天气地图等旅游移动互联网产品的应用与开发，实现游客对旅游气象服务的便捷化、即时化、智能化和精准化需求。其次，通过提高技术水平，进一步完善旅游气象灾害预警系统与旅游气象灾害的分析、预测能力，根据各景区特点，推进旅游景区气象观测系统的建设，增加气象观测设备，提高对气象旅游资源的观测与研究能力，并利用广播、网络、电视等信息传输手段及时发布预警信息，实现网络化、自动化的全程信息发布，及时采取灾害应急措施，确保游客安全，最大限度地减小灾害损失，准确有效地为旅游业服务。最后，在旅游气象科普方面，利用 3D 视觉体验技术、模拟技术、科技馆现场参观讲解等形式传播旅游与气象相关的科普知识。

（三）旅游与生态环保融合

各地应加快开发建设和打造一批生态旅游区、天然氧吧等载体，积极开展国家生态旅游示范区申报创建工作。在旅游开发过程中，要尽量减少废气、废水、废渣和固体废弃物对环境的污染破坏；定期对旅游环境进行评价，并确保环境价值在管理决策中得到体现，时刻保持旅游与生态建设融合发展；积极支持有利于环境改善的旅游项目的建设，倡导与环境和谐的旅游活动，积极开展绿色营销等；全面开展绿色企业的评选评估工作，大力推广运用节能节水减排等先进环保技术，加快推进单位设施设备节能环保改造，评定认证一批生态景区、循环性景区和绿色饭店，推动旅游节能减排工作的落实；严格执行旅游开发建设环保一票否决制，合理确定旅游景区游客环境容量，推进国家公园、生态旅游示范区、旅游循环经济试点的开发建设，建立健全旅游开发与生态环境保护的良性互动运行机制。

第六章 秩序与安全

安全是全域旅游发展的"生命线",而安全、守法、有序、繁荣的旅游市场秩序则是全域旅游发展的重要保障和外在表征。此部分重点论述了创建和发展全域旅游的标准化和非标准化服务创新,创建和发展全域旅游在市场管理、投诉处理、文明旅游、旅游志愿者、旅游安全制度建设、风险管控、旅游救援和保险等方面的发展思路和创新举措等内容。

"秩序与安全"结构导图如图6-1所示。

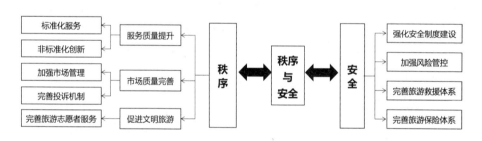

图6-1 "秩序与安全"结构导图

七十三、创建全域旅游示范区如何提升全域旅游标准化服务质量?

"旅游标准化"作为旅游业发展的重要技术支撑,是加强旅游行业治理、规范旅游市场秩序、提升旅游服务质量、塑造旅游品牌的关键抓手和工作,对于发展全域旅游和创建国家全域旅游示范区具有重要作用。在《国家全域旅游示范区验收标准(试行)》中,"标准完善""标准执行"与"标准示范"分别占到了4分、4分和2分,总分10分,具体的评分标准如表6-1所示。

表6-1 《国家全域旅游示范区验收标准（试行）》中对标准化的评分标准

序号	主要内容	评分标准
1	标准完善	制定符合本地实际的城市旅游和乡村旅游服务地方标准或规范，每制定1项得1分，最高得4分
2	标准执行	游客集中场所须实现标准化服务，每发现1处服务不规范扣1分，最多扣4分
3	标准示范	获得"全国旅游标准化示范城市（区、县）""全国旅游标准化示范单位"等称号，每有1个称号得1分，最高得2分

（一）加强标准制定、修订工作

旅游标准化的首要工作是根据经济社会发展现状、旅游市场需求、旅游新业态涌现等情况制定相应的规范标准，因此就需要全域旅游示范区创建单位根据《中华人民共和国旅游法》《中华人民共和国标准化法》《全国旅游标准化发展规划（2016—2020）》等法律法规和相关文件，加大地方旅游标准制定和修订力度，进一步拓展旅游标准覆盖领域，建立旅游业自愿性标准和技术法规标准覆盖全面、有机衔接，政府主导制定标准与市场自主制定标准协同发展、协调配套的新型旅游标准体系；紧贴旅游发展战略任务和重大需求，重点加强旅游公共服务、旅游行业急需和涉及新型业态的旅游产品与服务标准建设，完善"文、商、养、学、闲、情、奇"等旅游业态标准；完善智慧旅游、旅游电子商务、旅游信息中心、旅游行业统计等旅游信息技术标准；统筹协调和充分调动各方力量，坚持企业主体，强化社会参与，加强政府部门、行业协会、相关企业、科研院所、中介机构的分工协作，共同推动旅游标准化发展，从而规范旅游业发展的市场秩序，促进旅游标准化发展质量效益的整体提升。

（二）加强标准推广实施

旅游标准化的核心工作是推广和实施标准。这就要求全域旅游示范区创建单位做好以下工作：

（1）加大标准宣贯力度。建立重要旅游标准新闻发布制度，加强对社会关注、公众关心的旅游标准宣传和解读。充分发挥旅游标准化技术委员会、旅游行业协会的组织作用，逐步建立层次分明、权威高效的旅游标准宣贯体系；在"世界标准日""质量月""3·15 国际消费者权益日""5·19 中国旅游日"等时间节点利用电视、广播、报刊、微博、微信等各类媒体，广泛宣传普及旅游标准化相关知识，开展旅游标准化知识"进企业、进楼宇、进校园、进社区"等活动，重点强化对企业的旅游标准宣贯，提高全社会、全行业的旅游标准意识和认知水平。

（2）转变标准实施方式。推动政府在制定旅游政策和履行相关职能时，运用行业准入条件、经营许可、合格评定等手段，促进旅游标准实施。转变旅游标准实施的认证主体和认证方式，进一步发挥社会组织机构在旅游标准化工作中的作用，逐步建立适应新形势、新需求的规范统一的旅游标准认证体系，尝试利用和发展社会第三方认证机构进行旅游标准的推广实施工作。

（3）强化企业主体作用。鼓励旅游企业根据需要自主制定和实施高于国家标准、行业标准、地方标准的具有竞争力的旅游企业标准，鼓励旅游企业参与国家标准、行业标准和地方标准的制定、修订工作。建立面向旅游企业自我声明标准的自愿性第三方评价、标识制度，向社会和旅游消费者传递准确的产品质量信息，建立标准支撑旅游质量治理、促进质量提升的长效机制。

（4）建立旅游标准实施效果评价机制。研究建立旅游标准实施效果评价指标体系和评价模型，围绕提高旅游标准适用性和有效性，开展旅游标准实施效果评价，并将评价结果及时反馈到标准立项、起草、复审和管理等工作中，形成旅游标准化工作的良性循环。完善旅游标准实施反馈与信息发布机制，畅通标准实施信息反馈渠道，加强与旅游标准实施相关部门的联络和协调联动，建立旅游标准实施信息反馈处置工作体系。健全市场准入和市场退出机制，严格旅游标准准入条件，加强标准实施跟踪与长效管理。

（三）加快形成标准化品牌示范效应

全域旅游示范区创建单位根据当地实际，充分运用标准化手段和发挥试点示范的辐射带动作用，建立健全旅游标准化试点和示范单位创建工作机制，支持各地、各景区开展各类旅游标准化试点工作，积极开展"全国旅游标准化示范城市（区、县）"和"全国旅游标准化示范单位"申报工作，着力打造一批旅游标准化精品示范项目和行业品牌。各级旅游主管部门和试点示范单位应及时总结旅游标准化试点示范的成功经验和典型案例，采用多种形式加大旅游标准化试点示范成果的宣传和推广应用，扩大旅游标准化示范效应。

（四）加强旅游标准化队伍建设

依托旅游院校、科研院所和旅游人才培养基地，开设旅游标准化课程或专业，完善旅游标准化人才培养体系，培养具有标准化技术特长的应用性人才。加强各级旅游主管部门工作人员的旅游标准化专业培训，提高旅游行政人员业务素质和管理水平。指导和帮助旅游企业加强标准化培训，提高旅游企业员工的旅游标准化意识、业务素质和行为能力。加快培养一支数量足、水平高、结构优的旅游标准化专家队伍。充实和完善旅游标准化专家库，发展壮大旅游标准化专家队伍，为旅游标准化提供强大的智力支撑。

七十四、创建全域旅游示范区如何创新全域旅游非标准化服务？

在《国家全域旅游示范区验收标准（试行）》中规定，国家全域旅游示范区如果在非标准化旅游服务方面实现创新，即：有社区主导的旅游经营模式创新或其他非标准化特色旅游服务创新最多加 10 分。现场检查发现创新程度不高则酌情扣分。

随着经济社会的发展和科学技术的不断进步，游客市场需求逐渐发生变化，游客对于在旅游过程中的"个性化""多元化"等"非标准化服务"需求日盛。因此，就需要各地各部门按照旅游需求个性化要求，加快实施旅游服务质量标杆引领计划，鼓励企业实行旅游服务规范和承诺，建立优质旅游服务商目录，推出优质旅游服务品牌，切实开展"金钥匙服务"，同时开展以游客评价为主的旅游目的地评价，不断提高游客满意度。

专栏 6-1 "金钥匙服务"简介

"金钥匙服务"是指"客人委托，酒店代办"的个性化的专业服务。为顾客提供专业化、个性化的综合性服务项目，包括旅游咨询服务、行李打包服务、代订客房、冲印、订花、订餐、快递等委托代办服务。金钥匙服务的宗旨，是在不违反国家法律的前提下，使客人获得满意、惊喜的服务。金钥匙服务是饭店服务的一个极致，已成为饭店领域的一个新的品牌。而提供金钥匙服务的人员被称为"金钥匙"，是一群拥有先进的服务理念、提供标准的旅游服务的专家。金钥匙服务已成为现代高等级饭店服务水平的最高代表，拥有金钥匙是一个饭店服务水平的最好标志之一。金钥匙服务从酒店业延伸到整个旅游行业，为游客提供专业化的服务，成为中国旅游服务业的闪光点，为中国旅游业的发展注入了新的活力。

资料来源：邵琪伟.中国旅游大辞典[M].上海：上海辞书出版社，2012.

<hr/>

专栏 6-2　非标准化旅游服务各地创新案例

　　陕西省华阴市：华山镇仙峪村以村两委会为主导成立了乡村旅游服务管理公司，对所有经营户实行统一管理、统一培训、统一调配，形成了旅游扶贫和乡村旅游服务"仙峪模式"。

　　青海省祁连县：借鉴国内外先进经验，按照非标民宿的服务要求，专门编制了符合祁连县实际的农牧家乐建设和管理导则，在实际应用中取得很大成果。

　　江苏省贾汪区：非标准化营销全速发展，构建"社区建店、乡村建园"营销方式，唐耕山庄、康田农庄建立非标准化平台，园区企业将直营实体店开到城市社区、将生态农场建在乡村，带动乡村旅游发展。

资料来源：编者根据网络资料整理。

七十五、创建全域旅游示范区如何加强全域旅游市场管理？

　　在《国家全域旅游示范区验收标准（试行）》中规定，国家全域旅游示范区在"市场管理"方面，应达到"完善旅游市场综合监管机制，整合组建承担旅游行政执法职责的文化市场综合执法队伍，建立旅游领域社会信用体系，制定信用惩戒机制，市场秩序良好"的标准及要求，此项占25分，其中，"执法队伍"占9分，"市场秩序"占7分，"信用管理"占9分，具体的评分标准如表6-2所示。

表6-2　《国家全域旅游示范区验收标准（试行）》中对市场管理评分标准

序号	主要内容	评分标准
1	执法队伍	整合组建文化市场综合执法队伍，承担旅游市场执法职责，最高得9分
2	市场秩序	发现1处"黑导""黑社""黑店""黑车"等扣2分；发现1处"擅自变更行程""虚假宣传"等扣1分；发现1处"不合理低价游""强迫消费（购物）"扣7分；最多扣7分

序号	主要内容	评分标准
3	信用管理	建立旅游领域社会信用体系，制定有旅游市场主体"红黑榜"制度最高得6分，建立旅游企业信用联合惩戒制度最高得6分；两者最高得9分

（一）加强综合执法队伍建设

（1）整合执法队伍。将旅游市场执法职责和队伍整合划入文化市场综合执法队伍，统一行使文化、文物、出版、广播电视、电影、旅游市场行政执法职责。通过有效整合现有执法力量，建立跨部门、跨板块的沟通协调机制，以旅游质监所人员为本，旅游机构积极联络其他职能部门，并建立旅游市场监管工作联络会议，多部门联动执法形成监管合力，共同有效处理旅游业监管，强化过程管控，避免文化市场重复执法、多头执法现象发生，有效解决过去执法体制不顺、执法机构不全、执法队伍薄弱、执法力量不足等问题。

（2）开展执法人员培训。汇编和发放《旅游法律法规》，邀请旅游法律专家、学者及相关职能部门的专业人员通过以案代训、情景模拟、典型案例教学、执法案件交流、座谈会等多种形式，对旅游警察、旅游工商和旅游法庭等工作人员进行系统执法培训。加强与政法部门、政法院校、法学研究机构等的长效合作，通过挂职锻炼、交流学习等形式，不断增强执法人员的办案能力、办案技巧，提高执法人员的综合素质和业务能力，对各地旅游系统质监及执法人员开展旅游系统行政执法培训，解决行政执法中存在的疑点、难点问题。面向各地旅游质监及执法人员开展旅游法律法规知识竞赛，切实提高各地旅游系统干部行政执法素质和水平，推动各地依法治旅和平安创建工作开展。

（二）强化旅游市场秩序维护

（1）创新旅游监管机制。发挥各级政府的主导作用和文旅部门的主管作用，明确各相关部门责任，着力解决执法难、执法软问题。建立重点地区旅游市场监管机制，完善旅游纠纷调解机制，健全互联网旅游企业监管体系。严厉打击扰乱旅游市场秩序的违法违规行为，切实维护旅游者合法权益。

（2）加强旅游执法。强化旅游质监执法队伍的市场监督执法功能，严肃查处损害游客权益、扰乱旅游市场秩序的违法违规行为，曝光重大违法案件，实现旅游执法检查的常态化。公安、工商、质监、物价等部门按照职责加强对涉旅领域执法检查。建立健全旅游与相关部门的联合执法机制，净化旅游市场环境，维护游客合法权益。

（3）强化事中事后监管。加快建立旅游领域社会信用体系，依托全国信用信息共享平台，归集旅游企业和从业人员失信行为，并对失信行为开展联合惩戒行动。各地应加快制定《旅游企业诚信经营"红黄黑名单"制度》，扩大旅游"红黑榜"在旅游景区、旅游饭店、旅行社等旅游企业当中的影响力与威慑力。发挥旅游行业协会自律作用，采取"一会三员（旅游行业协会、服务质量监督员、观察员、评论员）"统筹合作模式，强化事中事后监管。

（4）大力开展旅游市场专项整治行动。大力开展"扫黑除恶""双随机一公开""整治不合理低价游""旅游市场秩序综合整治"等各项市场秩序整治行动，持续做好质量强省（市、县）等工作考核、重大节假日前文明安全旅游值守安排、出行安全提示发布等工作，根据国家相关文件精神要求，严格执行"双随机抽查系统"的要求，制定随机抽查事项清单，明确抽查依据、抽查主体、抽查内容、抽查方式、抽查频次等，针对旅游过程当中存在的或可能存在的"黑车、黑社、黑导、黑店、黑船"等现象，通过检查、督查、约谈查处等方式，进行依法管理，重点整治不合理低价游、虚假广告、虚假或者引人误解的宣传、零负团费、强迫和变相强迫消费、违反旅游合同等不正当竞争行为，进一步规范旅游服务，切实维护旅游市场秩序稳定，不断强化诚信经营市场导向，推动各地旅游市场秩序向好发展。

专栏 6-3 "双随机一公开"

"双随机一公开"是指工商和市场监管部门在依法实施工商职能监督检查时，采取随机方式抽取被检查对象，随机方式选派执法检查人员，及时公开检查结果。依据相关法律法规规定，旅游部门随机抽查事项是旅行社日常检查和旅游经营单位安全生产检查；抽查对象是当地旅行社及其分支机构，星级酒店和 A 级旅游景区。

资料来源：国务院办公厅.《国务院办公厅关于推广随机抽查规范事中事后监管的通知》（国办发〔2015〕58 号），2015。

（5）引导旅游者理性消费。规范旅游合同管理，加强旅游信息引导，提高旅游者自我防范意识，自觉抵制不合理低价游。通过各类不同形式的宣传

教育，增强旅游者合同意识和契约精神，引导理性消费、依法维权。

（三）加强信用管理体系建设

各地应结合旅游市场监管的新形势和新需求，不断强化教育引导、强化集中治理、强化制度保障，积极发挥市场主体和行业组织的力量，多措并举，构建旅游行业新型信用管理体系。

（1）强化教育引导。各地应广泛开展"抵制不合理低价游，明明白白去旅游"主题活动，重点遴选一批存在虚假宣传、合同欺诈、恶性价格竞争、强制消费等不诚信经营行为的违法典型案例进行教育警示、正本清源，引导游客树立正确、科学、理性的消费理念，在全社会树立起"守信光荣、失信可耻"的良好风尚。

（2）强化集中治理。各地应严格按照《关于集中治理诚信缺失突出问题提升全社会诚信水平的工作方案》和《关于对旅游领域严重失信相关责任主体实施联合惩戒的合作备忘录》的规定要求，持续推进"不合理低价游"专项治理和"黑导游"专项整治活动，充分发挥联合惩戒的震慑力和警示作用，让失信者"一处失信，处处难行"。

（3）强化制度保障。各级政府和管理部门应建立健全旅游从业者、经营者和消费者的信用体系，建立健全旅游领域信用记录制度、信用信息公示制度、诚信评价制度、诚信结果运用制度、社会监督制度等完善配套的制度体系；建立"黑名单"制度，出台旅游市场黑名单管理办法；建立"重点关注名单"制度，出台旅游市场重点关注名单管理办法；不断完善旅游市场诚信体系，着力打造"旅游诚信商家体系"，开展旅游市场信用体系建设示范工程，以分门类、计分管理的方式，将涉旅行业纳入信用体系，实施旅游企业黑名单管理机制，采用 LED 屏价格公示、"诚信筐、放心秤"等方式，探索"社会监督＋舆情监控＋行业自律＋游客自觉＋常态化管理办法"等有机结合的治旅体系；将旅游失信行为纳入社会信用体系记录范围，及时发布旅游失信行为信息记录，推进旅游失信行为记录和不文明行为记录与全国信用信息共享平台共享，开展联合惩戒，为旅游诚信建设保驾护航。

（4）积极发挥市场主体和行业组织的力量。各地应大力支持和鼓励社会力量积极参与旅游行业信用建设，推进征信、评信与用信步伐；引导和强化旅游市场主体和从业人员将诚信作为服务的基本理念和自觉行为，不断提升企业诚信口碑；行业组织应完善行规行约，组织开展行业诚信建设、质量评议等活动，促进行业规范诚信经营。

专栏 6-4　都江堰市上线全国首个旅游信用查询 App

都江堰市把社会诚信体系建设作为党委政府"一把手"工程，该市社会信用体系建设已形成了"都江堰模式"，把"讲信用"作为创建全国文明城市的重要内容，加强旅游行业信用体系建设，建立健全旅游企业和商业信用服务市场体系、守信激励和失信惩戒机制。与国际专业信用评级机构合作建设专业信用信息管理服务平台，并以旅游信用为突破口上线"都江堰旅游信用查询 App"，定期发布都江堰市年度旅游行业首批企业信用评级结果，作为都江堰全市政府信用体系发布、信用监管、动态评价、政务发布等的重要平台。全力打造"一处违约，处处受限"的新型营商和社会治理生态环境，以此为核心构建更加强大的城市新型竞争力。

资料来源：编者根据网络资料整理。

七十六、创建全域旅游示范区如何完善全域旅游投诉体制机制？

在《国家全域旅游示范区验收标准（试行）》中规定，国家全域旅游示范区在"投诉处理"方面应达到"旅游投诉举报渠道健全畅通有效，投诉处理制度健全，处理规范公正，反馈及时有效"的标准及要求，此项占 20 分，具体的评分标准如表 6-3 所示。

表 6-3　《国家全域旅游示范区验收标准（试行）》中对旅游投诉评分标准

序号	主要内容	评分标准
1	线上投诉	有 12301 智慧旅游服务平台、12345 政府服务热线以及手机 App、微信公众号、热线电话等投诉举报手段；每发现 1 种不畅通扣 1 分，最多扣 6 分
2	线下投诉	游客集中区均设有旅游投诉点，线下投诉渠道畅通；每发现 1 处不达标扣 1 分，最多扣 4 分
3	处理规范公正	投诉处理制度健全得 2 分，按章处理规范公正得 2 分，最高得 4 分
4	反馈及时有效	一般性投诉当日反馈结果得 6 分，3 日内反馈结果得 3 分，超过 3 日不得分，最高得 6 分

"旅游投诉"是指旅游者认为旅游经营者损害其合法权益,请求旅游行政管理部门、旅游质量监督管理机构或者旅游执法机构(以下统称"旅游投诉处理机构"),对双方发生的民事争议进行处理的行为。根据《旅游投诉处理办法》以及各地实际情况,应重点从以下几个方面完善投诉处理机制体制:

(一)完善旅游投诉处理机制

地方各级旅游行政主管部门应当在本级人民政府的领导下,建立、健全相关行政管理部门共同处理旅游投诉举报机制和联动投诉处理机制,加强对辖区内旅游投诉处理工作的监督指导,协调处理旅游投诉,形成线上线下联动、高效便捷畅通的旅游投诉举报受理、处理、反馈机制,做到及时公正,规范有效。旅游投诉处理机构在处理旅游投诉中,发现被投诉人或者其从业人员有违法或犯罪行为的,应当按照法律、法规和规章的规定,做出行政处罚、向有关行政管理部门提出行政处罚建议或者移送司法机关。此外,各地可探索设立并推广"旅游诚信基金制度",建立投诉先行赔付制度,可在重点景区成立涉旅投诉快速办理中心,为消费者提供快捷的维权通道,为旅游企业构建诚信的制度体系。各地应鼓励和支持在企业供给方面推行"先出游、后付款"的"先游后付"模式,为倒逼旅游行业服务水平提升。此外,各地应加快实行"旅游投诉首问负责制",及时处置游客投诉的各项问题,强化全域旅游高质量发展理念。

(二)严格投诉受理工作规范

从接待、接受旅游投诉,到立案、调查、审理、调解、结案等各个环节,要有严格的工作程序和规范的受理文书,受理投诉的工作人员要严格按规定程序和工作规则办事,并注意文明用语、仪容礼貌和专业素养,注意化解矛盾、协调关系、提高效率和质量。

(三)构建多元化旅游投诉举报渠道

通过政务网站和主要媒体向社会公布旅游投诉电话,积极运用"12301"智慧旅游服务平台、"12315"消费者投诉客服电话、"12345"政府服务热线,110公安部门电话,以及各地物价局、工商管理局、商务局等部门电话以及手机App、微信公众号、热线电话、咨询中心等多样化手段,落实专人负责投诉电话接听工作，明确旅游投诉处理人员 24 小时值班制度；向旅游企业、乡村旅游点发放统一制作的旅游投诉牌和旅游投诉记录本；有条件的地方可以探索网上进行和受理旅游投诉。要在旅游经营服务场所、游客集散地和黄金周等重点时段，向游客和社会公众公布旅游投诉电话，制定并公布投诉程序、投诉规定和工作规则，形成线上线下联动、高效便捷畅通的旅游投诉受理、处理、反馈机制，做到受理热情友好、处理规范公正、反馈及时有效，不断提高旅游投诉的结案率、满意率。

（四）建立健全旅游监管及投诉信息处理机制

各地应加快推广使用全国旅游监管服务平台，运用大数据实现精准监管和分类监管。支持和鼓励重点旅游地区先行先试，创新现代旅游治理机制。旅游投诉处理机构应当每季度公布旅游者的投诉信息，旅游投诉处理机构应当使用统一规范的旅游投诉处理信息系统，旅游投诉处理机构应当为受理的投诉制作档案并妥善保管相关资料。

（五）举办各类旅游培训提升处理旅游投诉处理的水平

各地应每年举办各种类型的旅游投诉、旅游市场监管执法等方面的业务培训班，汇编发放《旅游法律法规》，组织旅游企业质监人员举办旅游法律知识竞赛，使旅游投诉处理工作人员熟练掌握旅游投诉处理所涉及的法律、规章以及工作程序、工作方法、处理技巧等，有效处理好每一件投诉。

（六）开展旅游消费教育和指导工作

积极探索旅游消费教育和指导工作的形式，通过发布旅游公益广告、举办旅游消费课堂、发表旅游质监执法机构观点等多种形式，引导旅游者理性消费、合理维权。针对旅游服务中存在的热点问题、易发问题，建立面向旅游消费者的旅游消费警示与提示机制，揭露旅游消费陷阱。

七十七、创建全域旅游示范区如何促进文明旅游？

在《国家全域旅游示范区验收标准（试行）》中规定，国家全域旅游示范区在"文明旅游"方面，应达到"定期开展旅游文明宣传和警示教育活动，推行旅游文明公约，树立文明旅游典型，妥善处置、及时上报旅游不文明行为事件"，此项占 20 分。其中"文明公约和指南"占 10 分，"文明典型"占 10 分，具体的评分标准如表 6-4 所示。

表6-4 《国家全域旅游示范区验收标准（试行）》中对文明旅游评分标准

序号	主要内容	评分标准
1	文明公约和指南	开展旅游文明公约和出境旅游文明指南宣传教育活动，推行旅游文明公约；每开展 1 次得 2 分，最高得 10 分
2	文明典型	妥善处置、及时上报旅游不文明行为事件，有文明旅游典型且有国家主流媒体宣传报道，引起社会广泛反响的，每有 1 个得 4 分，省级主流媒体宣传的每有 1 个得 2 分；两者最高得 10 分

（一）切实开展文明旅游宣传教育活动

一是加强公益宣传。宣传、文旅部门要组织制作文明旅游宣传片，编印《中国公民国内旅游文明行为公约》及《中国公民出国（境）旅游文明行动指南》等文明旅游宣传册、挂图、折页等，普及宣传文明旅游基本规则和内涵要求，引导市民树立文明出游的意识，甄别不文明行为。各地的报社、广播电视台要在重点时段长期刊播文明旅游宣传公益广告，教育引导广大市民讲文明、树新风。当地的各大官方网站、主要景区景点、车站及城市主次干道等要加大文明旅游公益广告投放比例。二是加强舆论监督。发挥新闻舆论的监督作用，客观全面地报道不文明旅游行为，引导公众积极参与讨论，在讨论和反思中增强文明旅游意识。畅通旅游投诉举报热线，为人们监督不文明旅游行为提供有效平台。外事、公安、文旅部门要收集掌握市民境外不文明行为典型案例和文明旅游存在的突出问题，邀请媒体深入剖析开展警示教育，逐步将市民不文明信用记录纳入全社会征信体系建设中，实施《游客旅游不文明记录管理办法》，形成游客旅游不文明信息通报机制。

（二）切实开展文明旅游典型案例评选活动

树立文明旅游标杆，在当地各大新闻媒体常年开设文明旅游专题专栏，及时报道各地各级各部门抓文明旅游的工作部署和动态进展，宣传一批重信守诺的旅行社、一批履职尽责的领队导游、一批讲文明守公德的游客、一批无私奉献的文明旅游志愿服务组织和志愿者，报道一批典型经验和有效做法。开展"为中国加分"文明旅游主题活动，征集"中国旅游好故事"。面向旅游服务全行业评选"文明单位""青年文明号"等为文明旅游做出突出贡献的单位；在报刊、广播、电视上开设文明旅游专栏，开展旅游从业人员评优；建立文明旅游信息库，包括诚信旅游企业、文明游客、文明旅游服务员等。评选"文明旅游公益大使"，培养一批能够讲好中国故事的导游人员。

（三）创新开展文明旅游积分等制度

各地应根据自身实际，加快探索创新"绿币"制度、"文明旅游银行"等制度，联合相关机构成立"文明旅游银行"联盟，通过设立激励机制从而更加有力地引导游客增强环保意识、提升文明程度。

专栏 6-5　　"绿币"制度和"文明旅游银行"案例

　　浙江仙居的"绿币"制度是当地为引导市民、游客践行绿色生活方式而推出的奖励措施。市民游客参与绿色生活方式的相关活动记录，经认定后，可获得相应的"绿币"奖励。"绿币"可用于消费、生活缴费、公益捐赠等，1 绿币相当于 1 元人民币，首期"绿币"奖励基金为 30 万元。该县淡竹乡还针对游客食、住、行、娱、游等环节中的低碳旅游行为，制定了绿色生活清单，列出"绿币"兑换条件，每条对应不同的"绿币"数额，引导游客绿色消费。体验完"绿币"兑换的游客无不交口称赞，这不仅是引导游客提升绿色消费理念的一种激励措施，还成为当地的一种特殊旅游体验，让很多游客念念不忘。

　　同样，湖北武汉成立的"文明旅游银行"也是一种类似的文明旅游激励措施。2014 年 10 月，"文明旅游银行"由武汉市旅游局发起，东湖游船公司、南方国际旅行社、湖北省海外旅游集团联合成立。按照相关规定，游客参加文明旅游培训，可获 5 分文明积分；在旅途中没有不文明言行，可得 20 分文明积分……这些文明积分可用于兑换景区门票等旅游产品。

资料来源：徐万佳. 治理不文明旅游行为不妨"变堵为疏"[N]. 中国旅游报，2018-08-06(003).

七十八、创建全域旅游示范区如何完善旅游志愿者服务？

在《国家全域旅游示范区验收标准（试行）》中规定，国家全域旅游示范区在"旅游志愿者服务"方面，应达到"完善旅游志愿服务体系，设立志愿服务工作站点，开展旅游志愿者公益行动"，此项占 15 分，具体的评分标准如表 6-5 所示。

表6-5 《国家全域旅游示范区验收标准（试行）》中对旅游志愿者服务评分标准

序号	主要内容	评分标准
1	服务工作站点	游客集中场所设立至少3处志愿者服务工作站，并有人值守；每少1处扣3分，最多扣9分
2	志愿公益行动	有常态化旅游志愿服务公益活动的最高得3分，形成服务品牌的最高得3分，两者最高得6分；现场检查发现公益活动效果不好则酌情扣分

旅游志愿者是旅游系统中不可忽略的主体，提供的旅游志愿服务作为一种特有的公共服务方式，对提高目的地旅游业服务水平、提升游客旅游体验质量与促进当地旅游业可持续发展发挥着重要作用，可从以下几方面开展推进旅游志愿者相关工作。

（一）加强旅游志愿者服务组织及队伍建设

一是依法登记管理旅游志愿者组织，委托第三方开展旅游志愿者常态化管理、开展文明旅游宣传活动及旅游志愿服务，例如可以创新设立"旅游啄木鸟志愿者"队伍或组织，加强文明旅游等方面的志愿服务，形成建立社区旅游志愿者、景区旅游志愿者、旅游咨询中心志愿者于一体的旅游志愿服务网络体系。二是规范和完善志愿者的招募、注册、协议签订、培训上岗、开展服务、考核等工作。各地旅游主管部门和各旅游行业协会尽快完善壮大"学雷锋志愿服务队"等志愿者队伍。三是加强志愿者培训管理。采取集中辅导、座谈交流、案例分析等方式，对志愿者进行志愿服务基本知识、专项知识和应用服务技能培训，不断提高志愿者的服务意识、服务能力和专业化水平。四是建立志愿服务记录制度。规范志愿者服务记录，建立志愿服务信息台账，为评价和表彰激励提供依据。五是健全激励机制。积极落实志愿者星级认定制度，培育先进模范志愿者、志愿者组织，适时组织开展旅游志愿服务先进典型评选表彰活动。

（二）科学合理设置旅游志愿者服务工作站

各地应在游客集中的机场、高铁站、汽车站、各大旅游景区等场所设立至少3处志愿者服务工作站，并安排专人值守。旅游志愿者服务工作站主要负责开展文明旅游志愿服务，提供文明引导、游览讲解、信息咨询和应急救援等服务，包括引导市民游客文明游览，遵守文明行为规范，对景区内出现的各类不文明行为进行合理劝解，纠正市民游客不文明旅游行为；开展绿色出行引导，协助景区工作人员捡拾垃圾，制止踩踏绿地草坪、摘折花木果实等破坏环境的行为，引导市民游客爱护旅游资源，保护生态环境；发放文明旅游手册、文明待客手册、中国公民国内旅游文明行为公约、中国公民出国（境）旅游文明行为指南等宣传材料，倡导市民文明旅游、健康出行。

（三）落实各类旅游志愿者活动

（1）开展旅游志愿者公益行动。各地应结合当地实际设立"文明旅游志愿服务主题月"，在景区景点、商场超市、游园广场等公共场所开展文明旅游劝导活动，普及文明礼仪知识，宣传文明旅游理念。充分发挥各交通路口文明劝导员、志愿者的作用，积极开展"文明交通"劝导行动；引导机动车驾驶员积极参与"礼让斑马线，文明伴我行"活动；组织动员广大市民积极参与"文明旅游、礼貌乘车"活动，养成文明、有序、礼让、互助的良好旅游、乘车习惯。

（2）组织动员文化和旅游部门的在职人员、乡土文化人才、退休文化工作者等作为志愿者加入新时代文明实践志愿服务总（分）队，整合现有的文化馆（站）、图书馆、博物馆以及歌舞团、戏剧团等基层公共服务阵地资源，建立文化服务平台，深入乡镇（村）文明实践中心站（所），广泛开展群众乐于参与、便于参与的文明实践活动，培育当地志愿服务品牌项目，开展"大舞台"文艺演出、"大讲台"培训讲座和"大展台"展览展示等文化和旅游志愿服务活动。鼓励和支持各级各类公共文化机构和企事业单位、旅游景区、社会团体等各方力量，围绕元旦春节、学雷锋日、志愿者日、劳动节、儿童节、重阳节、中秋节、国庆节等节日纪念日，招募有一定特长、具有奉献精神、热心社会公益事业的各界人士作为旅游志愿者，组建志愿服务团队，担任文明旅游讲解员、引导员和"文明用厕"宣传员，参与优秀传统文化、景区政策宣讲、景点介绍、秩序维护等各项服务，形成长期开展的志愿服务品牌项目，大力弘扬中华优秀传统文化，传播文明旅游社会风尚，引导广大游客努力提升自身文明素质，遵守公共秩序，爱护公共设施，争做文明旅游践行者和传播者。

（3）组织先进典型评选。充分利用"3·5"学雷锋纪念日、"5·19"中国旅游日、"12·5"国际志愿者日等关键时间节点，注重发挥典型示范作用，积极动员社会力量参与志愿服务，广泛宣传深受群众欢迎的文化和旅游志愿服务项目、团队和个人，推出一批"最美导游""最美游客""文明旅游优秀志愿服务典型"评选活动，引导旅游从业人员和游客追求讲文明、有道德、守信用的品格。通过先进典型评选，发现、挖掘和推出一批诚实守信、文明有礼、乐于奉献的导游、游客和志愿者，展现文化和旅游志愿服务工作成果，展示他们的职业美、品德美、行为美，引导市民遵守文明礼仪、践行文明规范，扩大文化和旅游志愿服务社会影响力。

（四）加强工作督导

采取定期督导和不定期巡查相结合的方式，对各地主管部门、各旅游企事业单位的志愿服务工作进行考核，考核情况纳入当年评先评优范围。对在志愿服务工作中表现突出的单位，予以表扬，树立标杆；对工作落实不力、敷衍塞责的单位，通报批评，督促整改。主管部门应该加强对志愿服务项目的登记、跟踪、指导和监管等常态化管理，对项目的实施效果进行监测、考核和评估，杜绝形式主义，避免志愿服务活动流于形式、走过场，确保取得实效；各地文化和旅游行政部门在指导项目实施单位开展文化和旅游志愿服务活动时，要为志愿者提供必要的工作条件，依法依规保障好志愿者权益。要制订活动安全预案，防止意外事件发生。

七十九、创建全域旅游示范区如何强化旅游安全制度建设？

在《国家全域旅游示范区验收标准（试行）》中规定，国家全域旅游示范区在"安全制度"方面，应达到"建立旅游安全联合监管机制，制订旅游安全应急预案，定期开展安全演练"的要求，此项占 12 分，具体的评分标准如表 6-6 所示。

表 6-6　《国家全域旅游示范区验收标准（试行）》中对旅游安全评分标准

序号	主要内容	评分标准
1	应急预案	有旅游安全风险提示制度得 2 分；有针对各种旅游突发公共事件应急预案，每有 1 个得 1 分；两者最高得 4 分

序号	主要内容	评分标准
2	定期演练	创建期内每年至少进行过 1 次演练，每有 1 次演练得 2 分，最高得 4 分
3	监管机制	建立相关部门参加的旅游安全联合监管机制的，最高得 4 分

"旅游安全"是指旅游活动可以容忍的风险程度，是对旅游活动处于平衡、稳定、正常状态的一种统称。主要表现为旅游者、旅游企业和旅游资源等主体不受威胁和外界因素干扰，从而免于承受身心压力、伤害或财物损失的自然状态。旅游安全管理是指为了保障旅游活动平安、无危险、不受威胁、不出事故，避免或降低因安全事故造成的人员伤亡、财产损失，而有意识、有计划地对旅游活动中的各种风险和事故进行的预防、警示、控制和处置及相关活动的总称。应重点做好以下工作：

（一）加强旅游安全制度建设

完善旅游安全管理制度，强化有关部门安全监管责任，加强旅游安全制度建设，强化旅游、公安、交通、安监、卫生、食药监等有关部门安全监管责任，由安监部门牵头组织景区开业的安全风险评估建立健全旅游安全预警机制，加强境外旅行安全提示、热点景区景点最大承载量警示、旅游目的地安全风险提示。落实旅行社、旅游饭店、旅游景区安全规范。做好高风险旅游项目安全管理。

（二）强化重点领域和环节监管

对旅游安全所进行的保障和管理包括日常性和应急两个基本范畴的工作。日常性保障和管理主要指安全教育、安全文化建设、旅游信息披露、旅游行为引导、旅游标准制定等工作行为。旅游应急管理则包括针对旅游风险和旅游事故进行的预警与检测、救援与应急处置、恢复与重振等工作行为。这就需要强化对客运索道、大型游乐设施等特种设备和旅游用车、旅游节庆活动等重点领域及环节的监管以及景区地质灾害安全管理。落实旅游客运车辆"导游专座"制度。推动旅游客运车辆安装卫星定位装置并实行联网联控，建设旅游包车安全运营及动态监管平台。实施旅游用车联合检查制度。加强旅游节庆活动安全管理。加强景区景点最大承载量管控。加强旅游场所消防基础设施建设，落实消防安全主体责任。

（三）加快旅游紧急救援体系建设

健全旅游突发事件应对机制，完善旅游突发事件信息报送和应急值守制度，完善应急预案体系。建设国家旅游应急管理指挥平台。推动建立政府救助与商业救援相结合的旅游紧急救援体系，推进国家旅游紧急救援基地建设，鼓励有条件的旅游企业建立紧急救援队伍。

（四）深化旅游保险合作机制

完善旅游保险产品，提高保险保障额度，扩大保险覆盖范围，提升保险理赔服务水平。完善旅行社责任保险机制，推动旅游景区、宾馆饭店、旅游大巴及高风险旅游项目旅游责任保险发展。加强与重点出境旅游目的地开展旅游保险合作，建立健全出境旅游保险保障体系。

（五）推动旅游安全知识普及和教育

通过多种形式和手段推动社会各界学习和了解旅游安全知识，鼓励编写与出版旅游安全知识读物，鼓励在广播电视和网络专题频道传播旅游安全知识，组织相应的部门编撰《简明旅游安全知识手册》，提高人们外出旅游出行可能潜在的危险及风险防范意识。面向旅游者和旅游从业人员等主体，通过电视、网络、报纸、杂志等各种传播媒介，介绍与传授安全法规、安全知识及安全防范与应对技能，提升全民安全意识。

（六）做好旅游安全风险提示工作

旅游相关部门应该加大构建旅游目的地安全监测系统、旅游危急反应系统、旅游经济或经济监测预警系统，根据对旅游目的地的气象、水文、地质等旅游安全状况的评估，向相关部门和旅游者发布前往目的地旅游的安全预警信息，避免在旅游者不知情或准备不足的情况下发生危险，从而最大限度地减低危害对旅游者所造成的损失。同时，各地的各级旅游管理部门、旅游企业等部门和单位应该针对特定的旅游风险或存在的安全隐患，采用文字布告、语言提示、警示图标等各种形式，提醒旅游者及相关人员加强安全注意、遵守相关管理规定、提高安全防范意识、及时规避旅游安全风险。

八十、创建全域旅游示范区如何加强全域旅游风险管控？

在《国家全域旅游示范区验收标准（试行）》中规定，国家全域旅游示范区在"风险管控方面"，应达到"有各类安全风险提示、安全生产监督管控措施"的要求，此项占 18 分，具体评分标准如表 6-7 所示。

表 6-7　《国家全域旅游示范区验收标准（试行）》中对风险管控评分标准

序号	主要内容	评分标准
1	安全风险提示	有广播、新媒体、手机短信等多种信息预警发布渠道；每有 1 种渠道得 2 分，最高得 6 分
2	企业安全规范	旅游企业有健全的安全管理制度并有效执行，每发现 1 处不达标扣 2 分，最多扣 6 分
3	重点领域行业监管	创建单位在旅游意识形态管理方面有具体举措，没有发生相关事故，有针对特种旅游设施设备、高风险旅游项目、旅游节庆活动等安全监管措施，每发现 1 处监管不到位扣 3 分，最多扣 6 分

"旅游风险"是指旅游者在旅游过程中遭受各种危险情况的可能性和后果的组合。主要包括自然灾害风险、事故灾害风险、公共卫生风险、社会安全风险以及由于旅游企业的不当操作而导致的旅游业务活动风险等类型。旅游风险是旅游行为发生前的心理预期和客观后果之间的偏差；或是旅游者在其旅游行为中所感知到的可能发生的负面结果；抑或是旅游者在团体旅游过程或行程中可能感受的风险，此风险的产生主要来自旅游行程以及旅游地所提供的旅游服务条件。管控旅游风险要重点做好以下工作：

（一）高度重视安全风险提示

借助现代科技通信手段，丰富安全风险提示渠道和方式，通过广播、电视、报纸、官方网站、官方微信、官方微博、App 客户端、手机短信等多种信息预警发布安全风险提示，全力保障旅游市场安全有序。

（二）加强旅游安全制度建设

完善旅游安全管理制度，强化有关部门安全监管责任。建立健全旅游安全预警机制，加强境外旅行安全提示、热点景区景点最大承载量警示、旅游目的地安全风险提示。旅游企业有健全的安全管理制度并有效执行，落实旅行社、旅游饭店、旅游景区安全规范。做好高风险旅游项目安全管理。

（三）强化重点领域行业和环节监管

针对特种旅游设施设备、高风险旅游项目、旅游节庆活动等采取安全监管措施；强化对客运索道、大型游乐设施等特种设备的安全监察及景区地质灾害安全管理；落实旅游客运车辆"导游专座"制度；推动旅游客运车辆安装卫星定位装置并实行联网联控，建设旅游包车安全运营及动态监管平台；实施旅游用车联合检查制度；加强旅游节庆活动安全管理；加强景区景点最大承载量管控；加强旅游场所消防基础设施建设，落实消防安全主体责任。

（四）切实开展旅游安全风险评价

旅游风险评价是指为了维护旅游系统安全运转，保障旅游者、旅游从业人员及旅游企业不受各类风险因素干扰，在旅游风险识别和预测的基础上，结合管理因素，对旅游风险发生的可能性及危害程度进行全面评估，并与公认或事先拟定的安全指标相比较，决定是否采取相应措施的过程。评价过程可以采用基于经验的定性分析方法和基于风险数据的定量分析方法，也可以基于特定的知识框架或模型工具。针对不同的旅游风险类型和旅游企业类型，可开发具有针对性的风险评价工具。

八十一、创建全域旅游示范区如何完善旅游救援和保险体系？

在《国家全域旅游示范区验收标准（试行）》中规定，国家全域旅游示范区在"旅游救援"方面，应达到"救援系统运行有效，旅游保险制度健全"的要求，此项占 10 分，具体的评分标准如表 6-8 所示。

表 6-8 《国家全域旅游示范区验收标准（试行）》中对标准化的评分标准

序号	主要内容	评分标准
1	救援体系	与本地 110、120、119 等有合作救援机制的得 2 分；旅游企业有专门救援队伍或与其他专业救援队伍（或商业救援机构）合作的，每有 1 种合作方式 2 分，最高得 6 分；现场检查发现合作救援服务水平不高则酌情扣分

序号	主要内容	评分标准
2	旅游保险	旅游景区以及高风险旅游项目实现旅游保险全覆盖且有效理赔，发现 1 次不达标扣 2 分，最多扣 4 分

　　旅游保险是分散旅游过程中发生的风险、降低旅游损失的一种有效手段。目前，我国旅游保险产品既包括游客意外伤害保险、旅游人身意外伤害保险、住宿游客人身保险、旅游救助保险和旅游救援保险等传统保险产品，也包括航班延误险、乡村旅游政策性保险、旅行设计师保险等一批适应大众旅游时代自助游、自驾游、定制游对旅游保险个性化需求的新型保险产品。

（一）构建全方位的救援体系

　　各地的旅游管理部门应构建有与本地 110、120、119 等单位联合的救援体系，积极探索利用公安、消防、武警和专业化救援队伍为旅游紧急救援提供服务的新机制；健全旅游突发事件应对机制；完善旅游突发事件信息报送和应急值守制度，完善应急预案体系；推动建立政府救助与商业救援相结合的旅游紧急救援体系，推进旅游紧急救援基地建设，鼓励有条件的旅游企业建立紧急救援队伍。

（二）加快完善旅游保险保障体系

　　当前，各地加快建立起一套全方位、多层次、多元化的旅游保险保障体系。首先，应完善旅游保险产品，扩大旅游保险覆盖面，提高保险理赔服务水平。其次，应将"保险"与"救援"紧密结合，使紧急救援服务成为保险服务内容之一，将一般的保险事后理赔服务向前延伸到事故发生时的"立即"援助。再次，各地应积极完善旅游保险产品，提高保险保障额度，扩大保险覆盖范围，提升保险理赔服务水平；完善旅行社责任保险机制，推动旅游景区、宾馆饭店、旅游大巴及高风险旅游项目旅游责任保险发展，旅游景区以及高风险旅游项目实现旅游保险全覆盖且有效理赔。加强与重点出境旅游目的地开展旅游保险合作，建立健全出境旅游保险保障体系。

第七章　资源与环境

丰富的资源禀赋和良好的自然生态和人文环境是发展全域旅游的基底。此部分重点论述了在"美丽中国""乡村振兴""优秀传统文化保护与复兴"等背景下创建和发展全域旅游在加强自然生态保护、文化资源保护、提升全域环境质量、提升城市建设水平、保护和建设村镇、环境整治、创建环保卫生品牌、推进社会环境优化、推进公益场所开放、推进便利优惠、推进旅游扶贫富民等方面的标准要求和创新发展路径。

"资源与环境"结构导图如图 7-1 所示。

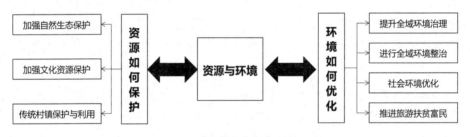

图7-1　"资源与环境"结构导图

八十二、创建全域旅游示范区如何加强自然生态保护?

在《国家全域旅游示范区验收标准(试行)》中规定,国家全域旅游示范区在"资源环境质量"方面,应制定自然生态资源、文化资源保护措施和方案,其中,在自然生态保护方面,《标准》规定:"对山水林田湖草生态保护和生态修复有针对性措施和方案的,得 8 分。发现 1 处生态资源明显破坏或盲目过度开发,或违反生态环境保护管理有关规定的扣 8 分。"

(一)实施绿色旅游开发

各地应加快推动绿色旅游产品体系建设,打造一批绿色旅游示范基地、森林旅游示范基地，规划建设一批绿色交通廊道、风景道，创建一批生态文明旅游景区、示范区；加大对能源节约、资源循环利用、生态修复等重大生态旅游技术的研发和支持力度；推进生态旅游技术成果的转化与应用，推进旅游产业生态化、低碳化发展。

（二）加强旅游环境保护

各地应牢固树立"绿水青山就是金山银山"的发展理念，坚持绿色生态的可持续发展之路，在"保护优先、开发服从保护"的前提下，对不同类型的旅游资源开发活动进行分类指导；强化对自然生态系统、生物多样性、田园风光、传统村落、历史文化和民族文化等保护，保持生态系统完整性、生物多样性、环境质量优良性、传统村镇原有肌理和建筑元素；科学探索"河长制""湖长制""湾长制""渠长制"等机制，推进河水、湖泊、海水质量不断优化提升；加快推进旅游业节能减排，实施旅游能效提升计划，降低资源消耗强度；开展旅游循环经济示范区建设；倡导绿色旅游消费，实施旅游能效提升计划，推广节能节水产品、技术和新能源燃料的使用，对酒店饭店、景点景区、乡村客栈等建筑进行节能和供热计量改造，建设节水型景区、酒店和旅游村镇。

（三）创新绿色发展机制

各地应根据自身实际，因地制宜探索绿色创新发展机制。例如：各地可建立健全以绿色景区、绿色饭店、绿色建筑、绿色交通为核心的绿色旅游标准体系，推行绿色旅游产品、绿色旅游企业认证制度；各地可完善旅游预约机制、建立健全旅游环境监测预警机制、景区游客流量控制与环境容量联动机制；各地还可对生态旅游区实施生态环境审计和问责制度，完善旅游开发利用规划与建设项目环境影响评价信息公开机制。

（四）珍稀植物与植被资源保护

（1）积极寻求加入"世界自然保护联盟""中国生物圈保护网络"，加强保护管理和监测预警的交流、合作。

（2）政府引导，通过协会、学会和民间组织等多种形式，建立保护地管理机构，建立高效精干的管护和执法队伍，依法做好保护管理工作。

（3）广泛深入地开展宣传教育工作。政府和职能部门应加大森林法、珍稀濒危植物保护条例等法律条文宣传力度，切实做好群众的宣传教育工作，提高其对自然资源的保护意识。

（4）加强植物保护和利用的有效结合，在自然保护区内的旅游活动，应以生态旅游为主，并注重科普教育，合理开发旅游资源，防止生态破坏，构建最自然的野生状态向旅游者开放。

（5）建立珍稀濒危植物迁地保护中心，进行集中保护。把易流入花卉市场和药材市场而遭到破坏的种类进行引种繁育栽培，让其人工引种变为归化植物。同时，实行就地保护和迁地保护相结合，注意坚持适地适树引种驯化原则。

（6）深入开展科学研究调查，形成利用保护良性循环，调查珍稀植物生态生物学特性，探究濒危原因，建立连续清查监测系统，掌握植物资源动态规律，逐步建立植物资源管理数据库及信息系统。

（7）巩固加强自然保护区建设管理，建立健全监督保护体系，制订适合当地实际的自然保护法规，提高管理人员专业素质，设立自然保护区专项基金等，确保自然保护区有效管理，对已制定和执行的相关规定，应切实执行，对偷盗采伐保护植物事件应处以严厉惩罚及法律制裁。

（五）珍稀动物资源保护

（1）建立自然保护区，保护濒危动物物种的栖息地。在已经建立了保护区的区域应加强野生种群的保护、监测与研究，建立健全保护设施、监测体系，控制生态旅游开发规模。

（2）开展驯养繁殖，建立人工繁殖基地或驯养繁殖中心，建立濒危动物救护中心，濒危物种应实施再引进工程。

（3）提高法律保护地位，加大执法力度，禁止或限制商业性开发利用，尤其对于濒危程度较高的种类，应提高保护级别，禁止进行商业性开发利用。

（4）加强野生动物集中区及重点分布区域的野外巡护工作，保障野生动物安全，主管部门定期组织召开野生动物保护会议，加强野生动物野外巡护和看守，严密排查区内投毒、挂网、下夹、放套等破坏野生动物资源活动，做到巡护到位、看守到岗、责任到人。

（5）严格执法检查，阻断野生动物产品买卖商业链条，通过开展各项动物保护执法行动，加强遏制破坏野生动物资源不法行为的力度，阻断生动物产品买卖商业链条，保护野生动物资源不受破坏。

（6）加快园林绿化、绿色通道工程建设。增加成片林面积，形成贯穿各地行政区全域范围的绿色生态走廊，为野生动物迁徙、栖息提供优良的生态环境，大力推动自然保护区建设及湿地保护工作，为野生动物提供良好栖息环境。

（7）合理开发利用，重视野生动物产业的发展，形成以规模化的繁育基地、综合加工利用基地和生态旅游等为主的产业框架结构，建立以野生动物及其产品专业生产和定点经营单位为渠道的流通体系，构建野生动物及产品的检疫与监测体系，推动保护、养殖和合理利用协调发展。

（8）完善组织管理机构，形成完整的科学的管理体系，增加保护经费，建立完整的保护制度，落实管护措施和管护人员，运用现代的科学方法使保护和繁育结合，提升野生动物的质量和数量，加强野生动物保护区的科研、调查管理，建立野生动物资源档案，促进保护物种多样性和资源合理利用的发展。

八十三、创建全域旅游示范区如何加强文化资源保护？

在《国家全域旅游示范区验收标准（试行）》（以下简称《标准》）中规定，国家全域旅游示范区在"资源环境质量"方面，应制定自然生态资源、文化资源保护措施和方案，其中，在文化资源保护方面，《标准》规定："对地方历史文化、民族文化等有针对性保护措施和方案的，得 8 分。发现 1 处文化资源明显被破坏或掠夺式开发的扣 8 分。"

（一）加强对文物保护单位及古村镇的保护

（1）文物保护单位的保护范围内不得进行其他建设工程，如有特殊需要，必须经原公布的人民政府和上一级文化行政主管部门同意，涉及不可移动文物的任何活动须严格参照《中华人民共和国文物保护法》。核定为文物保护单位的革命遗址、纪念建筑物、古墓葬等（包括建筑物的附属物），在进行修缮、保养、迁移的时候，必须遵守不改变文物原状的原则。

（2）旅游开发应符合文物古迹保护的要求，在文物古迹保护范围内不得建设与文物保护无关的工程建设，在建设控制地带内，不得建设危及文物安全的设施，不得修建与文物周围的环境风貌不相协调的建筑物；建设单位在进行选址和工程设计时，应尽量避开不可移动文物，因特殊情况不能避开的，应事先报请省级文物行政部门组织从事考古发掘的单位，在工程范围内可能埋藏文物的地方进行考古调查、勘探，发现文物的由省市级文物行政部门会同建设单位共同商定保护措施，建设工程涉及文物保护单位的应根据文物保护单位级别事先会同相应的文物行政部门确定保护措施。

（3）严格控制古村古镇的拆旧建新，保持古村古镇的原有风貌和传统格局。

（4）加强对游客的教育和引导，防止由于不当的行为造成对文物古迹的破坏。

（5）建立健全文物保护责任追究制度，依法严厉打击盗掘、盗窃、倒卖、走私文物和破坏文物本体及其历史风貌等违法犯罪行为。

（二）非物质文化遗产的保护与控制

（1）加强对当地非物质文化遗产和传统文化区域的整体保护，按照分级负责的原则，形成省、市（县）、乡（镇）、村四级网络，挖掘、整理并展示地方土特产、工艺品以及具有地方特色的音乐、歌舞、曲艺，并由文化旅游等部门进行规划保护。

（2）加强非物质文化遗产人才队伍建设，有计划地对非文化遗产保护管理人员和业务人员进行岗位培训。

（3）整理、编纂、出版民俗文化艺术图书文献及可视资料，建立民俗文化艺术信息数据库。

（4）深入挖掘历史文化、地域特色文化、民族民俗文化、传统农耕文化等，实施中国传统工艺振兴计划，提升传统工艺产品品质和旅游产品文化含量。

（5）加大非物质文化遗产的传承保护力度，通过多种途径认定非物质文化遗产传承人，并维持传承人的生活和再传承的经济基础，为传承活动提供必要场所、授予荣誉称号、利用公共传媒宣传、展示和交流、促进国际国内交流等。

（6）积极筹措非物质文化遗产发展资金，延伸非物质文化遗产的产业链，走市场化发展道路，申报国家级、省级非物质文化遗产，建立民间基金组织等。

（7）加强非遗保护与生产技术的研发与改进，支持有条件的地方、高校和企业建立非遗保护生产技术的研究机构和重点实验室，展开非物质文化遗产的调查和挖掘工作，及时保护非物质文化遗产项目。

（8）鼓励非遗衍生品的开发，拓展与丰富非遗的主题及表现形式，提高非遗产品的创作设计水平，注重现代人的审美与需求，让非遗衍生品的开发成为扩大就业的重要渠道。

（9）非遗在各地区得到公共传承和生存空间，让非遗的表演形式或民间文艺进入文化馆、文化站、文化广场等公共文化场所，使之成为大众文化，成为娱乐方式和生活方式，成为代代传承的民俗。

八十四、创建全域旅游示范区如何提升全域环境质量?

在《国家全域旅游示范区验收标准（试行）》（以下简称《标准》）中规定，国家全域旅游示范区在"资源环境质量"方面，应制定自然生态资源、文化资源保护措施和方案，其中，在保护和提升全域环境质量方面，《标准》规定："近 1 年空气质量达优良级标准全年不少于 300 天得 5 分，不少于 250天得 3 分，不少于 220 天得 2 分，不少于 200 天得 1 分，少于 200 天不得分；主要旅游区地表水水域环境质量符合 GB3838 Ⅱ类标准得 3 分，符合GB3838 Ⅲ类标准得 1 分。最高得 8 分。"

（一）全面提升旅游区空气质量

各地需要严格执行新修订的《大气污染防治法》，认真落实国家、省大气污染防治行动规划计划，坚持不懈调整能源结构、提升城市精细化建设管理水平、深化污染治理、完善体制机制，以降低细颗粒物污染为核心，实行多种污染物协同控制，进一步改善环境空气质量。

（1）做好空气质量监测工作。各地应重点做好空气监测站点的空气监测工作，建立健全重污染天气应急预案，进一步完善监测预警体系，做好重污染天气应急处置工作，以便对管控区的大气环境质量进行精准管控。

（2）控制建设扬尘。大力发展装配式建筑，推广预拌混凝土，全面推行《建筑工程绿色施工规范》（GB/T 50905—2014)，减少建设扬尘产生。

（3）进一步减少道路扬尘。继续推进道路机扫和冲洗相结合的工作模式，进一步提升道路保洁质量。增加道路机械化保洁车辆，城区主干道机械化保洁率达到100%。

（4）加强可再生能源项目建设。加快推进光伏发电等清洁能源项目建设，积极争取开展新能源微电网项目，进一步扩大清洁能源使用规模。

（5）进一步规范砂石加工行业防尘措施。深入开展城区砂石加工企业扬（粉）尘污染整治，关停非法企业，对符合建设条件的企业严格规范扬尘、粉尘污染控制措施。加强日常监管，防止违规项目建设和已关停、治理项目污染反弹回潮。

（6）治理工业扬尘污染。以工业堆场、煤场、水泥、砖瓦行业为重点。

（7）全面禁止焚烧生活垃圾、枯枝落叶和杂草行为，组织专职人员加强重点区域巡查、管控。

（8）加大工业有机废气治理力度。严把新建项目审批关，拒批高污染项目；新、改、扩建项目排放挥发性有机物的车间有机废气收集率应大于90%；建设项目新增污染物排放量实行倍量替代。开展石化、化工、橡胶、表面涂装、印刷等重点行业有机废气治理。

（9）开展服务业废气污染治理。组织餐饮业、单位食堂安装或升级改造油烟净化设备；组织汽修企业安装或升级改造喷漆废气净化装置。

（10）加强企业搬迁改造过程扬尘污染控制。在老企业旧厂房拆除和二次开发建设过程中，采用喷雾洒水抑尘等措施，强化扬尘污染控制。

（11）严防搬迁企业污染转移。新厂区建设前开展环境影响评价，采用先进的节能环保生产技术、工艺和设备，严格按照环境影响评价批复要求建设污染防治设施。

（12）加强工业企业废气排放执法监管。对工业废气污染源实行全方位监管，强化与刑事司法衔接机制，深化部门区域联动，运用大气法赋予的按日计罚、限制生产、停产整治等手段，依法严肃查处环境违法行为。

（13）加强建筑施工扬尘执法监管。在全市推广房屋建筑及拆除工程视频监控，对未设置硬质密闭围挡、未冲洗地面车辆、未密闭遮盖土方、未按规定对裸露地面覆盖绿化等违法行为，依法责令改正，进行处罚，拒不改正的，责令停工整治。

（14）加强散流物体运输车辆执法监管。进一步做好运输散流物体车辆的管理和整治工作，各区市落实属地监管责任，严厉查处未采取密闭或者其他措施防止物料遗撒的煤炭、垃圾、渣土、砂石、土方、灰浆等散装、流体物料的运输车辆。

（15）加强机动车排气污染执法监管。通过开展路查、停放地抽检、遥感检测、有奖举报、专项整治等措施，加强对黑烟车、无标车等违规车的监管。加大对储油库、加油站、油罐车油气污染治理设施的监管力度，确保设施有效运行。

（二）全面提升旅游区地表水质量

（1）加强城市生态基础设施建设。进一步完善城市给排水管网设施，确保做到雨污分流。加强城市污水处理厂建设，使生活污水全部通过管网进入污水处理厂集中处理，做到应收尽收，达标排放。

（2）加强城市生态园林绿化工作。加快实施以小流域生态植被恢复、河道两岸绿化、城市公共绿地、公园绿地、厂区绿化等为载体的城市绿化工程。通过科学规划布局合理的城市绿地系统，提高水源涵养能力。

（3）加强城市生态景观建设。将河道治理与生态景观的打造有机结合起来，形成预防、治理、监管、保护"四位一体"的水环境联防联控和治理体系，充分利用经深度处理后达标的外排水，打造城市生态景观，提升城市品位。

（4）要加大资源节约和水循环利用的宣传力度。形成节水、惜水、爱水的良好氛围，对水资源浪费现象和超标排放污染物现象进行媒体曝光，对水资源综合利用典型事迹予以特别报道。从培植城市的生态文化入手，引导居民形成生态的价值观念、活动方式和思维方式，使水环境治理成为打造城市生态名片的一项重要工程，得到社会各界的广泛支持和参与。

（5）抓住重点流域水污染问题，采取工程与生态相结合的措施整治水环境。加强以污染严重的河流为重点流域的水污染综合整治是全面提升水环境质量的重中之重，采取分期治理与集中治理相结合，工程措施与生态措施相结合。

（6）推行跨界断面水质考核机制，用足用好涉水生态补偿机制。各地应按照"谁污染谁治理"的原则，建立健全和严格执行"一河一策"和"河长负责制"；建立健全跨界断面水质量化考评和问责机制；建立健全并加快落实跨界断面水质考核生态补偿奖励机制。

八十五、创建全域旅游示范区如何提升城市建设水平？

在《国家全域旅游示范区验收标准（试行）》中规定，国家全域旅游示范区在"城乡建设水平"方面，应达到"整体风貌具有鲜明的地方特色，城乡建设保护措施完善"的要求及标准，此项占 16 分。其中，"城市建设"方面占 6 分，"村镇建设"方面占 5 分，"村镇保护"方面占 5 分。在"城市建设"方面，规定"城市建设风貌美观，辨识度高，富有地方文化特色。城市风貌特色一般，但没有明显不协调的，扣 3 分；城市风貌无特色、不协调的扣 6 分"。

（一）加强城市绿地系统建设

将生态观念融入城市规划体系中，以"因地制宜、合理布局"为原则，尊重、顺应自然，构建"城在林中、林在城中；湖水相伴、绿带环抱"的城市空间布局。拓展城市空间，扩大城市绿化规模，坚持绿山、绿道、绿地、绿河、绿院"五绿"并举，在中心城区构建以城市公园为主体，山体、河流、湿地为基础，生态景观廊道相贯通的城市生态网络体系，形成全域化布局的绿地系统布局结构。

（二）加强城市的水系保护

一是加强对城市内部河湖水系的生态环境修复和绿化景观环境营造，限制或禁止各种不利于保护生态系统水源涵养功能的经济社会活动和生产方式。二是完善环境监测预警系统，建立环境污染事故应急处置体系。三是制定生态补偿办法，维护当地居民的权益。

（三）加强城市的垃圾环卫工作

通过市内垃圾中转站、填埋单元处理，将生活垃圾处理技术政策与相关措施有效地贯穿于垃圾无害化处理的全过程。

（四）加强城市的噪声控制

城镇内噪声控制按照国家《声环境质量标准》（GB 3096—2008）0类标准执行。道路两侧建设绿化带，建设生态停车场，新（改、扩）建项目建筑物材料要考虑声波吸纳进一步降低噪声污染，减少噪声对游客的干扰。

八十六、创建全域旅游示范区如何保护和建设村镇？

在"村镇建设"方面，规定"旅游村镇建筑富有地方特点和乡土特色。村镇风貌特色一般，但没有明显不协调，扣2分；村镇风貌无特色、不协调的扣5分"。在"村镇保护"方面，规定"对历史文化名镇名村、中国传统村落等传统村镇有针对性保护措施和方案。每发现1处破坏扣2分，最多扣5分"。

（一）优化乡村环境完善配套服务

各地应加快实施"百村示范、千村创建、万村整治"工程，不断优化乡村宜居宜游环境，以市（区）为责任主体，全域推进农村人居环境整治，以"三清理""三拆除""三整治"和"三清一拆"为抓手，全域开展农村人居环境整治，重点推进"厕所革命""垃圾革命""污水革命"，分梯度、分类型创建干净整洁村、美丽宜居村、特色精品村，大力改善农村生态环境，建设生态农韵的宜居乡村。实行全域规划、全域提升、全域建设、全域管理，推进美丽庭院、精品村、风景线多联创。完善公共旅游配套服务。按照"主客共享、适度超前"原则，联合农业农村、卫生健康、生态环保、自然资源等部门，加强农村环境综合整治，推进乡村街道硬化、绿化、亮化和房屋外表改造，美化村容村貌。

（二）加强对历史文化村镇的保护力度

各地应参照国家对文物遗迹和历史文化街区保护的方式，加强对村镇地区文物遗迹和民居、街道等古老建筑的保护，反对破坏风貌的拆建；要引进民族、民俗、历史、人类文化学等多学科的专家共同研究、开发和监测，实现村镇地区历史文化的有效传承和科学开发。

（三）健全乡村旅游标准体系

各地应不断完善乡村旅游标准化体系，制定推广旅游质量标准，加快培育一批乡村旅游标准化试点示范单位，鼓励旅游企业制定个性化的标准。实施乡村旅游住宿、餐饮、娱乐、购物等服务规范和安全标准。启动准入标准、管理标准、服务标准以及乡村旅游质量等级划分与评定等地方性标准制定，提升乡村旅游品质和档次。

（四）加强乡村旅游从业人员培训

各地应不断加强乡村旅游从业人员培训，鼓励大中专院校毕业生、青年志愿者、艺术和科技工作者驻村帮扶，推进"送教下乡"计划，结合农村远程教育和文化站点建设，建立现代化旅游教育培训网络平台，以增强培训的针对性和实用性为重点，抓好乡村旅游服务型人才的岗位培训和岗前培训，引导乡村旅游全面迈入品质化和品牌化发展轨道。配合项目开发帮助制定出具体的人才培训规划，重点培训四类人才：乡村旅游经营户、乡村旅游带头人、能工巧匠传承人和乡村旅游干部，培养一支高素质的乡土旅游实用人才队伍。

八十七、创建全域旅游示范区如何与乡村振兴结合？

"乡村振兴"战略是习近平总书记 2017 年 10 月 18 日在党的十九大报告中提出的战略。十九大报告指出，农业农村农民问题是关系国计民生的根本性问题，必须始终把解决好"三农"问题作为全党工作的重中之重，实施乡村振兴战略，而发展全域旅游成为助力农村振兴、助推农业发展、助成农民致富的有效抓手和可靠方式，创建和发展全域旅游应从以下方面实现与乡村振兴的有效结合。

（一）推动全域旅游规划与乡村空间统筹相结合

科学划定生态、农业、城镇等空间和生态保护红线、永久基本农田、城镇开发边界及生物资源保护线等主要控制线，健全不同主体功能区差异化协同发展长效机制，实现山水林田湖草整体保护、系统修复、综合治理。通盘考虑城镇和乡村发展，统筹谋划产业发展、基础设施、公共服务、资源能源、生态环境保护等主要布局，形成田园乡村与现代城镇各具特色、交相辉映的城乡发展形态。加强乡村风貌整体管控，注重农房单体个性设计，建设立足乡土社会、富有地域特色、承载田园乡愁、体现现代文明的升级版乡村，避免千村一面，防止乡村景观城市化。

（二）推动全域旅游与推动农村产业深度融合相结合

第一，实施农产品加工业提升行动，支持开展农产品生产加工、综合利用关键技术研究与示范，推动初加工、精深加工、综合利用加工和主食加工协调发展，实现农产品多层次、多环节转化增值。第二，实施休闲农业和乡村旅游精品工程，发展乡村共享经济等新业态，推动科技、人文等元素融入农业。第三，依托现代农业产业园、农业科技园区、农产品加工园、农村产业融合发展示范园等，打造农村产业融合发展的平台载体，加快培育一批"农字号"特色小镇。

（三）持续改善农村人居环境

第一，加快推进农村生活垃圾治理、农村厕所革命、庭院卫生清洁等工作；第二，着力提升村容村貌，科学规划村庄建筑布局，突出乡土特色和地域民族特点，鼓励具备条件的地区集中连片建设生态宜居的美丽乡村；第三，建立农村人居环境建设和管护长效机制，发挥村民主体作用，鼓励专业化、市场化建设和运行管护，完善农村人居环境标准体系。

（四）加强乡村生态保护与修复

第一，统筹山水林田湖草系统治理，优化生态安全屏障体系，保护和恢复乡村河湖、湿地生态系统，积极开展农村水生态修复，连通河湖水系，恢复河塘行蓄能力，推进退田还湖还湿、退圩退垸还湖等工作。第二，健全和完善重要生态系统保护制度、天然林和公益林保护制度、河长制湖长制等制度，严格落实自然保护区、风景名胜区、地质遗迹等各类保护地保护制度，支持有条件的地方结合国家公园体制试点。第三，健全生态保护补偿机制。出台相关政策鼓励各地因地制宜探索通过赎买、租赁、置换、协议、混合所有制等方式加强重点区位森林保护，落实草原生态保护补助奖励政策，推动市场化多元化生态补偿，建立健全用水权、排污权、碳排放权交易制度，形成森林、草原、湿地等生态修复工程参与碳汇交易的有效途径。

（五）弘扬中华优秀传统文化

第一，划定乡村建设的历史文化保护线，保护好文物古迹、传统村落、民族村寨、传统建筑、农业遗迹、灌溉工程遗产。传承传统建筑文化，使历史记忆、地域特色、民族特点融入乡村建设与维护。支持农村地区优秀戏曲曲艺、少数民族文化、民间文化等传承发展。完善非物质文化遗产保护制度，实施非物质文化遗产传承发展工程。实施乡村经济社会变迁物证征藏工程，鼓励乡村史志修编。第二，紧密结合特色小镇、美丽乡村建设，深入挖掘乡村特色文化符号，盘活地方和民族特色文化资源，走特色化、差异化发展之路。第三，建设一批特色鲜明、优势突出的农耕文化产业展示区和互动体验区，打造一批特色文化产业乡镇、文化产业特色村和文化产业群。大力推动农村地区实施传统工艺振兴计划，培育形成具有民族和地域特色的传统工艺产品，促进传统工艺提高品质、形成品牌、带动就业。积极开发传统节日文化用品和武术、戏曲、舞龙、舞狮、锣鼓等民间艺术、民俗表演项目。

八十八、创建全域旅游示范区如何推进全域环境整治？

在《国家全域旅游示范区验收标准（试行）》中规定，国家全域旅游示范区在"全域环境整治"方面，应达到"旅游区、旅游廊道、旅游村镇周边洁化绿化美化，'三改一整'等工程推进有力，污水和垃圾处理成效显著"的要求及标准，此项占 20 分，其中"环境美化"方面占 8 分，"三改一整"方面占 4 分，"污水处理"方面占 4 分，"垃圾处理"方面占 4 分。此外，在"创新加分项"中规定，如果国家全域旅游示范区创建单位能够实现旅游环境保护创新，可获得 8 分；如果能够实现环境卫生整治创新，同样可获得 8 分。

（一）环境美化

各地要通过环境整治，实现旅游区、旅游廊道、旅游村镇周边、涉旅路边、河边、湖边、海边洁化、绿化、美化的环境整治目标。

（二）"三改一整"

旅游接待户要加快推进"改厨、改厕、改客房、整理院落"的"三改一整"工程，切实改善和提升旅游接待条件。

（三）污水处理

各地应加快河湖水系的整治，以供水人口多、环境敏感的水源以及饮水安全工程规划建设的水源为重点，加强饮用水源地保护；有条件的地区推进城镇污水处理设施和服务向城镇近郊的农村延伸，在离城镇较远、人口密集的村庄建设污水处理设施进行集中处理，人口较少的村庄推广建设户用污水处理设施；开展生活污水源头减量和尾水回收利用；鼓励具备条件的地区采用人工湿地、氧化塘等生态处理模式。多措并举，切实提高污水处理设施及管网的覆盖率，实现旅游景区、旅游村镇实现污水处理全覆盖，区域内的湖泊、河川、海岸水质达标，没有污染。

（四）垃圾处理

旅游景区、旅游村镇实现垃圾分类回收、转运和无害化处理全覆盖，实现城乡垃圾一体化处理，主要涉旅场所干净卫生整洁，无乱堆乱放乱建乱摆现象。尤其在经济发展较为落后的农村地区，应建立健全村庄保洁体系，因地制宜确定农村生活垃圾处理模式，交通便利且转运距离较近的村庄可依托城镇无害化处理设施集中处理，其他村庄可就近分散处理；总结推广农村生活垃圾分类和资源化利用百县示范经验，基本覆盖所有具备条件的县（市）。

八十九、创建全域旅游示范区如何创建环保卫生品牌？

当前，国内外环保卫生品牌包括"联合国人居奖""中国人居环境范例奖""国家卫生城市""国家园林城市""全国文明城市""国家森林城市""国家环境保护模范城市""中国百佳深呼吸小城""全国生态文明示范城市""全国城市环境综合整治优秀城市""全国节水型城市"等奖项和荣誉。其中"国家卫生城市"和"国家园林城市"的含金量较高，其申报创建的条件要求如下：

（一）国家卫生城市创建要求

为适应新时期爱国卫生工作的需要，全国爱卫办在广泛征求意见的基础上，组织对 2010 年《国家卫生城市标准》进行了修订，形成了《国家卫生城市标准（2014 年版）》，本标准适用于除直辖市以外的设市城市和直辖市所辖行政区。该标准的主要内容有：

1. 爱国卫生组织管理

（1）认真贯彻落实《国务院关于加强爱国卫生工作的决定》，将爱国卫生工作纳入辖区各级政府议事日程，列入社会经济发展规划，具有立法权的城市应当制定本市的爱国卫生法规，其他城市应当制定市政府规范性文件。城市主要领导高度重视，各部门、各单位和广大群众积极参与爱国卫生工作，积极做好全域公共卫生疾病防控等工作。

（2）辖区内各级爱卫会组织健全，成员单位分工明确、职责落实。爱卫会办公室独立或相对独立设置，人员编制能适应实际工作需要，爱国卫生工作经费纳入财政预算。街道办事处及乡镇政府配备专兼职爱国卫生工作人员，社区居委会及村委会协调做好爱国卫生工作。

（3）制定爱国卫生工作规划和年度计划，有部署、有总结。积极开展卫生街道、卫生社区、卫生单位等创建活动。辖区范围内建成不少于 1 个省级以上的卫生乡镇（县城）。在城乡广泛开展爱国卫生教育宣传活动。

（4）畅通爱国卫生建议与投诉平台，认真核实和解决群众反映的问题。群众对卫生状况满意率 90%。

2. 健康教育和健康促进

（1）以《中国公民健康素养——基本知识与技能》为主要内容，广泛开展健康教育和健康促进活动。居民健康素养水平达到卫生事业发展规划要求。

（2）健康教育网络健全，各主要媒体设有健康教育栏目。车站、机场、港口、广场和公园等公共场所设立的电子屏幕和公益广告等应当具有健康教育内容。社区、医院、学校等积极开展健康教育活动。

（3）广泛开展全民健身活动，机关、企事业单位落实工作场所工间操制度。80%以上的社区建有体育健身设施。经常参加体育锻炼的人数比率达到30%以上。每千人口至少有2名社会体育指导员。

（4）深入开展禁烟、控烟宣传活动，禁止烟草广告。开展无烟学校、无烟机关、无烟医疗卫生机构等无烟场所建设。室内公共场所、工作场所和公共交通工具设置禁止吸烟警语和标识。

3. 市容环境卫生

（1）市容环境卫生达到《城市容貌标准》要求。建成数字化城管系统，并正常运行。城市主次干道和街巷路面平整，主要街道无乱张贴、乱涂写、乱设摊点情况，无乱扔、乱吐现象，废物箱等垃圾收集容器配置齐全，城区无卫生死角。城市河道、湖泊等水面清洁，岸坡整洁，无垃圾杂物。建成区绿化覆盖率36%，人均公园绿地面积8.5平方米。城市功能照明完善，城市道路装灯率达到100%。

（2）生活垃圾收集运输体系完善，垃圾、粪便收集运输容器、车辆等设备设施全面实现密闭化，垃圾、粪便日产日清。主要街道保洁时间不低于16小时，一般街道保洁时间不低于12小时。建筑工地管理符合《建筑施工现场环境与卫生标准》要求。待建工地管理到位，规范围挡，无乱倒垃圾和乱搭乱建现象。

（3）生活垃圾、污水、粪便无害化处理设施建设、管理和污染防治符合国家有关法律、法规及标准要求。推行生活垃圾分类收集处理，餐厨垃圾初步实现分类处理和管理，建筑垃圾得到有效处置。省会城市和计划单列市实现生活垃圾全部无害化处理，生活污水全部收集和集中处理；其他城市和直辖市所辖行政区生活垃圾无害化处理率90%，生活污水集中处理率85%。

（4）生活垃圾转运站、公共厕所等环卫设施符合《城镇环境卫生设施设置标准》《城市公共厕所卫生标准》等要求，数量充足，布局合理，管理规范。城市主次干道、车站、机场、港口、旅游景点等公共场所的公厕不低于二类标准。

（5）集贸市场管理规范，配备卫生管理和保洁人员，环卫设施齐全。临时便民市场采取有效管理措施，保证周边市容环境卫生、交通秩序和群众正常生活秩序。达到《标准化菜市场设置与管理规范》要求的农副产品市场比例 70%。

（6）活禽销售市场的卫生管理规范，设立相对独立的经营区域，按照动物防疫有关要求，实行隔离宰杀，落实定期休市和清洗消毒制度，对废弃物实施规范处理。

（7）社区和单位建有卫生管理组织和相关制度，卫生状况良好，环卫设施完善，垃圾日产日清，公共厕所符合卫生要求。道路平坦，绿化美化，无违章建筑，无占道经营现象。市场、饮食摊点等商业服务设施设置合理，管理规范。

（8）城中村及城乡接合部配备专人负责卫生保洁，环卫设施布局合理，垃圾密闭收集运输，日产日清，清运率 100%。有污水排放设施。公厕数量达标，符合卫生要求。路面硬化平整，无非法小广告，无乱搭乱建、乱堆乱摆、乱停乱放、乱贴乱画、乱扔乱倒现象。无违规饲养畜禽。

4. 环境保护

（1）近 3 年辖区内未发生重大环境污染和生态破坏事故。

（2）贯彻落实《中华人民共和国大气污染防治法》，环境空气质量指数(AQI) 或空气污染指数（API）不超过 100 的天数 300 天，环境空气主要污染物年均值达到国家《环境空气质量标准》二级标准。贯彻落实《秸秆禁烧和综合利用管理办法》，秸秆综合利用率达到 100%，杜绝秸秆焚烧现象。区域环境噪声平均值 60 分贝。

（3）贯彻落实《中华人民共和国水法》《中华人民共和国水污染防治法》等法律法规，集中式饮用水水源地一级保护区水质达标率 100%，安全保障达标率 100%，城区内水环境功能区达到要求，未划定功能区的无劣五类水体。

（4）医疗废弃物统一由有资质的医疗废弃物处置单位处置，无医疗机构自行处置医疗废物情况。医源性污水的处理排放符合国家有关要求。

5. 重点场所卫生

（1）贯彻落实《公共场所卫生管理条例》，开展公共场所卫生监督量化分级工作。公共场所卫生许可手续齐全有效，从业人员取得有效健康合格证明。

（2）小餐饮店、小食品店、小浴室、小美容美发、小歌舞厅、小旅店等经营资格合法，室内外环境整洁，硬件设施符合相应国家标准要求，从业人员取得有效健康合格证明。

（3）贯彻落实《学校卫生工作条例》，学校和托幼机构教室、食堂（含饮用水设施）、宿舍、厕所等教学和生活环境符合国家卫生标准或相关规定。加强传染病、学生常见病的预防控制工作，设立校医院或卫生室，配备专职卫生技术人员或兼职保健教师。开展健康学校建设活动，中小学健康教育开课率达100%。

（4）贯彻落实《中华人民共和国职业病防治法》，用人单位作业场所职业病危害因素符合国家职业卫生标准。按照《职业健康监护技术规范》要求，对从事接触职业病危害作业的劳动者开展职业健康检查，开展职业健康教育活动，近3年未发生重大职业病危害事故。

6. 食品和生活饮用水安全

（1）贯彻落实《中华人民共和国食品安全法》，建立健全食品安全全程监管工作机制，近3年未发生重大食品安全事故。

（2）食品生产经营单位内外环境卫生整洁，无交叉污染，食品储存、加工、销售符合卫生要求。对无固定经营场所的食品摊贩实行统一管理，规定区域、限定品种经营。

（3）餐饮业、集体食堂餐饮服务食品安全监督量化分级管理率90%。食品从业人员取得有效的健康合格证明。落实清洗消毒制度，防蝇、防鼠等设施健全。

（4）牲畜屠宰符合卫生及动物防疫要求，严格落实检疫程序。

（5）按照《生活饮用水卫生监督管理办法》要求，市政供水、自备供水、居民小区直饮水管理规范，供水单位有卫生许可证。二次供水符合国家《二次供水设施卫生规范》的标准要求。开展水质监测工作，出厂水、管网末梢水、小区直饮水的水质检测指标达到标准要求。

7. 公共卫生与医疗服务

（1）贯彻落实《中华人民共和国传染病防治法》，近3年未发生重大实验室生物安全事故和因防控措施不力导致的甲、乙类传染病暴发流行。按期完成艾滋病、结核病、血吸虫病等重点疾病预防控制规划要求。

（2）以街道（乡、镇）为单位适龄儿童免疫规划疫苗接种率达到90%以上。疫苗储存和运输管理、接种单位条件符合国家规定要求。制订流动人口免疫规划管理办法，居住满3个月以上的适龄儿童建卡、建证率达到95%以上。

（3）开展慢性病综合防控示范区建设。实施全民健康生活方式行动，建设健康步道、健康食堂（餐厅）、健康主题公园，推广减盐、控油等慢性病防控措施。

（4）贯彻落实《中华人民共和国精神卫生法》，健全工作机构，完善严重精神障碍救治管理工作网络，严重精神障碍患者管理率达到75%以上。

（5）辖区内疾病预防控制机构设置合理，人员、经费能够满足工作需要，疾病预防控制中心基础设施建设达到《疾病预防控制中心建设标准》要求，实验室检验设备装备达标率达到90%以上。

（6）无偿献血能够满足临床用血需要，临床用血100%来自自愿无偿献血。建成区无非法行医、非法采供血和非法医疗广告。

（7）每个街道办事处范围或3万~10万服务人口设置一所社区卫生服务中心，每个乡镇设置一所政府举办的乡镇卫生院。基层医疗卫生机构标准化建设达标率达到95%以上。

（8）辖区婴儿死亡率12‰，5岁以下儿童死亡率14‰，孕产妇死亡率22/10万。

8. 病媒生物预防控制

（1）贯彻落实《病媒生物预防控制管理规定》，建立政府组织与全社会参与相结合的病媒生物防控机制，机关、企事业单位和社区定期开展病媒生物预防控制活动，针对区域内危害严重的病媒生物种类和公共外环境，适时组织集中统一控制行动。建成区鼠、蚊、蝇、蟑螂的密度达到国家病媒生物密度控制水平标准C级要求。

（2）掌握病媒生物滋生地基本情况，制定分类处理措施，湖泊、河流、小型积水、垃圾、厕所等各类滋生环境得到有效治理。

（3）开展重要病媒生物监测调查，收集病媒生物侵害信息并及时进行处置。重点行业和单位防蚊蝇和防鼠设施合格率95%。

（二）国家园林城市创建要求

国家园林城市实行申报制。全国设市城市均可申报国家园林城市。直辖市、计划单列市、省会城市的城区可申报国家园林城区（参照园林城市申报与评审办法和标准）。已命名为国家园林城市称号的城市所辖城区不再申报国家园林城区。根据《国家园林城市申报与评审办法》和《国家园林城市标准》，国家园林城市的申报程序主要涉及以下方面：

1. 申报条件

（1）已制定创建国家园林城市规划、并实施3年以上。

（2）对照建设部《国家园林城市标准》组织自检达到国家园林城市标准。

（3）已开展省级园林城市创建活动的，必须获得省级园林城市称号2年以上。

（4）近3年内未发生重大破坏绿化成果的事件。

2. 申报时间

国家园林城市的评审每两年开展一次，建设部受理申报时间为该评审年的五月底前。

3. 申报程序

（1）由申报城市人民政府向建设部提出申请，并抄报省级建设主管部门。

（2）由所在省级建设主管部门对申报城市组织资格评定，根据评定结果，向建设部提出初评意见。

（3）直辖市申报国家园林城市由城市人民政府直接报建设部。

（4）申报国家园林城区的，先报经城市人民政府同意，并提出上报意见。

4. 申报材料（同时进行网上申报）

（1）省级建设主管部门的报告及初审意见。

（2）申报城市人民政府的申请报告。

（3）申报城市需提供的有关材料：关于创建国家园林城市的技术报告（文本和多媒体音像）；城市概况、基础设施情况以及环境状况等有关情况的说明；城市绿地系统规划文本、批准文件及实施情况，城市绿线制度建立和实施情况的说明；按照《国家园林城市标准》逐项说明材料；城市园林绿化机构设置与行业管理情况说明；创建工作影像资料、城市绿化现状图等。

5.评审程序

（1）建设部统一组织对申报城市（城区）进行遥感测试。

（2）经过遥感测试合格的城市，将组织专家组进行实地考察，并由专家组提出书面考察评估意见。

（3）建设部组成评审委员会，观看申报城市创建国家园林城市的技术报告音像资料，并听取专家组考察评估意见，对申报城市进行综合评审，提出评审意见。

（4）对通过综合评审的城市进行公示10天。

（5）公示结束后，对申报城市进行审定，对审定通过的城市进行命名，并表彰授牌。

6.复查管理

对已命名的"国家园林城市"实行复查制。每三年复查一次，复查合格的，保留"国家园林城市"称号；对复查验收不合格的，给予警告，限期整改；整改不合格的，撤销"国家园林城市"称号。

九十、创建全域旅游示范区如何推进社会环境优化？

在《国家全域旅游示范区验收标准（试行）》中规定，国家全域旅游示范区在"社会环境优化"方面，应达到"广泛开展全域旅游宣传教育，实施旅游惠民政策，旅游扶贫富民方式多样，主客共享的社会氛围良好"的要求及标准，此项占40分，具体评分标准如表7-1所示。

表7-1　《国家全域旅游示范区验收标准（试行）》中对标准化的评分标准

序号	主要内容	评分标准
1	居民宣传教育	须向居民开展全域旅游的相关宣传教育，强化居民的旅游参与意识、旅游形象意识、旅游责任意识、旅游安全意识，每开展1次相关宣传教育或其他形式活动得1分，最高得5分

序号	主要内容	评分标准
2	公益场所开放	公共博物馆、文化馆、图书馆、科技馆、纪念馆、城市休闲公园、红色旅游景区、爱国主义教育基地等公益性场所免费开放，每发现1处不符合条件扣1分，最多扣6分。
3	对特定人群价格优惠	旅游接待场所对老人、军人、学生、残疾人等特定人群实施价格优惠，每发现1处不符合条件扣1分，最多扣4分
4	旅游扶贫富民成效	贫困地区近2年建档立卡贫困人口通过旅游就业等形式脱贫占地方脱贫人口总数的比例不低于15%得20分，不低于10%得10分，不低于5%得5分；非贫困地区旅游富民成效显著，近2年主要旅游乡镇（街道）农民年人均可支配收入超过3万元或年增幅不低于15%得20分，不低于10%得10分，不低于5%得5分；最高得20分
5	旅游扶贫富民方式多样	通过景区带村、能人带户、"企业＋农户""合作社＋农户"、直接就业、定点采购、帮扶销售农副土特产品、输送客源、培训指导、资产收益等各类灵活多样的方式，促进脱贫、就业和增收致富；每有1种旅游扶贫富民方式得1分，最高得5分；现场检查发现扶贫富民方式效果不好则酌情扣分

（一）开展全民旅游素质教育工作

第一，各地应加快编制一套有针对性的"居民公约"，利用学校对学生进行素质教育，从而辐射到全区各个小区和家庭。第二，在各单位、广场、车站等人群聚集的地方设立告示牌或标语，让此"居民公约"时时出现在公民的眼里，从而印在心中。第三，根据此"居民公约"，以社区为单位，评选出"优秀居民"，发动"优秀居民"代表，在各地行政区范围内针对"强化全民旅游意识"开展"全域旅游，从身边做起"为主题的宣讲活动。

（二）加大惩处管理力度

一方面，各地需要开展对"不文明行为"说"不"的活动，对提供"不文明行为"照片或其他线索的公民进行奖励，曝光一批不文明行为。另一方面，在批评教育的基础上，完善相关规章制度，加大对不文明行为的执法力度。

（三）探索建立利益捆绑激励机制

当居民在旅游市场中分享到实惠，真正与旅游市场结成命运共同体时，全民旅游意识的形成才有极大的推动力，所以建立科学有效的利益捆绑激励机制十分必要。第一，由旅游公司牵头，相关部门配合，把旅游相关产业根据规模、产品质量、服务质量、价格等多方面指标，建立严格的考核机制，设立星级标准，并颁发星级标识。一方面为游客提供消费参考，另一方面激励商家提供更优质的服务。第二，建立服务与消费双向机制。对于来旅游的消费者，依照消费金额多少，可由相关主管部门颁发星级证书，与各星级商家签订协议，根据不同的星级消费者，给予不同的折扣优惠。对消费数额特别巨大的游客，可以授予"荣誉游客"称号。第三，由相关部门根据年度在旅游产业中做出重要贡献的商家，授予"荣誉店铺""文明商家"等称号。第四，对于在开展全域旅游大潮中，有浑水摸鱼、欺瞒游客、漫天要价等行为的"不良商家"，要严肃处理。除按照《市场管理办法》处罚外，取消星级评定资格或降级。

（四）加强对不文明行为的监管力度

虽然对于发生在身边的不文明现象，人人有义务制止和批评。但也需要一些专门的人群负责监管。各地可以将小区作为基本单位，由居委会大爷、大妈成立"纠风队"，在小区设立文明窗口，对小区内发生的不文明行为，以文字或图片的形式予以曝光。对发生在小区内的好人好事也要及时地宣传表扬。其次，建立"文明居民"评审机制，选出各个小区的"文明形象代言人"，并授予"文明居民"荣誉称号。学校和其他单位同样也可以根据"文明公约"，选出代表本单位的"文明形象代言人"。

九十一、创建全域旅游示范区如何推进公益场所开放？

在《国家全域旅游示范区验收标准（试行）》中规定，国家全域旅游示范区在"公益场所开放"方面，达到"公共博物馆、文化馆、图书馆、科技馆、纪念馆、城市休闲公园、红色旅游景区、爱国主义教育基地等公益性场所免费开放"的要求，每发现1处不符合条件扣1分，最多扣6分。

（一）加快取消各类公益场所的部分收费项目

各地应加快取消美术馆等各类公益场所的门票收费，取消公共图书馆办证费、验证费、自修室使用费、电子阅览室上网费，限期取消文化馆（站）群众文化艺术辅导和培训费，业余文艺骨干培训费，公益性讲座、展览收费。同时，降低各类公益场所的非基本服务收费，基本公共文化服务以外的公益性服务，要与市场价格有所区分，降低收费标准，按照成本价格为群众提供服务。

（二）建立健全公益场所开放的机制体制

各地应加快组建由当地政府政务中心、旅游志愿者服务站、城管服务站、警务站等人员自愿参加的"公益场所管理服务中心"等公益场所服务组织，重点做好以下三方面工作。一是完善免费开放公示制度。各地应开展形式多样的宣传活动，扩大免费开放的公众知晓率，吸引广大群众走进文化设施，最大限度地发挥各类公益场所的功能作用。美术馆、公共图书馆、文化馆（站）等公益场所要公示免费开放内容，在窗口接待、场所引导、资料提供以及内容讲解等方面创造良好的服务环境，增强吸引力。二是创新经营性场所参与公益活动制度。各地政府可对该地具备一定资质的经营性文化场所、体育场所进行扶持，可设定具体公益开放时间，促成相关文化及体育场所对民众公益开放，其他时间段内可照常收费。三是完善公益场所服务时间制度。各地应鼓励和支持博物馆、展览馆、美术馆、公共图书馆、农家书屋、社区书屋等公益服务场所双休日、法定节假日适当延长开放时间。

（三）加快打造一批公益场所空间

各地应鼓励将党的机关、人大机关、行政机关、政协机关、监察机关、审判机关、检察机关，以及工会、共青团、妇联等人民团体和参照公务员法管理的事业单位的办公室、服务用房、设备用房和附属用房等闲置办公用房转为便民服务、社区活动等公益场所。同时，将技术业务用房一并纳入统一管理范围。加快建设一批"城市书房（书屋）""红色书屋""公益书吧""全域旅游爱心驿站"等公共文化及旅游服务设施载体，并在各级各类公益场所组织举办针对性强的旅游相关教育培训、旅游文化论坛、公益文化讲座等活动。

（四）保障公益场所开放的经费来源渠道

各级财政部门要进一步明确美术馆、公共图书馆、文化馆（站）公益性文化单位性质，按照"增加投入、转换机制、增强活力、改善服务"的原则，建立免费开放经费保障机制，保证免费开放后正常运转并提供基本公共文化服务。要逐步提高经费保障水平，不断健全美术馆、公共图书馆、文化馆（站）免费提供的基本公共文化服务项目，提升服务质量。探索建立公共文化多元化投入机制，鼓励社会力量对美术馆、公共图书馆、文化馆（站）、展览馆、纪念馆、科技馆等场所进行捐赠和投入，拓宽经费来源渠道。

九十二、创建全域旅游示范区如何推进便利优惠？

在《国家全域旅游示范区验收标准（试行）》中规定，国家全域旅游示范区在"对特定人群价格优惠"方面，应达到"旅游接待场所对老人、军人、学生、残疾人等特定人群实施价格优惠"的要求，每发现1处不符合条件扣1分，最多扣4分。

按照相关规定及要求，推动降低重点国有景区门票价格工作落到实处；加强引导A级旅游景区、旅游度假区等旅游场所对老人、军人、学生、残疾人等特定人群实施价格优惠，探索推行旅游景区"一票惠客"制；全面落实带薪休假制度；鼓励设立公益性旅游休闲区；全面落实对未成年人、学生、教师、老年人、现役军人、残疾人等群体减免门票等优惠政策；为孕婴、老年人、残疾人等群体配备相关辅助设施。其中，在推动降低重点国有景区门票价格方面，结合2019年3月《国家发展改革委办公厅关于持续深入推进降低重点国有景区门票价格工作的通知》（发改办价格〔2019〕333号）以及2018年发布的《国家发展改革委关于完善国有景区门票价格形成机制 降低重点国有景区门票价格的指导意见》（发改价格〔2018〕951号，以下简称《指导意见》），各地应重点做好以下工作：

（一）推进更大范围降价

各地价格主管部门要对2018年以来尚未出台降价措施的政府定价管理的景区，全面开展门票定价成本监审或成本调查、价格评估工作，以"五一"、暑期、"十一"等游客集中时间段为重要节点，成熟一批、出台一批，降低景区偏高门票价格水平。加快完成辖区内所有实行政府定价管理的5A、4A 级景区门票成本监审调查、价格评估调整工作。

（二）推动更大力度降价

各地价格主管部门要按照《指导意见》要求，最大限度清理规范景区不合理支出行为，推行收支信息公开，积极探索发挥审计等部门作用，加强对景区成本的约束。对已经降价，但降价不到位、高定价大折扣等问题仍然突出的景区，要推动进一步降价。

（三）强化配套服务价格监管

各地价格主管部门要从减轻旅游者景区游览全程费用的角度出发，在降低门票价格同时，加强对群众反映强烈、垄断性较强的交通车、缆车、游船、停车等服务价格监管。实行政府指导价或政府定价的，要健全景区相关游览服务价格管理制度，在深入开展成本监审或成本调查基础上，降低偏高价格。

（四）确保降价取得实效

各地价格主管部门会同景区经营管理者切实降低偏高的景区门票及景区内配套游览服务价格，不得只降低淡季价格、不降低旺季价格；不得以降低联票、通票价格替代具体景区门票及游览服务项目降价；不得以降低特定售票渠道、特定群体、特定时段价格或实行价格优惠替代普惠降价；不得以经营管理者在政府指导价范围内自主下浮价格替代政府降价；不得通过不合理设置"园中园"门票，提高其他游览服务价格，将门票、相关游览服务项目强制捆绑销售等方式冲减降价实效，搞"明降暗升"。各地应对现行景区门票价格优惠政策执行情况进行系统梳理，认真落实好对军人、未成年人、老年人、学生、残疾人、宗教人士等特定群体的门票减免优惠政策。

（五）加强政策宣传和舆论引导

各地价格主管部门在制定出台政策时，要加强与新闻媒体沟通合作，及时解读相关政策，宣传工作成效。注重宣传效果，必要时要开展深度解读。要做好重大节假日、旅游淡旺季转换期间舆情引导工作，积极回应社会关切。实行淡、旺季差别价格的景区，应按照《指导意见》要求，将淡旺季价格和执行时间提前向社会公布，做好解释工作。

九十三、创建全域旅游示范区如何推进旅游扶贫富民？

在《国家全域旅游示范区验收标准（试行）》中规定，国家全域旅游示范区在"旅游扶贫富民成效""旅游扶贫富民方式多样"等方面达到相应的要求可以分别获得 20 分和 5 分。另外，如果"扶贫富民"方面实现创新，可以获得 12 分，其中，旅游扶贫富民方式创新占 8 分，旅游创业就业方式创新占 4 分，具体的评分标准如表 7-2 所示。

表 7-2　《国家全域旅游示范区验收标准（试行）》中对旅游扶贫富民的评分标准

序号	主要内容	评分标准
1	旅游扶贫富民成效	贫困地区近 2 年建档立卡贫困人口通过旅游就业等形式脱贫占地方脱贫人口总数的比例不低于 15% 得 20 分，不低于 10% 得 10 分，不低于 5% 得 5 分；非贫困地区旅游富民成效显著，近 2 年主要旅游乡镇（街道）农民年人均可支配收入超过 3 万元或年增幅不低于 15% 得 20 分，不低于 10% 得 10 分，不低于 5% 得 5 分；最高得 20 分
2	旅游扶贫富民方式多样	通过景区带村、能人带户、"企业 + 农户""合作社 + 农户"、直接就业、定点采购、帮扶销售农副土特产品、输送客源、培训指导、资产收益等各类灵活多样的方式，促进脱贫、就业和增收致富；每有 1 种旅游扶贫富民方式得 1 分，最高得 5 分；现场检查发现扶贫富民方式效果不好则酌情扣分

（一）大力促进旅游创业就业

各地应尽快搭建旅游就业需求服务平台，进一步改善传统旅游企业吸纳就业的政策环境，切实为新型旅游企业招募员工创造便利条件；积极引导科技、艺术、创意设计等各类专业人才跨界参与旅游开发建设；鼓励和支持发展创业型的个体私营旅游经济和家庭手工业；鼓励高等院校和职业院校发展旅游教育，开设特色旅游专业，提升本地旅游人力资源规模和水平。

（二）大力推进旅游扶贫和旅游富民

各地应积极通过实施环境整治、开展旅游规划扶贫公益行动、开展旅游扶贫电商行动、开展万企万村帮扶行动、实施金融支持旅游扶贫行动、实施旅游扶贫带头人培训行动、启动旅游扶贫观测点计划，因地制宜探索旅游扶贫模式等方式实现旅游扶贫和旅游富民目标。

（1）实施乡村旅游扶贫重点村环境整治行动。提升旅游扶贫基础设施，全面提升通村公路、网络通信基站、供水供电、垃圾污水处理设施水平。规划启动"六小工程"，确保每个乡村旅游扶贫重点村建好一个停车场、一个旅游厕所、一个垃圾集中收集站、一个医疗急救站、一个农副土特产品商店和一批旅游标识标牌。加快推动贫困户"改厨、改厕、改客房、整理院落"的"三改一整"工程。

（2）开展旅游规划扶贫公益行动。动员全国旅游规划设计单位为贫困村义务编制能实施、能脱贫的旅游规划。

（3）实施旅游扶贫电商行动。支持有条件的乡村旅游扶贫重点村组织实施"一村一店"。鼓励在景区景点、宾馆饭店、游客集散中心、高速公路服务区等场所开辟农副土特产品销售专区。

（4）开展万企万村帮扶行动。组织动员大型旅游企业、宾馆饭店、景区景点、旅游规划设计单位、旅游院校等单位，通过安置就业、项目开发、输送客源、定点采购、指导培训等方式帮助乡村旅游扶贫重点村发展旅游。

（5）实施金融支持旅游扶贫行动。落实国家对贫困户扶贫小额信贷、创业担保贷款等支持政策。完善景区带村、能人带户、"企业（合作社）＋农户"等扶贫信贷政策，鼓励金融机构加大对旅游扶贫项目的信贷投入。

（6）实施旅游扶贫带头人培训行动。设立乡村旅游扶贫培训基地，建立乡村旅游扶贫专家库，组织乡村旅游扶贫重点村村干部和扶贫带头人开展乡村旅游培训。

（7）启动旅游扶贫观测点计划。设立乡村旅游扶贫观测中心，对乡村旅游扶贫精准度和实效性进行跟踪观测，为有效推进各地的乡村旅游扶贫工作提供决策依据。

（8）因地制宜地探索旅游扶贫模式。各地应立足各地实际情况，因地制宜地加快探索"景区带村""能人带户""企业＋农户""合作社＋农户"等各种不同模式。贫困地区应通过直接从事旅游经营（开办农家乐和经营乡村旅馆等）、在乡村旅游经营户中参与接待服务、出售自家农副土特产品以及通过资金、人力、土地参与乡村旅游经营获取入股分红等方式参与旅游发展，获得发展收益。各地应积极探索"资源变资产、资金变股金、农民变股东"三变模式，对生态林、湿地、水面、耕地自然资源进行量化，变成村集体和农户持有的股权，从而带动贫困人口的参与。

品牌是旅游目的地巨大的无形资产和旅游企业最宝贵的财富，而全方位、立体化和创新性的营销宣传则是旅游目的地吸流和引流的重要举措，二者共同构成了旅游目的地提升自身知名度、美誉度和品牌影响力的核心内容。此部分重点论述了创建和发展全域旅游需要强化营销的资金和奖励制度等保障，以及旅游目的地在实施品牌战略、创新营销机制、创新营销方式、解决旅游淡季运营问题等方面的标准要求和创新举措。

"品牌与营销"结构导图如图 8-1 所示。

图8-1　"品牌与营销"结构导图

九十四、全域旅游品牌的内涵和特点是什么？

发展全域旅游是用新的思维方式谋划新的发展方式，贡献新的生活方式，培育一种优秀旅游目的地品牌。全域旅游的落地需要品牌的顶层设计，需要塑造以旅游形象和品牌为引领的城市个性和品牌。完善的品牌顶层设计会让全域旅游从缺乏战略规划的简单"旅游 +"模式，向有节奏、有顺序、有快慢的"全方位旅游 +"模式转变。

专栏 8-1　旅游目的地品牌的概念

　　旅游目的地品牌具有外表和内核双重含义。从表面意思上看，旅游目的地品牌是一种名称、术语、标识、符号或设计，或是它们的组合运用，这些由文字、图案和符号所构成的名称、术语、标识等都是旅游目的地品牌的直接物质载体，它们赋予旅游目的地品牌的外在形式，没有这些物质载体，旅游目的地品牌就无法表现出来，更不可能达到品牌的整体传播效果。

　　来源：庞力萍，高静.杭州城市旅游目的地品牌营销策略——基于游客感知角度 [J].北方经贸 (11):113-115.

　　具体来看，全域旅游目的地品牌可以从产业品牌、生态品牌、IP 品牌三个维度来打造：

　　（一）产业品牌

　　推动全域旅游发展不仅仅是旅游业的创新发展，更是旅游业和农业、林业、工业、商贸、金融、文化、体育、医药等产业的融合与统筹。因此，全域旅游必须落实到产业层面上。这就要求各地依托区域本身的优势资源，如丰沃的土地资源、优越的天气资源、雄厚的矿产资源或是优美的风景资源等，根据自身区域的旅游资源与优势项目进行融合与发展，真正扎根于优势产业中，打造自己的产业品牌。

　　（二）生态品牌

　　在生产方式、生活方式重叠和分离的过程中，旅游的需求会越来越旺盛，旅游方式和旅游地位也会发生变化。现在人们对于旅游的消费方式已经从原先的单一的、团体的模式转变成了个性的、独立的、差异化的模式；从原先的城市景点旅游热转变为乡村朴素旅游风潮。近年的农村旅游崛起更像是消费者对消费方式和消费特性的转变向市场进行宣告。所以发展全域旅游也要紧抓好生态旅游板块，做好从消费者数量到消费质量的可持续性发展。

　　（三）IP 品牌

　　近年来，随着互联网电视的崛起，消费者逐渐回归电视荧幕。影视剧《花千骨》《琅琊榜》和真人秀节目《爸爸去哪儿》《花儿与少年》在其热播后，迅速带动了相关旅游目的地同款线路如西班牙、土耳其、新西兰的火热销售，可见 IP 旅游这一概念对于全域旅游建设的机遇。但旅游企业与影视作品或是节目只是在景区简单地取景、布景拍摄影视作品，对景区产品与服务没有产生连锁反应，致使缺少发展的持续动力，容易"昙花一现"而迅速凋落。所以各地应该让IP这一概念在旅游市场持续发酵，提炼出区域的核心理念和传播方向，深挖IP与旅游结合所蕴含的巨大爆发力，为这个区域打造一个专属的旅游品牌IP，然后通过后期运作使其成为热门IP，带动档期区域的旅游业、餐饮业、酒店业、服务业等全民企业的发展。

九十五、创建全域旅游示范区如何实施品牌战略？

在《国家全域旅游示范区验收标准（试行）》中规定，国家全域旅游示范区在"品牌战略"方面，应实施品牌营销战略，达到"品牌体系完整，形象清晰，知名度和美誉度高"的标准要求，此项占15分。其中，在"品牌形象"方面规定，目的地品牌形象清晰，知名度和美誉度高的，最高得5分，现场检查发现品牌形象不好则酌情扣分；在"品牌推广"方面规定，在国家级媒体平台上进行品牌推广得4分，在省级平台媒体平台上进行品牌推广得2分，每开展1种常规性旅游品牌推广活动，具有国家级影响的得4分，具有省内影响的得2分，最高得10分。

（一）构建清晰的目的地品牌形象

着力塑造特色鲜明的旅游目的地形象，打造主题突出、传播广泛、社会认可度高的旅游目的地品牌，建立多层次、全产业链的品牌体系，提升区域内各类旅游品牌影响力。一方面，各地应立足旅游资源的丰富内涵和突出特色，整合、开发、串联有吸引力的旅游产品，打造旅游产品丰富、旅游服务完善、旅游功能完备的旅游目的地，并且统一使用旅游品牌形象和标识，提升旅游品牌的知名度和美誉度，提升品牌的精品化与主题化。另一方面，以目的地品牌为引领，结合目标市场消费需求、空间布局以及资源特色策划系列子品牌或延伸品牌，使品牌的内涵得以深度拓展和精细化，突破旅游景区与线路的制约，形成主题品牌—延伸品牌—旅游产品的多维格局，开发多层次、多类型的旅游产品体系，并构建相应的产业要素和全域环境来支撑旅游品牌体系的形成。

（二）利用媒体进行品牌推广，大力开展旅游品牌节事推广活动

一是强化主题品牌的主导地位，开拓"联合推介、捆绑营销"新途径，建立政府引导、部门协同、企业联手、媒体跟进的"四位一体"整合传播机制，通过产品整合、线路整合、渠道整合、媒体整合等方式实现区域营销合力，构建旅游景区、传统媒介、公共场所、旅游企业全覆盖多层次的立体宣传体系，打造精品节会，形成统一的宣传推广方案，进一步提升全域旅游品牌的市场竞争力、知名度和影响力。二是针对客源地和目标游客群进行精准营销，开发包装不同主题的文化体验型和休闲度假型旅游子品牌。推进跨区域品牌的相关地域成立区域品牌联合体，加强区域间在资源开发与景区建设、整合传播、旅企合作、节事策划、推广战略联盟等方面展开多层次、多角度的合作。三是创新旅游营销平台，强化信息的有效传递，提供更为简便化、差异化的旅游品牌信息和符号。创新"旅游+互联网"模式，运用新型媒体、数字媒体、社会媒体和自媒体等新技术，实现旅游营销网络平台的全覆盖，全方位、多角度推广旅游整体品牌形象。

专栏 8-2   "好客山东"(Friendly Shandong) 品牌形象

2008 年，山东省旅游局推出的旅游品牌形象的"好客山东"(Friendly Shandong)标识。该品牌创新性地采取了"联合推介，捆绑营销"模式，整合省、市、县、旅游企业的资源和宣传促销资金，在央视、凤凰卫视、山东卫视、香港翡翠台、台湾东森台等主流媒体集中采购宣传板块和时段，集中开展了"好客山东"宣传推介，开启了"好客山东"旅游营销新模式，同时，将"好客山东"旅游形象标识广泛使用于机场、车站、旅游景区、旅游星级饭店、旅行社等企业和场所，争取全省性重大经贸、文化、体育活动使用"好客山东"标识，"好客山东"迅速叫响全国。

资料来源：笔者根据网络资料整理。

九十六、创建全域旅游示范区如何打造全域旅游品牌形象系统？

在信息爆炸的社会，受众每天接收的信息越来越多，缺乏差异化的品牌

很难脱颖而出。如今不少城市都有自己的一些城市标签，比如"休闲之都"杭州、"时尚之都"香港，全域旅游就是在景区原有的类似标签的基础上将其演化为全域的旅游形象。

（一）CIS 系统的设计

提到品牌包装可以很好地联想到企业形象识别系统（CIS），包含视觉识别系统（VI）、理念识别（MI）和行为识别系统（BI），这些理念同样适用于全域旅游品牌中。

VI 是从视觉的角度对品牌进行包装，具体应用由代表品牌形象的 LOGO、宣传海报、展板、宣传片等。VI 设计应围绕品牌的主题定位进行，将品牌内涵视觉化表现。例如：2000 年香港品牌的计划——香港特别行政区政府用以宣传香港作为"亚洲国际都会"形象的宣传计划，重点是一个象征香港的飞龙标志，以 900 万港元委托朗涛设计顾问公司为香港设计代表性标志，于 2010 年由陈幼坚主笔进行升级。无论是设计还是升级，香港的城市形象标志都是一套完整的体现，与品牌主题的定位相符合。

MI 侧重则在品牌传播过程中特有精神和理念的传播，打造旅游目的地同样需要有自己品牌理念。例如：杭州旅游的品牌就传播杭州是历史悠久之城、包容开放之城、创新活力之城、"爱"之城、注重生活品质之城，传递着杭州"世界上最宜居的城市之一"的城市气息。

BI 在旅游业的应用主要是当地旅游从业人员的接待行为标准化和为实现品牌内涵的行为自觉化，以此来诠释和直接体现当地全域旅游品牌的人文内涵。

（二）宣传口号的设定

在品牌的传播过程中，宣传标语起到至关重要的作用。应坚持人性主义的方法论，让无论多复杂的全域文旅资源，尽可能一句话说明白，一句话打动顾客，刺激游客做出行为反射。西班牙国家旅游局于 2017 年推出全新的标语：Spain is part of you（西班牙将成为你的一部分）。这个标语的主旨在西班牙不仅仅是一个旅游目的地，更是一种生活方式。西班牙不仅能扩大你的世界，开放你的思想，也能触动你的心，乃至调动你的情绪，并最终融入你的生命，以达成和旅行者更深层次的互动。一个好的宣传语应该是围绕品牌主题进行的，同时宣传语是否朗朗上口也相当重要。一个好的宣传语应该是围绕品牌主题进行的，同时宣传语是否朗朗上口也相当重要。

（三）听觉标识的打造

随着社会的发展，不少地区旅游歌曲的作用逐渐显露出其市场价值。于是一些旅游地区、景区纷纷出资请专业词曲作家为自己"量身定做"听觉标识。当然也有像郝云的《去大理》，赵雷的《成都》等这些无意识创作出来的歌成为旅游歌曲的佳作，歌曲所涉及的景区也因为传唱度的提升而获益。但是在创造旅游歌曲时必须做到情景交融，干瘪突兀的歌曲宁愿不要。

（四）体验场景的营造

随着旅游业的发展，游客对于旅游的要求越来越高，注重体验已然成为一种新的趋势，场景升级通过营造一种环境、设计一种场景、完成一个过程等来实现。强调游客的互动参与性与融入性，给旅游者建立一种个性化、特殊的记忆联系。例如迪士尼主题公园就是体验场景打造的典型代表。

（五）城市风貌的融合

对城市风貌进行打造同样是品牌塑造过程中的重要工作。一个舞台表演需要完整的舞台背景和氛围的制造，城市风貌的打造对于全域旅游品牌的作用就是如此，贴合主题定位的城市风貌打造能更好地烘托品牌所塑造的主题。例如，江西景德镇围绕"千年瓷都中华雄镇"的主题进行"城市瓷化"装饰工程。用 100 座雕塑瓷作品装饰城市，加强城市陶瓷雕塑的数量和质量，使之系列化、规范化，将艺术性、趣味性、故事性相结合，成为真正的城市风景线。

九十七、创建全域旅游示范区如何强化营销的资金和奖励制度等保障？

在《国家全域旅游示范区验收标准（试行）》中规定，国家全域旅游示范区在"营销保障"方面，应设立旅游营销专项资金，制定旅游市场开发奖励办法，此项占 15 分。其中，在"资金保障"方面，旅游营销专项资金总额在 800 万元以上得 10 分，500 万元以上得 8 分，200 万元以上得 4 分，200 万元以下不得分；在"奖励制度"方面，制定旅游市场开发奖励办法，且办法切实可行，得到有效贯彻执行的，最高得 5 分。

（一）设立旅游营销专项资金

各地旅游管理部门应在每年的旅游发展专项资金中设立旅游营销专项资金，用于旅游宣传推介、旅游市场营销以及旅游招徕地接奖励等用途，并按照当地财政相关规定予以拨付兑现。旅游主管部门负责组织审核小组对各单位申报情况进行审核，对于虚报、瞒报、骗取奖励资金的旅游单位，经核实，将收回已支付的奖励资金，取消该单位本年度申报相关奖励资格。

（二）制定旅游市场开发奖励办法

各地应根据当地的财政等实际情况，针对旅游专列、旅游包机等旅行团和对当地旅游营销宣传做出突出贡献的单位，设立和评选出"国内市场引客奖""境外市场接待奖""组团社境外市场开拓奖""大型会议营销奖""新业态旅游团队组织奖"等市场营销类奖项，"媒体营销奖""境外广告推广""新闻宣传奖"等形象宣传营销奖项，"入境航线航班奖""国内新开航线奖""国内旅游包机（合作航线）奖""重点城市新增运力奖（包括旅游专列、旅游包车）""邮轮运行奖""过夜飞机奖励""新增旅客列车运力奖"等旅游大交通营销奖，以及"旅游突出（特殊）贡献奖"及"旅游创新发展奖"等奖项，各地通过设立《旅游营销奖励办法》和《旅游营销奖励办法实施细则》对获得相应奖项的单位或个人予以物质和精神奖励。

九十八、创建全域旅游示范区如何解决旅游淡季运营问题？

旅游季节性问题是全球旅游业发展普遍存在的问题，应对该问题，应着重采取加强旅游宣传推介的奖励措施、特殊的吸引力产品开发、放大文化资源受季节性影响较小的作用、加强老年旅游市场开发等方面的措施。

（一）利用价格优惠及奖励政策，创新淡季旅游产品供给举措

采取"错峰降价、年卡优惠、针对组合、全力宣传"措施，开发淡季市场，错过周末、旅游旺季、节假日，鼓励对门票、住宿费等大幅度降价，同时推出"一卡通""一票通""一证通""优惠套票""连线游"和"旅游护

照"等灵活实惠措施。对运用旅游包机、旅游专列、旅游直通车和旅游包车等引进客源成绩突出的企业给予奖励。加大冬春季旅游优惠奖励政策扶持力度，建立旅游景区、旅游饭店、旅游交通等淡季价格优惠联动机制，将主要景区打包销售。

（二）充分发挥文化旅游资源受季节变化影响小的优势，开发系列文化旅游产品

相对于自然景观，文化资源的品质不易受到季节变化的影响。因此，充分发挥文化旅游资源的价值，开发系列文化旅游产品就成为缓解季节性的一个好办法。例如文物古迹、博物馆、民俗风情、人文景观等产品系列。

（三）开发特殊的吸引力产品

针对淡季开发一些资源脱离型产品，诸如温泉康体、乡村旅游和会展旅游等特殊产品，这些产品受季节性的影响不大，成为淡季旅游的主打产品，打造形成"全天候、全年候"的旅游产品。例如，我国有些地区拥有丰富的地热资源，如果开发适当，会对淡季市场开发产生积极作用。

（四）大力开发老年人市场

老年人市场拥有以下优势：首先，与其他年龄组相比，老年人拥有退休金、子女赡养费用等，支付能力较强；其次，老年人拥有充裕的闲暇时间，不会因时间的限制而缩短行程；再次，老年人在淡季旅游度假，可以避开旺季的拥挤人群和产品高价；最后，老年人在退休前后身体健康、思维活跃，出游欲望强烈。

九十九、创建全域旅游示范区如何创新营销机制？

在《国家全域旅游示范区验收标准（试行）》中规定，国家全域旅游示范区在"营销机制"方面，应建立多主体、多部门参与的宣传营销联动机制，形成全域旅游营销格局，此项占10分。其中，在"主体联动机制方面"，建立政府、行业、媒体、公众等多主体共同参与的营销联动机制，最高得5分；在"部门联动机制"方面，建立文化和旅游、宣传、体育等多部门共同参与的营销联动机制，最高得 5 分。

（一）加快制定旅游营销规划

各地应把营销宣传推广工作纳入全域旅游发展大局，树立系统营销和全面营销理念，明确市场开发和营销推广战略，设立旅游营销专项资金，加快制订相应的客源市场开发规划和工作计划。

（二）着力丰富旅游营销内容

各地应进一步提高景点景区、饭店宾馆等主体的旅游宣传推广水平，深入挖掘和展示地区特色，做好对商贸活动、科技产业、生态环境、文化节庆、体育赛事、特色企业、知名院校、城乡社区、乡风民俗、优良生态等内容旅游宣传推介，提升当地的旅游整体吸引力。

（三）建立健全整体营销机制

各地应建立健全政府部门、行业、企业、媒体、公众等共同参与的整体营销机制，充分发挥企业在推广营销中的作用，积极支持市场主体在旅游公共营销中发挥作用。建立对民营企业公共营销的扶持机制，激发市场主体的营销积极性；整合利用各类宣传营销资源和渠道，建立推广联盟等合作平台；搭建旅游信息平台，做好做实平台内容，实时更新各地旅游动态，定期开展促销活动，加强区域之间、企业之间以及旅游地与游客之间的互动交流；同时吸引社区、游客等其他主体主动加入，创造支撑旅游全域化的营销共同体，形成上下结合、横向联动、多方参与的全域旅游营销格局。

一百、创建全域旅游示范区如何创新营销方式？

全域旅游营销应在适应当前大众旅游时代自驾游、自助游、散客游等现状和趋势的背景前提下，借助微博、微信、App、小程序、短视频等新兴营销方式，在各地的文化历史和旅游资源禀赋基础之上，充分挖掘和展示地区特色，要立足特点、挖掘亮点、策划卖点、找准切入点、整合形成爆点、抢占市场需求制高点，针对市场形成独特卖点，实现营销宣传的整体性、统筹性、系统性。为此，在《国家全域旅游示范区验收标准（试行）》中规定，国家全域旅游示范区在"营销方式"方面，应采取多种方式开展品牌营销，创新全域旅游营销方式，此项占 10 分。其中，在"多渠道营销"方面，规定"有效运用网络营销、公众营销、节庆营销等多种方式进行品牌营销，每有一种得 2 分，最高得 6 分，现场检查发现营销渠道效果不好，酌情扣分"；在"创新营销"方面，规定"利用多种新媒体方式进行创新性的品牌营销，每有一种得 2 分，最高得 4 分。现场检查发现营销方式效果不好、创新性不足，酌情扣分"。此外，在"创新示范加分项"中，规定如果能够实现在营销推广方面的创新，在国家全域旅游示范区验收时可以加 10 分。在《国家全域旅游示范区验收标准（试行）》中规定，国家全域旅游示范区在"营销成效"方面，应达到"市场规模持续扩大，游客数量稳定增长"的标准要求，此项占 10 分。具体来说，近三年旅游市场平均增长率在 20% 及其以上，得 10 分；介于 15%（包括）~20% 之间，得 8 分；介于 10%（包括）~15% 之间，得 4 分；低于 10%，不得分。

各地应注重媒体宣传、渠道建设、活动营销等多方发力，以形象带产品，以产品托形象，实施多形式立体化营销。通过有效运用高层营销、网络营销、内部营销、公众营销、互动营销、事件营销、节庆营销、反季营销等多种方式，积极参与系列推广活动，通过线上、线下系列主题营销推广活动以及知名媒体广告投放、专案合作、渠道建设等方式，整合和创新营销推广方式。此外，激发创新活力，鼓励政府领导代言当地的旅游形象。同时，需要各地在互联网时代和体验经济时代背景下，运用多种新媒体方式进行创新性品牌营销，充分利用大数据分析加强市场调研，充分运用微博、微信、微电影、App 客户端、小程序等现代新媒体、新技术和新手段，提高全域旅游宣传营销的精准度、现代感和亲和力；不断优化游客体验；借助线上线下营销渠道的有效整合，全面建立优化线上销售和线下体验相结合的旅游 O2O 模式，实现与旅游者的良性互动，提高用户黏性和购买转化率。

（一）加强旅游整合营销

各地应将本地的旅游资源、旅游产品进行成和，加快形成一个整体营销品牌，统筹开展旅游形象宣传。建立政府支持、部门协同、企业联手、媒体跟进、游客参与的"五位一体"旅游宣传营销机制，解决旅游营销过程中存在的分散化、碎片化等问题。同时，各地应加强区域合作和联合营销，建立旅游线路共同策划、区域旅游联手宣传、旅游景区门票互减互免的合作关系，探索建立重点旅游产品套票、联票机制，实现品牌共建、线路共推、旅游景区两地市民共享的联合营销，建立客源互送、市场互动、资源共享、效益双赢的旅游合作机制。

（二）加强旅游深度营销

各地应采用多种深度营销模式，多角度丰富营销内容，从满足游客的显性需求转向满足游客的隐形需求，加强游客对各地文化旅游的认知和认同，让游客参与到营销中，提升游客对当地旅游产品保持长期的品牌忠诚度和回头率。

（1）大赛营销。通过策划一系列能够充分反映各地文化旅游资源及产品的体育大赛、摄影大赛、攻略美文征集大赛、书画大赛、歌曲征集大赛、文创设计大赛、诗词大赛等活动，激发全社会力量发现、并全面挖掘和展示各地的文化旅游精品的魅力。

（2）流量营销。充分利用大V、旅行达人的流量效应，通过"大V采风""达人直播"等多种形式，将各地区的民风民俗、特色美食、文物精品、山川峡谷等蕴含历史人文和自然风光的旅游资源及产品充分地展现出来，带动粉丝发现不一样旅游魅力。

（3）影视艺术营销。采取拍摄电影、电视剧、动漫、微电影、歌曲等方式进行营销，可创新探索打造"一个景区一首歌"的发展模式，通过在央视音乐频道"跨年歌会"、《中国民歌大会》等电视节目进行演出，与各地具有代表性的文化艺术单位合作，共同举办活动，推荐当地的文化旅游产品。

（三）加强互联网智慧营销

各地应加强与各大门户网站、大型旅游网站、搜索引擎的合作，策划开展全方位、多平台宣传营销。充分运用微信、微博、微电影、手机App等新媒体、新技术，开展"短、平、快"智慧宣传营销。通过网络直播、影视植入、达人踩线、演艺动漫、旅游攻略等游客喜闻乐见的方式，开展线上线下多角度、立体式、全天候宣传营销。

（1）互联网精准营销。充分利用新技术、新渠道、新模式等适应新时代新需求的营销方式，借助云计算、智慧旅游、游戏、动漫、音乐等手段，用科技赋能文化，将各地的文化艺术元素融入旅游宣传并进行活化演绎，让传统文化融入时尚，构建新媒体营销体系。通过微信、微博、短视频平台（抖音）、直播平台、新闻资讯平台等新媒体渠道，打通头条号、网易号、搜狐号、百家号、一点资讯等自媒体账号，与微信公众号链接。形成横向覆盖、纵向到底、实时联动的自媒体矩阵，以组合拳形式提高当地品牌影响力、知名度和美誉度。借助 App、公众号、小程序为载体，加大各地文化旅游以手机为入口的互联网营销宣传，通过资源整合、宣传策划，通过游记、攻略、美图、视频、音频等形式，在游客能接触到的所有前端网站、App 进行360° 覆盖。同时，建设大数据精准营销体系，以游客数据做用户画像分析，实现精准营销、资源服务预测。

（2）线上、线下广告精准投放。线上旅游广告精准投放，重点以对标用户画像做支撑，通过客源地、年龄、性别、喜好等锁定目标人群，进行线上DSP、朋友圈广告、今日头条、抖音等渠道用户群定点广告投放，实现精准营销。线下旅游广告投放，重点以对标用户画像数据作支撑，在目标客源市场，城市交通要道、核心流量场所、高频生活区等，通过电子大屏、电梯广告、出租车广告、公交停车点等形式进行品牌宣传，通过高频展现，形成客源人群脑海中品牌 IP。

（3）全业态产品互联网运营体系建设。加强与中国互联网三大巨头BAT（百度、阿里巴巴、腾讯）进行深度合作，搭建飞猪、京东、携程、美团、去哪儿、驴妈妈、同程、马蜂窝等自建、联营及 OTA 平台产品分销渠道，根据各大平台自身平台活动，针对不同分类产品进行预售、满减、折扣、促销、众筹等线上活动营销，进行宣传的同时为出行游客提供更加便捷和人性化服务，结合媒体发布平台属性，通过海报、手账、H5、GIF、vlgo、音频等形式进行内容输出。

（四）加强节会活动营销

各地应借助当地丰富的文化旅游资源开展各类学术研讨会、文化旅游高峰论坛、文化旅游资源推介会、文化旅游展览会等类型不同的会议论坛和大型展览，打造特色节会品牌，放大节会宣传效应，不断提升各地的文化旅游品牌影响力，构建"节""会""展""赛"于一体的活动营销宣传体系，邀请国内外知名的历史学家、艺术家、旅游学者、高校教师、旅游企业、各类社会团体组织成员等人员参加，加快形成"以展带会、以会促游"的展览（展示）、会议（论坛）、旅游（考察）相融合的发展模式。

（五）加强客源市场精准营销

各地应瞄准重点客源地和客群，进行有针对性宣传营销。依托线上线下各渠道及大数据资源，通过互联网、云计算、大数据，以游客大数据为核心建模，对游客数据进行清洗、分析，形成游客画像，得出的客源地和客源群体，实现精准营销，生产最精准、独特的内容。积极召开文化旅游推介会和发布会，邀请重点旅行商、新闻媒体开展实地体验营销，利用举办重大会议、会展节庆、体育赛事等活动，策划开展事件营销、新闻营销。

（六）加强全球营销

各地应加快在日韩、欧洲、美洲、东南亚等主要客源地城市设立旅游境外推广中心，向当地市民和旅游者提供各类旅游宣传资料，同时积极联系当地旅游部门、协会以及其他旅游机构，充分利用报纸、杂志、电视等传统媒体，在人流密集、曝光量高、传播率高的媒介载体上开展旅游宣传推介活动，形成全方位、立体化的宣传网络。同时，加强与"一带一路"沿线国家和地区、国际友好省州和城市、国家文化和旅游部驻外办事处、境内外航空公司及知名旅游企业等合作，加快设立或组建对外文化旅游推广联盟（办公室/办事处）。

参考文献

[1] 国务院办公厅.关于促进全域旅游发展的指导意见（国办发〔2018〕15 号）[Z]，2018.

[2] 文化和旅游部.国家全域旅游示范区验收、认定和管理实施办法（试行）[Z]，2019.

[3] 文化和旅游部.国家全域旅游示范区验收认定文件解读 [Z]，2019.

[4] 文化和旅游部.文化和旅游部办公厅关于开展首批国家全域旅游示范区验收认定工作的通知（办资源发〔2019〕32 号）[Z]，2019.

[5] 国家旅游局.全域旅游示范区创建工作导则 [Z]，2017.

[6] 国务院.中华人民共和国国民经济和社会发展第十三个五年（2016 — 2020 年）规划纲要 [Z]，2016.

[7] 文化和旅游部."十四五"文化和旅游发展规划 [Z]，2021.

[8] 文化和旅游部."十四五"文化产业发展规划 [Z]，2021.

[9] 文化和旅游部."十四五"非物质文化遗产保护规划 [Z]，2021.

[10] 文化和旅游部."十四五"文化和旅游科技创新规划 [Z]，2021.

[11] 文化和旅游部.关于加强旅游服务质量监管提升旅游服务质量的指导意见（文旅市场发〔2021〕50 号）[Z]，2021.

[12] 工业和信息化部、国家发展和改革委员会、教育部、财政部、人力资源和社会保障部、文化和旅游部、国务院国有资产监督管理委员会、国家文物局.推进工业文化发展实施方案（2021-2025 年）[Z]，2021.

[13] 文化和旅游部、国家开发银行.关于进一步加大开发性金融支持文化产业和旅游产业高质量发展的意见 [Z]，2021.

[14] 国家旅游局."十三五"旅游业发展规划 [Z]，2016.

[15] 国家旅游局.国家商务旅游示范区建设与管理规范（LB/T038-2014）[S]，2015.

[16] 中共中央、国务院 . 乡村振兴战略规划（2018 — 2022 年）[Z]，2018.

[17] 文化和旅游部 . 文化和旅游部办公厅关于贯彻落实《国家级文化生态保护区管理办法》的通知（办非遗发〔2019〕47 号）[Z]，2019.

[18] 教育部、国家发展改革委、公安部、财政部、交通运输部、文化部、食品药品监管总局、国家旅游局、保监会、共青团中央、中国铁路总公司 . 关于推进中小学生研学旅行的意见（教基一 [2016]8 号）[Z]，2016.

[19] 国家旅游局、国家体育总局 . 关于大力发展体育旅游的指导意见（旅发 [2016]172 号）[Z]，2016.

[20] 文化和旅游部 . 关于实施旅游服务质量提升计划的指导意见 [Z]，2019.

[21] 文化和旅游部 . 文化市场综合执法重大案件管理办法 [Z]，2020.

[22] 国家旅游局 . 全国旅游标准化发展规划（2016—2020）[Z]，2016.

[23] 国家旅游局 . 旅游投诉处理办法 [Z]，2010.

[24] 文化和旅游部、中央文明办 . 关于印发《2019 年文化和旅游志愿服务工作方案》的通知 [Z]，2019.

[25] 国家旅游局 . 关于促进农村旅游发展的指导意见 [Z]，2006.

[26] 文化部、财政部 . 关于推进全国美术馆公共图书馆文化馆（站）免费开放工作的意见（文财务发〔2011〕5 号）[Z]，2011.

[27] 国家旅游局 .《旅游规划通则》（GB/T 18971 — 2003）实施细则 [S]，2003.

[28] 国家旅游局 . 全国旅游厕所建设管理新三年行动计划（2018-2020）[Z]，2017.

[29] 国家旅游局 . "十三五"旅游人才发展规划纲要 [Z]，2017.

[30] 国家旅游局 . 国家旅游局关于促进农村旅游发展的指导意见 [Z]，2006.

[31] 商务部 . 商务部关于加快住宿业发展的指导意见 [Z]，2010.

[32] 国务院办公厅 . 关于创新管理优化服务培育壮大经济发展新动能加快新旧动能接续转换的意见（国办发〔2017〕4 号）[Z]，2017.

[33] 浙江省人民政府办公厅.《关于做好低丘缓坡开发利用推进生态"坡地村镇"建设的若干意见》(浙政办发〔2018〕64号)[Z]，2018.

[34] 济南市人民政府办公厅.关于推进夜间经济发展的实施意见（济政办字〔2019〕34号）[Z]，2019.

[35] 南京市人民政府办公厅.关于加快推进夜间经济发展的实施意见（宁政办发〔2017〕191号）[Z]，2017.

[36] 广州市发改委.广州市推动夜间经济发展实施方案（穗发改〔2019〕523号）[Z]，2019.

[37]Brotherton B. Critical success factors in UK budget hotel operations〔J〕. International Journal of Operations & Production Management，2004，24(9):944-969.

[38]Rahimi R，Kozak M. Impact of customer relationship management on customer satisfaction:The case of a budget hotel chain〔J〕. Journal of Travel & Tourism Marketing，2016，26(12):1-12.

[39] 白长虹.文旅融合背景下的行业人才培养——实践需求与理论议题[J].人民论坛·学术前沿，2019(11):36-42.

[40] 毕剑.旅游演艺：认知、脉络及机理[J].四川师范大学学报（社会科学版），2020，47(04):72-77.

[41] 曹慧玲，王鹏鹏.陕西省科技旅游产业发展研究[J].西北农林科技大学学报(社会科学版)，2007(03):90-94.

[42] 陈健，陈文哲.国外科技旅游的发展及特点研究[J].江苏教育学院学报（自然科学版），2009，26(02):45-47.

[43] 陈岩英，谢朝武.全域旅游发展的安全保障：制度困境与机制创新[J].旅游学刊，2020，35(02):10-12.

[44] 程锦，陆林，朱付彪.旅游产业融合研究进展及启示[J].旅游学刊，2011，26 (04):13-19.

[45] 程瑞芳，张美琪.旅游产业融合研究（2007-2019）：综述与展望[J].商业经济研究，2020(08):181-184.

[46] 戴学锋，陈瑶.全域旅游示范区的改革创建与实践探索[J].旅游学

刊，2020，35(02):3-5.

[47] 董凤丽，曲瑞，马发旺.基于产业融合视角的乡村旅游发展模式分析 [J].农业经济，2017(04):34-37.

[48] 樊信友，蒲勇健.产业融合视角下的工业旅游发展研究 [J].商业研究，2015 (03):181-186.

[49] 范建华，秦会朵.文化产业与旅游产业深度融合发展的理论诠释与实践探索 [J].山东大学学报 (哲学社会科学版)，2020(04):72-81.

[50] 范周.文旅融合的理论与实践 [J].人民论坛·学术前沿，2019(11):43-49.

[51] 龚艳.旅游业与金融业融合:影响因素、模式及路径 [J].云南民族大学学报 (哲学社会科学版)，2015，32(05):115-120.

[52] 顾朝林，彭翀.基于多规融合的区域发展总体规划框架构建 [J].城市规划，2015，39(02):16-22.

[53] 何建民.旅游发展的理念与模式研究:兼论全域旅游发展的理念与模式 [J].旅游学刊，2016，31(12):3-5.

[54] 何建民.我国旅游产业融合发展的形式、动因、路径、障碍及机制 [J].旅游学刊，2011，26(04):8-9.

[55] 洪铁城.旅游规划 101 问 [M].上海 : 同济大学出版社，2014.

[56] 花建.文化创意产业与相关产业融合发展的四大路径 [J].上海财经大学学报，2014，16(04):26-35.

[57] 华旅兴."全域旅游"热词 [M].北京 : 人民出版社，2018.

[58] 姜付高，曹莉.全域体育旅游:内涵特征、空间结构与发展模式 [J].上海体育学院学报，2020，44(09):12-23+33.

[59] 黎巎.旅游信息化作为旅游产业融合方式的历史背景与发展进程 [J].旅游学刊，2012，27(07):7-8.

[60] 李柏文，曾博伟，陈晓芬.全域旅游的内涵辨析与理论归因分析 [J].华东经济管理，2018，32(10):181-184.

[61] 李冬.全域旅游产业统计分类与指标体系构建 [J].统计与决策，2019，35 (14):32-36.

[62] 李锋，陈太政，辛欣．旅游产业融合与旅游产业结构演化关系研究——以西安旅游产业为例 [J].旅游学刊，2013，28(01):69-76.

[63] 李凤亮，杨辉．文化科技融合背景下新型旅游业态的新发展 [J].同济大学学报（社会科学版），2021，32(01):16-23.

[64] 李婧，黄萍．"大旅游"时代背景下旅游与气象融合发展探析 [J].安徽农业科学，2016，44(13):233-235.

[65] 李平生．商务旅游产业组织创新 [J].北京工商大学学报（社会科学版），2006 (02):100-104.

[66] 李勇军，刘海燕，黄柏青．会展产业价值链及其产业融合研究 [J].商业研究，2016(01):10-15.

[67] 李原．模糊的"非标住宿"概念需慎用 [N].中国旅游报，2017-03-23 (A02).

[68] 林明水，廖茂林，王开泳．国家全域旅游示范区竞争力评价研究 [J].中国人口·资源与环境，2018，28(11):83-90.

[69] 刘安乐，杨承玥，明庆忠，张红梅，陆保一．中国文化产业与旅游产业协调态势及其驱动力 [J].经济地理，2020，40(06):203-213.

[70] 刘家明．创建全域旅游的背景、误区与抓手 [J].旅游学刊，2016，31(12): 7-9.

[71] 刘小蓓，唐慧．我国科技旅游的现状、问题与对策研究 [J].特区经济，2011(10):153-154.

[72] 刘治彦．文旅融合发展：理论、实践与未来方向 [J].人民论坛·学术前沿，2019(16):92-97.

[73] 梁峰，郭炳南．文、旅、商融合发展的内在机制与路径研究 [J].技术经济与管理研究，2016(08):114-118.

[74] 鲁皓，张玉蓉．旅游与文化创意产业融合发展动因实证分析 [J].商业经济研究，2015(13):124-126.

[75] 路科，李福生，魏丽英，孟祥霞，王丽莉，王南．科技旅游资源及开发模式研究 [J].中国经贸导刊，2012(10):57-58.

[76] 麻学锋，张世兵，龙茂兴．旅游产业融合路径分析 [J].经济地理，

2010，30 (04):678-681.

[77] 马波.旅游场域的扩张：边界与政策含义 [J].旅游学刊，2016，31(09): 17-20.

[78] 孟乐.全域旅游视角下乡村旅游资源的发展路径探讨——以山西省为例 [J].农业经济，2020(04):52-54.

[79] 牛玉，汪德根，钱佳.国外创意城市发展对旅游业的影响及启示 [J].地理与地理信息科学，2014，30(06):99-106.

[80] 裴会平，罗明义.论云南旅游与生态建设的融合发展 [J].生态经济，2014，30 (07):119-121.

[81] 青岛政务网.大气治理工作措施和实施计划 [EB/OL].http://www.qingdao. gov.cn/n172/n1531/n31090785/n31090803/160429142745127888.html

[82] 任耘.全域旅游背景下旅游特色小镇发展路径 [J].社会科学家，2018(08): 80-85.

[83] 邵琪伟.中国旅游大辞典 [M].上海：上海辞书出版社，2012.

[84] 石培华.旅游业与其他产业融合发展的路径与重点 [J].旅游学刊，2011，26 (05):9-10.

[85] 石培华.新时代旅游理论创新的路径模式——兼论全域旅游的科学原理与理论体系 [J].南开管理评论，2018，21(02):222-224.

[86] 石培华.如何认识与理解全域旅游 [N].中国旅游报，2016-02-03(004).

[87] 石培华.分级联动、分类推动全域旅游示范区创建 [EB/OL].http://www.huaxia.com/ly/lyzx/2016/02/4734207.html

[88] 石培华.全域旅游实践突破与理论创新 [EB/OL]. https://travel.ifeng.com/a/20170905/44672568_0.shtml

[89] 石培华.解读全域旅游 [EB/OL]. http://www.xinhuanet.com/travel/2016-02/04/c_128698114.htm

[90] 石培华，李中.创新基层党建推进全域旅游发展的三亚样本 [N].中国旅游报，2019-08-29(A03).

[91] 石培华，张毓利，徐彤，申军波.全域旅游示范区创建对区域旅游

经济发展的影响效果评估——基于双重差分的实证分析 [J].宏观经济研究，2020(06): 122–132+175.

[92] 石培华，郑新立，黄萍，刘森，陆明明，贾淳，马晨辉.全域旅游综合执法与现代治理的三亚样本 [N].中国旅游报，2019–08–27(A06).

[93] 石培华，郑新立，黄萍，刘森，陆明明，翟燕霞.旅游行业协会改革与全域旅游治理创新的三亚样本 [N].中国旅游报，2019–08–26(008).

[94] 汤少忠."全域旅游"规划实践与思考 [N].中国旅游报，2015–07–10(A02).

[95] 唐晓云.信息技术推动我国旅游产业转型升级的探讨 [J].商业时代，2010 (25):122–123.

[96] 田里，张鹏杨.旅游产业融合的文献综述与研究框架构建 [J].技术经济与管理研究，2016(09):119–123.

[97] 王德刚.构建与全域旅游发展相匹配的公共服务体系 [N].中国旅游报，2018–04–09(003).

[98] 王国华.论全域旅游战略实施的路径与方法 [J].北京联合大学学报（人文社会科学版），2017，15(03):12–18.

[99] 王红彦.多措并举推进旅游诚信体系建设 [N].中国旅游报，2018–09–03 (003).

[100] 王建芹，李刚.文旅融合：逻辑、模式、路径 [J].四川戏剧，2020(10): 182–184 +200.

[101] 王帅辉，耿松涛.全域旅游营销策略与品牌策略规划 [J].价格月刊，2018 (03):57–60.

[102] 王兴中，王怡，常芳.重新解读旅游动力机制与管理供给 [J].人文地理，2017，32(06):1–14+145.

[103] 王旭科，刘文静，李华.全域旅游发展水平评价指标体系构建与实证 [J].统计与决策，2019，35(24):51–54.

[104] 王亚坤，武传玺.全域旅游视域下我国体育赛事旅游产业发展研究 [J].体育文化导刊，2020(07):67–72.

[105] 吴丽，梁皓，虞华君，霍荣棉.中国文化和旅游融合发展空间分

异及驱动因素 [J]. 经济地理，2021，41(02):214–221.

[106] 夏杰长，齐飞. 旅游业投融资现状与发展 [J]. 中国金融，2018(07):78–79.

[107] 夏征农，陈至立. 辞海 [M]. 上海：上海辞书出版社，2010.

[108] 谢礼珊，高腾. 经济型连锁酒店负面报道类型研究——基于十大经济型连锁酒店的内容分析 [J]. 旅游科学，2017，31(04):1–14+48.

[109] 邢剑华，石培华. 从理念到实践——重视以科技创新推动落实全域旅游发展 [J]. 旅游学刊，2016，31(12):5–7.

[110] 徐岸峰，王宏起，赵天一. 共享平台视角下全域旅游演进机理和服务模式研究 [J]. 中国地质大学学报（社会科学版），2020，20(04):141–155.

[111] 徐虹，范清. 我国旅游产业融合的障碍因素及其竞争力提升策略研究 [J]. 旅游科学，2008(04):1–5.

[112] 徐珍珍，余意峰. 国家全域旅游示范区空间分布及其影响因素 [J]. 世界地理研究，2019，28(02):201–208.

[113] 鄢慧丽，王强，张小浩，熊浩，王雅茜. 全域旅游示范区空间分布特征及影响因素分析 [J]. 中国农业资源与区划，2020，41(10):228–236.

[114] 严伟. 产业链协同视角下旅游产业融合模式及机理分析 [J]. 商业经济研究，2016(10):194–197.

[115] 严伟. 旅游场域视角下的旅游产业融合度实证研究 [J]. 社会科学家，2015(01):90–95.

[116] 杨彦锋. 互联网技术成为旅游产业融合与新业态的主要驱动因素 [J]. 旅游学刊，2012，27(09):7–8.

[117] 杨懿，时蓓蓓. 健康旅游产业融合发展：动力、机理与路径 [J]. 湖湘论坛，2020，33(05):126–135.

[118] 杨振之. 全域旅游的内涵及其发展阶段 [J]. 旅游学刊，2016，31(12):1–3.

[119] 衣莉芹. 国内旅游产业融合研究述评 [J]. 资源开发与市场，2013，29 (01):106–109.

[120] 袁尧清，任佩瑜. 产业融合域的旅游产业结构升级机制与路径 [J].

山东社会科学，2016(01):119–123.

[121] 张国良. 全域旅游视域下特色小镇的多维建设路径探析 [J]. 农业经济，2019(10):42–43.

[122] 张海燕，王忠云. 旅游产业与文化产业融合运作模式研究 [J]. 山东社会科学，2013(01):169–172.

[123] 张海洲，陆林，贺亚楠. 产业链旅游：概念内涵与案例分析 [J]. 世界地理研究，2020，29(05):1006–1016.

[124] 张辉，范容廷，赫玉玮. 中国旅游统计问题与改革方向 [J]. 旅游学刊，2016，31(04):11–14.

[125] 张辉，黄雪莹. 旅游产业融合的几个基本论断 [J]. 旅游学刊，2011，26(04): 5–6.

[126] 张明之，陈鑫. "全域文化 + 全域旅游"：基于产业融合的旅游产业发展模式创新 [J]. 经济问题，2021(01):112–118.

[127] 张文建，史国祥. 论都市旅游业与会展业的边界融合趋势 [J]. 社会科学，2007(07):17–23.

[128] 赵慧莎，王金莲. 国家全域旅游示范区空间分布特征及影响因素 [J]. 干旱区资源与环境，2017，31(07):177–182.

[129] 赵黎光，刘明菊. "全域旅游"发展回顾与展望——理论与实践的双重视角 [J]. 商业经济研究，2018(10):183–185.

[130] 赵黎明. 经济学视角下的旅游产业融合 [J]. 旅游学刊，2011，26(05):7–8.

[131] 钟玉姣，许焰妮. 体育与旅游融合发展的产业政策特征分析 [J]. 成都体育学院学报，2021，47(01):106–111.

项目策划：段向民
责任编辑：孙妍峰
责任印制：孙颖慧
封面设计：武爱听

图书在版编目（ＣＩＰ）数据

全域旅游示范区创建和发展指南：全域旅游一百问 /
石培华等编著 . -- 北京：中国旅游出版社，2021.9
ISBN 978-7-5032-6535-8

Ⅰ . ①全… Ⅱ . ①石… Ⅲ . ①旅游业发展—问题解答
Ⅳ . ① F590.3-44

中国版本图书馆 CIP 数据核字 (2020) 第 148915 号

书　　名：全域旅游示范区创建和发展指南：全域旅游一百问

作　　者：石培华　　申军波　　陆明明　　张毓利
出版发行：中国旅游出版社
　　　　　（北京静安东里 6 号　邮编：100028）
　　　　　http://www.cttp.net.cn　E-mail:cttp@mct.gov.cn
　　　　　营销中心电话：010-57377108，010-57377109
　　　　　读者服务部电话：010-57377151
排　　版：小武工作室
经　　销：全国各地新华书店
印　　刷：三河市灵山芝兰印刷有限公司
版　　次：2021 年 9 月第 1 版　2021 年 9 月第 1 次印刷
开　　本：720 毫米 ×970 毫米　1/16
印　　张：15
字　　数：257 千
定　　价：49.80 元
ＩＳＢＮ　　978-7-5032-6535-8